Peter Hagen

Töpfe, Schalen, Terrakotten

Materialien und Bepflanzung

56 Farbfotos
61 Zeichnungen
27 Tabellen

Ulmer

Inhaltsverzeichnis

Vorwort

Seit Menschengedenken werden Pflanzen in Gefäßen kultiviert, wofür es zahlreiche geschichtliche Belege gibt.

In der so hektischen Gegenwart, wo immer mehr Menschen weniger Zeit und Platz finden, ist die „Topfkultur" eine sinnvolle und platzsparende Alternative zur Gartenarbeit.

Pflanzgefäße ermöglichen ein Gärtnern auf engstem Raum und für viele Menschen ist es überhaupt die einzige Möglichkeit mit Grün zu leben.

Der Markt bietet eine kaum überschaubare Vielfalt an Gefäßformen und Arten in den unterschiedlichsten Materialien, deren Verwendung für Pflanzen nicht immer unproblematisch ist.

Das Buch untergliedert sich in drei Teile. Im ersten Teil geht es im wesentlichen um die verschiedenen Gefäßarten und ihre Beschaffenheit. In Verbindung hierzu findet der Leser Pflanzenlisten und Pflanzenzusammenstellungen, die sich für eine Haltung im Pflanzgefäß eignen. Derartige Listen können aus Platzgründen jedoch keinen Anspruch auf Vollständigkeit erheben. Material, Haltbarkeit, Formenvielfalt und Pflanzenverträglichkeit sind Schwerpunkte im zweiten Teil. Ebenso werden hier Fragen, wie winterfest und frostfest, eingehend behandelt.

Letztlich werden die gärtnerischen Besonderheiten besprochen, die sich zwangsläufig bei der Pflanzenhaltung im Gefäß ergeben. Passende Substrate, wann umtopfen, wie gießen und düngen sind Fragen, die hier den Schwerpunkt bilden.

Mit dem Buch sollen Pflanzenfreunde angesprochen werden, die sich intensiv mit der Haltung von Pflanzen im Gefäß befassen möchten. Gleichwohl soll es eine Hilfestellung für Verkaufspersonal in Gartencentern und Fachmärkten sein. Die Materialbeschreibungen und Pflanzenlisten können hierbei sicherlich eine wertvolle Unterstützung darstellen.

Der Autor ist langjähriger Betriebsleiter in einem Gartencenter und mit den Problemen von Pflanzgefäßen und Pflanzen bestens vertraut. Dies war letztlich auch der ausschlaggebende Grund für die Entstehung dieses Buches.

In diesem Zusammenhang möchte ich dem Lektorat des Verlages danken, das mit vielen Tips, Literatur und Geduld zum Gelingen dieses Buches beigetragen hat.

Peter Hagen
Homburg
Dezember 1997

Die Vorteile der Kultur in Gefäßen

Sicher spielen dekorative Gesichtspunkte bei der Kultur von Pflanzen in Gefäßen eine große Rolle, doch gibt es daneben eine ganze Reihe von Gründen, die eine Pflanzung im Gefäß rechtfertigen oder sinnvoll erscheinen lassen. In Gefäße gesetzte Pflanzen werden immer »mobil« bleiben, das heißt, man kann sie bewegen, um sie an die unterschiedlichsten Standorte zu transportieren. Ein Liebhaber tropischer oder mediterraner Pflanzen stellt eine Sammlung im Sommer, oder sobald keine Spätfröste mehr zu erwarten sind, an der Südseite seines Gartens, Balkons oder der Dachterrasse auf. Sobald im Herbst die Temperaturen absinken, müssen diese Pflanzen an einem frostsicheren Standort aufbewahrt werden. So ein Standortwechsel ist natürlich nur dann möglich, wenn die Pflanzen in Gefäßen stehen.

Pflanzgefäße ermöglichen eine Begrünung an Stellen oder Plätzen, wo sich ansonsten kein Pflanzenwachstum entwickeln würde. Zum Beispiel kann man einen größeren Baum in einem Pflanzgefäß ohne Bodenschluß auf einer betonierten oder gepflasterten Stelle aufstellen, wo er sich entsprechend der Gefäßgröße einigermaßen gut entfalten wird.

Einem Blumen- oder Pflanzenfreund, der in einer Großstadtwohnung lebt, bleibt eigentlich gar keine andere Wahl, als seine Pflanzen in Pflanzgefäßen auf dem Balkon oder der Terrasse unterzubringen.

Pflanzgefäße, oder nennen wir sie an dieser Stelle besser Container, ermöglichen die Pflege und Kultur von Pflanzen das ganze Jahr über. Zudem gehört es inzwischen zum Standard der Baumschulen, die Gehölze in Containern heranzuziehen. Sogenannte Wurzel- oder Ballenware, die der Kunde ausschließlich im zeitigen Frühjahr oder im Spätherbst pflanzen kann, gehören weitgehend der Vergangenheit an. Heutzutage ermöglicht die Containerkultur eine Gartengestaltung, deren Planung keiner jahreszeitlichen Bindung unterliegt. Selbst blühende oder frisch treibende Gehölze können problemlos aus ihrem Pflanzcontainer entnommen und in den Garten gepflanzt werden – sogar noch im Sommer bei höheren Temperaturen. Bei entsprechender Bewässerung wachsen die Pflanzen im Gartenboden meist besser als im Container weiter. So gestaltet sich selbst das Pflanzen blühender Rosen mitten im Sommer als problemlos. Daran freuen sich besonders Rosenfreunde, die jahrelang ihre Rosen in einem Zustand kaufen mußten, der von der Blüte noch weit entfernt war.

Als Grundbedingung beim Einpflanzen von Containerpflanzen darf der Wurzelballen beim Entfernen des Topfes ober beim Pflanzen nicht zerstört werden. Die Pflanzen werden – anders als bei Wurzel- oder Ballenware – nicht eingeschlemmt, man gießt lediglich sorgfältig an.

Damit Pflanzengefäße die gewünschte dekorative Wirkung erzielen, kommt es einmal auf das Gefäß selbst, zum anderen auf die Bepflanzung an. Und schließlich braucht es einen geeigneten Standort, damit ein bepflanztes Gefäß zur Geltung kommt. Nicht immer muß ein Gefäß tatsächlich bepflanzt sein, um Wirkung zu erzielen. Manche Gefäße sind so schön, daß sie allein, auch ohne Bepflanzung wirken, man denke nur an Terrakotta aus Italien oder Südostasien in seinen erlesenen Formen. Der Topf für sich wird in einer schön gestalteten Ecke einer Terrasse oder eines Gartens zum Blickfang. Einen guten Hintergrund ergeben beispielsweise die Sorten des Fächerahorns oder Gräser.

Pflanzungen in Gefäßen können ebenso schön wie zweckmäßig sein. Bei entsprechender Gefäßgröße entsteht durchaus der Eindruck einer Begrünung, was nicht nur das Auge erfreut: Bepflanzte Container dienen zugleich als Lärm- oder Sichtschutz für Terrassen oder Balkone. Häufig stellen sie die einzige Möglichkeit dar, das triste Grau eines städtischen Umfeldes aufzulockern oder dem Menschen eine Idee von Garten und Natur zu vermitteln.

Stehen Pflanzengefäße im Eingangsbereich eines Hauses, auf der Terrasse oder auf dem Balkon, kann eine jahreszeitlich immer wieder veränderte Gestaltung für Abwechslung im Erscheinungsbild sorgen. Allerdings stellt der ganzjährige Einsatz bestimmte Voraussetzungen an die Gefäße, was ab Seite 16 näher erläutert wird. Nicht zuletzt ist eine Ganzjahresbepflanzung eine Frage des Geldbeutels, denn der zwei- oder dreimalige Austausch von Pflanzen pro Jahr kann kostspielig werden.

In Großraumbüros werden Pflanzen als Raumteiler und Inseln der Erholung aufgestellt. Sie lockern die häufig in Kunstlicht gehaltenen Räume vorzüglich auf und sorgen gleichzeitig für eine bessere Raumatmosphäre.

Im folgenden kommt es zunächst auf bestimmte Eigenschaften oder Anforderungen von Gefäßen an, die sie für einen bestimmten Standort auszeichnen. Als Kriterien dienen dabei die Größe, die Form, die Pflegeanfälligkeit, das Substratvolumen, die Haltbarkeit und die Winterfestigkeit, soweit es der Standort erfordert. Auf die Materialien, aus denen Pflanzgefäße gefertigt werden, gehen wir erst in einem späteren Kapitel (ab Seite 88) ein.

Pflanzgefäße für die unterschiedlichen Standorte

Terrassen und Innenhöfe

Auf kaum einer Stellfläche lassen sich so viele verschiedene Pflanzgefäßtypen unterbringen wie auf der Terrasse oder in einem Innenhof. Bei der Zusammenstellung sollte man jedoch darauf achten, daß die Gefäßtypen zumindest vom Material oder von der Form her einigermaßen zusammenpassen.

Töpfe, unabhängig aus welchem Material sie bestehen, eignen sich hervorragend für Terrassen und Innenhöfe. Je nach Verwendungszweck sollten sie eine bestimmte Mindestgröße haben, um entweder eine Dauer- oder eine Saisonbepflanzung aufzunehmen. Kurzlebige Saisonpflanzen kommen mit einem wesentlich kleineren Topf aus als eine Dauerbepflanzung. Bauchige Töpfe oder Gefäße, die sich nach oben hin stark verjüngen, sehen zwar sehr reizvoll aus, kommen aber gerade einmal für eine Bepflanzung mit Saisonpflanzen in Frage. Für eine Dauerpflanzung sind geradlinig geformte oder konisch nach unten zulaufende Töpfe vorzuziehen – aus einem einleuchtenden Grund: Eine Saisonbepflanzung, etwa mit Sommerblumen, wird im Herbst, wenn alles verblüht ist, abgeräumt, und der Topf wird entweder neu bepflanzt oder vorerst weggeräumt. Ein Topf mit einer Dauerbepflanzung, die aus einer Konifere oder einem Zierstrauch bestehen kann, muß nach einer gewissen Zeitspanne einmal umgetopft werden, weil das Substratvolumen vollkommen durchwurzelt ist. Bei bauchigen oder sich verjüngenden Gefäßen ist dies nur mit größten Schwierigkeiten möglich und endet fast immer mit der Zerstörung des Topfes oder des Wurzelballens. Letzteres kann den Verlust der ganzen Pflanze bedeuten.

Ein weiteres, sehr wichtiges Kriterium ist die Standfestigkeit eines Topfes. Höhe und oberer Durchmesser eines Topfes sollten in einem ausgewogenen Verhältnis zueinander stehen. Ebenso wichtig ist die Größe der Standfläche. Ist der untere Topfdurchmesser zu klein, wird der Topf bei der leisesten Windbewegung umfallen. Je mehr sich die Pflanzen eines Topfes in die Höhe entwickeln werden, desto standfester muß er sein.

Auf die Winterfestigkeit kommt es bei Töpfen nur dann an, wenn das Gefäß mit Dauerpflanzen bestückt werden soll, die jahraus, jahrein im Freien stehen. Die Winterfestigkeit von Töpfen ist zunächst einmal eine Frage des Materials, erst in zweiter Linie kommt es auf die richtige Behandlung an. Töpfe werden aus allerlei frosthart zu bezeichnenden Materialien hergestellt: aus Kunststoff, Holz, Beton, Naturstein oder Metall. Näheres dazu findet sich im Kapitel "Materialien für Pflanzgefäße".

Die Frage nach der richtigen Behandlung läßt sich kurz beantworten. Jeder Topf, der Pflanzen aufnehmen soll, muß über eine ausreichende Anzahl von Löchern im Boden verfügen, die den Abzug von überschüssigem Wasser ermöglichen. Wasser, das sich im Topf staut, schadet zunächst den Pflanzen, weil die Wurzeln faulen. Wenn sich im Winter dann Eis bildet, platzen Pflanzgefäße ohne Wasserabzug leicht, da sich gefrorenes Wasser um ein Mehrfaches seines Volumens ausdehnt. Bauchige und nach oben verengte Töpfe sind in dieser Hinsicht wieder besonders gefährdet, weil das von unten drückende Eis sich nicht weiter ausdehnen kann. Konische oder zylindrische Töpfe leiten den Eisdruck besser nach oben ab.

Dies veranschaulicht den bedeutsamen Unterschied zwischen der *Frostfestigkeit* und der *Winterfestigkeit* eines Topfes: Frostsicherheit ist eine Frage des Materials, und die Winterfestigkeit hängt von der Behandlung ab.

Kübel stellen im Grunde genommen nichts anderes dar als große Töpfe. Sie bieten gleiche Bedingungen und werden ähnlich wie Töpfe verwendet. Als Kübel werden Pflanzgefäße bezeichnet, deren Größe, Umfang oder auch Gewicht es nicht ermöglichen, daß eine Person sie alleine bewegen oder bearbeiten kann. Kübel dienen als Pflanzgefäß für Großpflanzen, und sie übernehmen weitere Funktionen als mobiles Grün in der Stadt: als Abgrenzung, zur Markierung von verkehrsberuhigten Zonen, als Sichtschutz usw. Bedingt durch ihre Größe können sie Pflanzen aufnehmen, die an dem gewünschten Standort sonst nicht gepflanzt werden könnten.

Schalen stellen – mit ganz wenigen Ausnahmen – keine optimalen Pflanzgefäße dar. Man verwendet sie in erster Linie für bestimmten saisonalen Blumenschmuck, und natürlich spielen sie für die Gestaltung von Gräbern eine wichtige Rolle. Letztlich gelten sie, bestückt mit diversen Zimmerpflanzen, als ein beliebtes Geschenk oder Mitbringsel. Für eine längerfristige Bepflanzung sind die Durchmesser der Schalen häufig zu klein, und die Tiefe reicht nicht aus, um den gut durchwurzelten Ballen etwa einer Baumschulpflanze aus dem 1,5-Liter-Topf zu beherbergen.

Bedingt durch ihre flache Form und den relativ geringen Durchmesser enthalten Schalen schlicht zu wenig Substrat, so daß sich die Wurzeln der eingesetzten Pflanzen nicht richtig entwickeln können. Als eine Folge ständig ausgetrockneter Wurzelballen können sich die Pflanzen nicht entwickeln oder vertrocknen früher oder später. Daher kommen nur wenige sehr großvolumige Schalentypen für eine Dauerbepflanzung in Betracht.

Großschalen, wie man sie in städtischen Anlagen und Parks sehen kann, haben Durchmesser von über einem Meter und weisen eine entsprechende Tiefe von 40 bis 50 cm auf. Schalen dieser Art enthalten sehr häufig eine kombinierte Dauer- und Saisonbepflanzung. Die Schalen werden dreimal pro Jahr mit einer neuen Saisonbepflanzung bestückt. Sie kommen erstmals ganz zeitig im Frühjahr zum Einsatz, werden dann für den Sommerflor umgestaltet und nehmen nach Ende der Balkonpflanzensaison den Herbstflor auf. Die Frostsicherheit des Schalenmaterials spielt somit kaum eine Rolle. Entscheidend bei Schalen ist ihre Tiefe, die sich aus optischen Gründen immer an dem Durchmesser orientiert. Ferner sollten sie ein Wasserabzugloch oder zumindest eine Vorrichtung dafür haben. Tonschalen weisen in der Mitte des Schalenbodens eine besonders dünne Stelle in der Größe eines 50-Pfennig-Stückes auf. Mit einem spitzen Gegenstand kann man diese Stelle leicht durchstoßen. Bei Kunststoffschalen verhält sich dies ähnlich.

Tröge stellen ideale Pflanzgefäße für Terrassen und Innenhöfe dar. Sie kommen dort sehr gut zur Geltung. Ob es sich um antike Futter- bzw. Brunnentröge handelt oder aber um Neuanfertigungen aus Kunst- oder Naturstein, ist unwichtig, solange sie in bezug auf Form, Farbe oder Machart zum Stil des Umfeldes passen. Tröge können zugleich als Wegeleitung oder Sicherungseinfassungen dienen, und sie lassen sich als Miniaturgarten gestalten. Alte Futtertröge eignen sich für eine Bepflanzung mit Sommerblumen, Stauden oder Kleingehölzen sehr gut. Für die Bepflanzung mit größeren Gehölzen sind sie ungeeignet, weil ihre Tiefe kaum mehr als 15 bis 20 cm beträgt, was für den normal großen Pflanzenballen eines Gehölzes nicht ausreicht. Wie bei Töpfen, Schalen oder Kübeln sollten Tröge im Boden mehrere Löcher aufweisen, die den problemlosen Ablauf von überschüssigem Wasser gewährleisten. Tröge sollten immer auf kleinen Füßen oder Stegen aufgesetzt werden, damit sie nicht plan auf dem Boden stehen. Nur so ist sichergestellt, daß sich keine Staunässe bildet.

Tröge mit höheren Wandungen aus Beton oder anderen Materialien eignen sich durchaus für eine Bepflanzung mit Dauerpflanzen. Gemeint sind Ziergehölze (laubabwerfende Bäume oder Sträucher sowie Koniferen) oder auch Stauden. Höhe und Breite des Pflanzraumes sollten aber mindestens 35 cm betragen, das Mindestmaß für die Länge liegt bei 50 cm. Auf diese Weise können Tröge sehr schön als Abgrenzung, Sichtschutz, Einzäunung oder im Sinne einer Sicherungseingrenzung eingesetzt werden.

Spindeln werden gerne auf großen Terrassen, auf Höfen und Plätzen eingesetzt. Sie sind konisch geformt, und es gibt sie in unterschiedlichen Höhen von bis zu einem Meter und mit einem Durchmesser von bis zu 50 cm. Sie eignen sich fast ausschließlich für die Bepflanzung mit Sommerflor. Spindeln bestehen fast immer aus zwei baugleichen Teilen, die an ihren spitzen Seiten miteinander verschraubt sind. Um ein Verdrehen der einzelnen Teile zu verhindern, setzen sich größere Spindeln in einer Art Stecksystem zusammen, wobei eine Trennscheibe eingearbeitet ist, die gleichzeitig als Dränage fungiert. Niedrige Spindeln besitzen häufig einen Fuß, der flacher als das eigentliche Pflanzgefäß ist, dadurch sind sie selten höher als 50 cm.

Bei den **Erdbeertöpfen** handelt es sich um eine Modeerscheinung aus Italien. Die trommelförmigen Tongefäße weisen an der Außenwand sechs bis acht schwalbennestförmige Ausbuchtungen auf, in die man Pflanzen einsetzen kann. Die obere Öffnung des Gefäßes bietet Platz für eine größere Pflanze. Das Volumen der Gefäße schwankt zwischen 60 und 120 l. Die schwalbennestförmigen Ausbuchtungen sind so klein, daß nur sehr kleine Pflanzen Platz finden. Am besten eignen sich kleine Hängepflanzen, Küchenkräuter oder tatsächlich Erdbeerpflanzen. Obwohl die Öffnungen sehr klein erscheinen, steht den Pflanzenwurzeln der gesamte Innenraum des Gefäßes zur Verfügung, daher wachsen die Pflanzen in diesen Gefäßen recht gut. Die Chance für die Pflanzen, in diesen Gefäßen unbeschadet zu überwintern, ist eher gering.

Eingangsbereich

Immer mehr setzt es sich durch, Hauseingänge mit Pflanzen zu dekorieren. Als Pflanzgefäße werden dafür große Töpfe, Schalen oder Kübel verwendet. Sie sollten aus einem frostfesten Material bestehen und möglichst so schwer sein, daß man sie nicht ohne weiteres wegtragen kann. Solche Gesichtspunkte gilt es heutzutage leider zu berücksichtigen. Wurden im Eingangsbereich empfindliche Plattenbeläge verwendet, sollten die Gefäße in einem Untersetzer stehen, der das überschüssige Gießwasser zuverlässig auffängt.

Balkon

Das wichtigste und sicher auch am meisten verwendete Pflanzgefäß für den Balkon ist und bleibt der **Balkonkasten.** Dieses vielseitig verwendbare Gefäß ist aus diversen Materialien gefertigt erhältlich und kann, je nach Größe, mit den unterschiedlichsten Pflanzen bestückt werden. Je breiter und tiefer solch ein Balkonkasten ist, desto mehr Substrat kann er aufnehmen und desto besser wachsen auch die Pflanzen darin. Der Größe eines Balkonkastens sind allerdings physikalische Grenzen gesetzt, sobald er über dem Balkonrand aufgehängt wird. Für normale Blumenkästen mit einer Kastenbreite von 15 cm reichen Standard-Blumenkastenhalter. Breitere Kästen, die dann ein wesentlich höheres Gewicht erreichen, erfordern unbedingt stärkere Halter (die es im Fachhandel zu kaufen gibt). Ebenso wie bei den vorausgegangenen Gefäßtypen hat auch bei einem Balkonkasten die Dränage eine sehr große Bedeutung.

Ampeln werden in der Frühjahrssaison fix und fertig bepflanzt angeboten. Geeignete Pflanzen werden auf Seite 47 genannt. Fertige Ampeltöpfe, in aller Regel aus Kunststoff gefertigt, bieten nicht immer ideale Wachstumsbedingungen; meist erweisen sie sich im Verlauf einer Kulturperiode als zu klein. Das heißt, die Pflanze wurzelt im Laufe der Saison so stark durch, daß das Endvolumen nicht ausreicht, die Pflanze wird in der Folge nicht ausreichend mit Wasser und Nährstoffen versorgt und nimmt allmählich Schaden, bzw. sie verhungert. Hier hilft nur ein rechtzeitiges Umsetzen in einen noch größeren Ampeltopf. Ampeln aus Keramik sehen viel schöner aus als Kunststoff-Ampeln. Ihnen fehlt generell das Dränageloch. Nur sehr wenige Modelle sind mit einem Untersetzer versehen, der überschüssiges Wasser auffangen kann. Technisch läßt sich dies eben nur schwer bewerkstelligen, weil sonst das Gewicht der Ampel noch größer würde. Es ist also in jedem Fall anzuraten, eine Ampel, die kein Dränageloch aufweist, vorsichtig anzubohren.

Wandgefäße aus Terrakotta und anderen Materialien stellen ideale Pflanzgefäße für Saisonpflanzen auf Balkonen mit eingeschränkten Platzverhältnissen dar, oder aber sie dienen als zusätzlicher Schmuck an Wänden. Bedingt durch die geringe Substratmenge, die solche Gefäße aufnehmen können, eignen sie sich wirklich nur für Sommerblumen. An schneeweißen Wänden oder Mauern will ihre Verwendung sorgsam überlegt sein, denn zwangsläufig rinnt überschüssiges Wasser an der Wand herab und hinterläßt Spuren.

Auf einem Balkon finden weiter **Schalen, Töpfe** und **Kübel** Verwendung, wie

Ohne die vielen verschiedenen Töpfe und Pflanzen wäre die alte Treppe nur halb so schön.

sie auf Seite 7f. schon charakterisiert worden sind.

Stadtbegrünung

Als mobiles Grün in der Stadt dienen sehr großvolumige Pflanzgefäße. Oft markieren sie verkehrsberuhigte Zonen, oder sie dienen dazu, den Verkehr auf eine bestimmte Art und Weise zu lenken. Ihre Hauptaufgabe besteht jedoch darin, mit Hilfe einer entsprechenden Bepflanzung das häufig so triste Grau einer Stadt zu beleben. Dank ihrer Größe eignen sich Großgefäße sehr gut für eine Kombination aus Dauer- und Saisonbepflanzung.

Grundsätzlich unterscheidet man zwischen zwei Gefäßtypen: Die einen Behälter besitzen einen festen Boden, in dem eine Dränage eingebaut ist. Sie können bei Bedarf nach dem Anpflanzen noch bewegt werden. Ihnen stehen Gefäßtypen mit Bodenschluß gegenüber. Diese Gefäße verfügen über keinen festen Boden, dadurch sind die Pflanzen in der Lage, in den Untergrund einzuwurzeln. Dies kommt besonders größer werdenden Pflanzen sehr zugute; die Pflanzen können sich, bedingt durch das bessere Wurzelwachstum, viel besser entwickeln.

Wintergarten

Ein Wintergarten galt in früheren Zeiten als Statussymbol für wohlhabende Leute. Dies hat sich grundlegend geändert, und auch der Begriff "Wintergarten" ist im Grunde hinfällig. Sollte man nicht besser vom "glasüberdachten Ganzjahresgarten" sprechen? Wer sich ernsthaft mit dem Bau eines Wintergartens befassen will, sollte sich zunächst eingehend

Sehr schöne Terrakotta-Großgefäße in Homburg/Saar, die mit einem Bewässerungssystem ausgerüstet sind.

über die verschiedenen Techniken und Systeme informieren; eine umfangreiche Fachliteratur steht zu diesem Thema zur Verfügung.

Die Begrünung eines Wintergartens erfolgt entweder mit beweglichen Gefäßen oder aber mit fest installierten Trogbeeten. Eine dritte, eher selten genutzte Variante wären Bodenbeete. Entschließt man sich für die beweglichen Gefäßtypen, so bietet der Markt eine Fülle von Möglichkeiten. Entscheidend ist die Größe, damit die Pflanzen über einen längeren Zeitraum – ohne Umtopfen – im gleichen Gefäß verbleiben können. Zweitens sollten die Gefäße auf die Einrichtung abgestimmt sein. Wenn man es schon mit "beweglichem" Grün zu tun hat, sollte der ausgewählte Gefäßtyp die Möglichkeit bieten, daß man Rollen anbringen kann. Nur so sind die Gefäße dann tatsächlich mobil im Sinne von leicht zu bewegen. Schließlich bieten mobile Gefäße in einem Wintergarten den Vorteil, daß man die Pflanzen immer wieder einmal umstellen kann. So wird man gerade blühende Partien besonders in das Blickfeld rücken.

Wer über entsprechendes handwerkliches Geschick verfügt, kann Pflanzgefäße selbst aus Holz bauen. Ferner bietet sich die Möglichkeit, einfachste Pflanzkübel aus Kunststoff optisch aufzuwerten, indem man sie mit Holz oder anderen Materialien verkleidet.

Fest installierte Pflanzwannen oder Tröge bedürfen einer im Boden eingebauten Dränageschicht, die überschüssiges Wasser nach außen ableitet. Schon beim Bau ist darauf zu achten, daß der Boden der Pflanzwanne ein leichtes Gefälle erhält. Bei größeren Pflanzwannen von über 2 m Länge empfiehlt es sich, das Gefälle von zwei Seiten anzulegen, ein Röhrchen in der Mitte leitet das Dränagewasser durch die Außenmauer oder in den Boden ab. Näheres dazu ist ab Seite 150 nachzulesen.

Um Pflanztröge von rund 1 m Höhe nicht komplett mit kostspieligen Substratmischungen auffüllen zu müssen, bietet sich folgendes sehr einfaches Verfahren an, das zugleich Geld, Zeit und Arbeit einsparen hilft: Man baut im Boden die Dränage ein, setzt Styroporblöcke ein, bis die gewünschte Substrathöhe erreicht wurde und füllt erst dann die Pflanzerde auf. Man kann genauso gut einfache schwarze Pflanzcontainer auf die Styroporblöcke stellen, die Zwischenräume werden dann mit Blähton aufgefüllt. So entstehen Pflanzenstellplätze, die man im Wechsel mit verschiedenen Pflanzen besetzen kann. Als einzige Voraussetzung muß jedoch der eingebaute Leercontainer groß genug sein, daß er die entsprechende Pflanze tatsächlich aufnehmen kann. Die eingebauten Container sollten Wasserabzugslöcher besitzen, damit überschüssiges Gießwasser immer gleich abfließen kann.

Der Vorteil bei dieser Methode liegt darin, daß man durch das Auswechseln von Pflanzen sehr rasch ein neues Erscheinungsbild schaffen kann. Ferner gestaltet sich die Pflege eines Einzeltopfes einfacher, verglichen mit dem Pflegeaufwand eines Beetes, in dem mehrere Groß- und Kleinpflanzen dicht nebeneinander stehen.

Innenbereich

Kann man sich Wohnbereiche ganz ohne Pflanzen überhaupt vorstellen? Um die Pflanzen noch schöner, stil- oder geschmackvoller zu präsentieren, bietet

Ein solcher mit subtropischen Pflanzen bestückter Wintergarten ist der Traum vieler Pflanzenfreunde.

der Markt eine Fülle von unterschiedlich geformten und dekorierten **Übertöpfen** an. Nicht immer läßt sich das Optimum an optischer Wirkung mit den elementaren physiologischen Ansprüchen einer Pflanze in Einklang bringen. Hinzu kommt leider, daß die Maße von Kultur- und Übertöpfen kaum aufeinander abgestimmt sind. Die Kulturtöpfe passen oft schlecht genug in die vorhandenen Übertöpfe.

Ein idealer Übertopf muß groß genug sein, daß man die eingestellte Pflanze in ihrem Kulturtopf problemlos herausnehmen kann, um etwa das sich ansammelnde Restgießwasser problemlos zu entfernen. (Bei zu engen Übertöpfen wird dies erfahrungsgemäß höchst selten durchgeführt.) Bei Übertöpfen stimmt oft die Belüftung des Topfes nicht. Durch Kondenswasser und ständige Feuchtigkeit fängt in einem zu engen Übertopf vor allem bei Tontöpfen die Außenwand des Pflanztopfes zu schimmeln an. Selbstverständlich sollte ein Übertopf wasserdicht sein, doch ist dies beileibe nicht immer der Fall. Ästhetische Gesichtspunkte spielen ebenso eine – wenn auch untergeordnete – Rolle.

Einfache Übertöpfe werden fast immer aus keramischen Massen gegossen und mit einer Art Spritzglasur einfach gebrannt. Der Boden ist häufig nicht mitbehandelt, erkennbar an den Spritzrändern. Bei größeren Übertöpfen mit Durchmessern ab 30 cm entdeckt man im Topfinneren oft drei oder vier winzige Narben, die nicht richtig mitglasiert werden. Diese rühren von einer Halterung her, die für den Transport der Töpfe beim Glasieren benötigt wird. Bleibt in so einem Übertopf Wasser stehen, werden die defekten Stellen vom

Wasser unterwandert und der Topf wird undicht.

Bessere Übertöpfe werden vor ihrem eigentlichen Brennvorgang glasiert oder aber in zwei Brennvorgängen gefertigt. Auf diese Weise werden vor allem Töpfe für die Hydrokultur hergestellt, da diese unbedingt wasserdicht sein müssen. Der Boden weist auch an der Außenseite eine Glasur auf. Und gerade deshalb sollte man so einen Übertopf besser nicht auf ein wertvolles Möbelstück stellen. Durch schwankende Raumtemperaturen bildet sich nämlich Kondenswasser an der Unterseite des Topfes, was schnell zu unliebsamen Überraschungen führen kann. Abhilfe schaffen kleine Filzplatten, die man auf den Gefäßboden klebt. Sehr teure Übertöpfe sind von vornherein mit diesen Plättchen bestückt, ansonsten kann man sie im Fachhandel kaufen.

Standardübertöpfe gibt es höchstens bis zu einem Durchmesser von 45 cm. Größere Töpfe findet man selten, und häufig sind sie dann sehr teuer. Qualitativ hochwertige Übertöpfe aus Porzellan stammen vorwiegend aus Spanien und Portugal. Man erkennt sie an ihrem sehr viel helleren Klang und der weißglasigen Farbe am Außenboden.

Große Übertöpfe werden außerdem aus Steinzeug (das ist eine verbesserte keramische Masse) gefertigt. Auch sie sind durch einen besonderen Brennvorgang, in Verbindung mit Glasuren, fast immer wasserdicht. Diese sehr schweren Übertöpfe zeichnen sich durch eine auffallend dicke Wandung aus. Besonders schön wirken Steinzeuggefäße mit einer Verzierung aus Salzglasur.

Ist ein Übertopf für eine Pflanze zu hoch, so füllt man den Übertopf einfach mit etwas Blähton auf und stellt dann die Pflanze ein. Die Blähtonschicht dient zugleich als Dränage.

Postamente nennt man Säulen – in unterschiedlichen Höhen –, auf denen ein Übertopf in passender Größe und Design steht. Bei größeren Postamenten ist auf der Säule eine Vertiefung angebracht, die ein Abrutschen des Übertopfes verhindern soll. Bei kleineren Postamenten sind Säule und Topf oft fest miteinander verbunden. Diese Art von Pflanzgefäß wird gern als Blickpunkt in einem Wohnraum oder zwischen Sitzgelegenheiten aufgestellt. Überhängende Zimmerpflanzen, wie zum Beispiel große Farne, kommen hier besonders gut zur Geltung.

Als **Schalen** für Zimmerpflanzen werden meist flache, glasierte Gefäße verwendet. Für die Haltung von Zimmerpflanzen eignen sie sich jedoch weniger gut. Eine bepflanzte Zimmerpflanzen-Schale wird fast immer fertig gekauft und zu bestimmten Anlässen, wie Geschäftseröffnungen, Geburtstage usw., verschenkt. Die meist viel zu flachen Schalen haben keine Dränagelöcher, und für eine einfache Blähtondränage reicht der Platz nicht aus. Als Konsequenz entsteht ein erhöhter Erdwall in der Schale, der keinen Raum für einen Gießrand bietet. Fast immer ist die Bepflanzung ziemlich willkürlich oder rein nach optischen Gesichtspunkten zusammengestellt. So stehen Pflanzen auf engstem Raum nebeneinander, die pflegetechnisch wenig gemeinsam haben. Es empfiehlt sich daher, das Arrangement bald auseinander zu nehmen und die Pflanzen, jede für sich, in Einzeltöpfe zu setzen.

Pflanzen für die Topfkultur

Die enorme Vielfalt an Pflanzgefäßen ermöglicht uns Pflanzenliebhabern die Kultur der verschiedensten Pflanzen. Sowohl die Hersteller von Gefäßen als auch die Pflanzenproduzenten haben sich auf eine große Nachfrage eingestellt, und so steht ein kaum überschaubares Sortiment an Gehölzen, Stauden, ein- oder zweijährigen Pflanzen für die Containerkultur zur Verfügung. Pflanzen gedeihen aber nur in Gefäßen, wenn ihnen die Bedingungen des Topfes und des Standortes zusagen. Dies machten bereits die Ausführungen im vorigen Kapitel deutlich.

Allein durch gute Planung und die Auswahl geeigneter Pflanzenarten gelingt es, dekorative Miniaturgärtchen in Gefäßen zu schaffen. Dabei kann die Pflanzenwahl auf verschiedenen Gesichtspunkten beruhen. Reizvoll wirkt eine nach unterschiedlichen Farben arrangierte Bepflanzung, wie man dies von Beet- und Balkonpflanzen her kennt. Weitere Möglichkeiten ergeben sich durch die Staffelung nach unterschiedlichen Blühterminen, oder durch Kriterien wie Blüten- und Blattfarbe sowie Herbstfärbungen, oder man bevorzugt bestimmte Wuchsformen oder ganz spezielle Pflanzengruppen. Sofern die Pflanzumgebung den Bedürfnissen der Pflanzen entspricht, sind auch Pflanzenkombinationen möglich, wie sie in der Natur nicht vorkommen. Außerdem läßt sich durch geeignete Schnittmaßnahmen die Wuchsform von Pflanzen in Gefäßen verändern oder zumindest beeinflussen. Man denke nur an die verschiedenen Kugelbäumchen, die seit geraumer Zeit ihren Platz auf dem Markt behaupten. Tatsächlich ergeben sie hervorragende Kübelpflanzen, gerade weil sie den Rückschnitt bestens vertragen. Schwierig wird es bei Pflanzenkombinationen, wenn die eine oder andere Pflanze so stark wächst, daß sie anderen Nährstoffe, Wasser und Platz streitig macht. Sehr wüchsige, dominante Pflanzen können ihre Nachbarn regelrecht unterdrücken; sie sollten besser nicht in ein Pflanzgefäß aufgenommen werden und finden im Garten geeignetere Standorte. Am interessantesten wirken, ganz allgemein gesprochen, Kombinationen aus den unterschiedlichsten Wuchsformen (sei es streng aufrecht wachsend, niederliegend, polsterförmig, überhängend, windend, buschig usw). Für die Auswahl spielt dabei weniger die Zugehörigkeit zu einer Pflanzengruppe eine Rolle, es soll ein Wechselspiel der Wuchsformen und Strukturen entstehen.

Das Grundgerüst einer Dauerpflanzung bilden in aller Regel **Gehölze**, sowohl wintergrüne als auch laubabwerfende Arten und natürlich Koniferen. Die große Gruppe der **Stauden** läßt sich in Blüten- und Blattschmuckstauden unterteilen. **Zwiebelblumen** bedeuten eine weitere Bereicherung für Pflanzgefäße. Und selbst **Kletterpflanzen**, ein- und mehrjährige Arten, eignen sich für die Topfkultur. Eine ganz besondere Rolle spielen die **Saisonpflanzen**, die sich wunderbar mit Dauerpflanzen kombinieren lassen. Das gilt besonders für die vielen hängenden Balkonpflanzen. Auf große Nachfrage stoßen derzeit Duftpflanzen, Gewürz- und Teekräuter, die mit ihren zum Teil andersfarbigen oder gefleckten (panaschierten) Blättern einen enormen Zierwert besitzen.

Sehr beliebt sind derzeit auch die neueren kleinwüchsigen Gemüsesorten, die speziell für die Kultur im Topf oder Balkonkasten gezüchtet werden. Nicht zu vergessen jene Pflanzen, die die "Topfkultur" letztlich begründet haben, die Kübelpflanzen. Pflanzenkombinationen sind hier eher die Ausnahme. Das liegt in erster Linie an den recht unterschiedlichen Standortbedingungen, an denen die einzelnen Kübelpflanzen gedeihen, und außerdem an dem generell hohen Pflegeaufwand.

Grundsätzlich werden sich Pflanzen in Gefäßen immer anders entwickeln als solche, die in einem Garten ausgepflanzt sind. Dies liegt zunächst einmal an dem eingeschränkten Ausbreitungsvermögen des Wurzelwerkes. Es kann sich im Vergleich zu einer im Freiland gesetzten Pflanze nicht so freizügig – und ungehindert – entwickeln. Damit hängt eine erschwerte Versorgung mit Wasser und Nährstoffen zusammen, was sich zwangsläufig auf die Wüchsigkeit einer Pflanze auswirkt. Dazu kommt der Einfluß der sehr starken Temperaturschwankungen, denen der Wurzelballen einer Pflanze im Gefäß ausgesetzt ist. Im gewachsenen Boden wurzelnde Pflanzen haben diese Problematik nicht. Stark schwankende Temperaturen, wie sie vor allem in Herbst und Winter vorkommen, wirken sich sehr negativ auf das Wurzelwachstum aus und können Wurzeln gar zum Absterben bringen.

Grundbedingungen für ein gesundes Wachstum im Pflanzgefäß

- Ein geeignetes Substrat verwenden: Generell eignet sich nicht jede Erde, und die Pflanzenarten bevorzugen unterschiedliche Substrate
- Optimale Wassergaben, angepaßt an die Bedürfnisse der Pflanze
- Düngen nach den Erfordernissen der Pflanze, eventuell einen Spezialdünger verwenden
- Das arttypische pH-Optimum (das je nach Pflanzenart sehr unterschiedlich sein kann) nach Möglichkeit beachten
- Regelmäßige Kontrolle des Wurzelwachstums, bei Bedarf rechtzeitig umtopfen
- Werden verschiedene Pflanzen in einem Gefäß kombiniert, müssen die Pflanzen im Hinblick auf Wasserbedarf, pH-Wert, Nährstoff- und Lichtversorgung in etwa die gleichen Ansprüche stellen.

Und trotz alledem gedeihen Pflanzen in Gefäßen hervorragend, sofern ihre speziellen Ansprüche berücksichtigt werden. Gelegentlich gedeihen Pflanzen in einem Pflanzgefäß sogar besser als in einem Gartenboden, vor allem dann, wenn sie auf ein ganz bestimmtes Substrat angewiesen sind, wie etwa die Rhododendren, zu denen die Gartenazaleen zählen.

Winterharte Gehölze

Mit Ausnahme der sehr groß wachsenden Bäume können praktisch alle Gehölzarten in entsprechend großen Pflanzgefäßen gehalten werden. Jedoch

Beispiele für die Dauerbepflanzung von Blumenkästen
Die Angaben beziehen sich auf eine Kastenlänge von 100 cm.

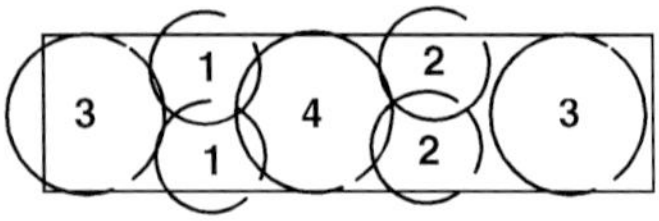

1 *Erica carnea* 'Winter Beauty'
2 *Erica carnea* 'Vivellii'
3 *Hebe*-Andersonii-Hybride 'Green Globe'
4 *Hedera helix* 'Kolibri'

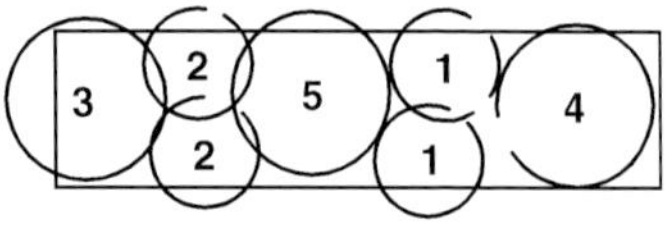

1 *Erica carnea* , rosa
2 *Erica carnea*, weiß
3 *Juniperus communis* 'Green Carpet'
4 *Juniperus communis* 'Grey Pearl'
5 *Thuja occidentalis* 'Tiny Tim'

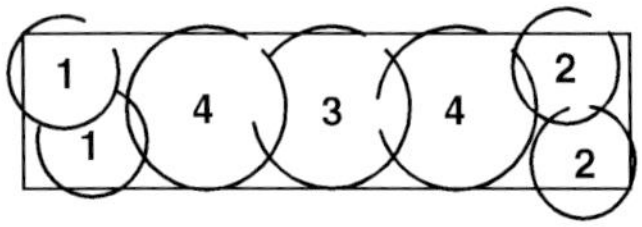

1 *Erica carnea*, weiß
2 *Erica carnea* 'Kramers Rote'
3 *Euonymus fortunei* 'Emerald'n Gold'
4 *Pinus mugo* 'Mops'

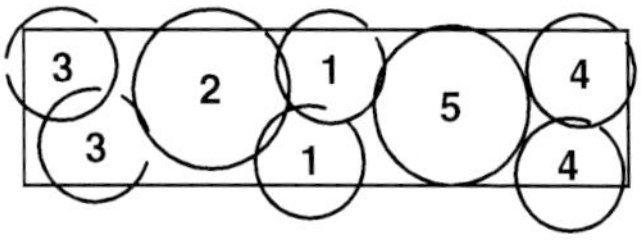

1 *Calluna vulgaris*
2 *Chamaecyparis pisifera* 'Filifera Nana Aurea'
3 *Erica carnea*, rot
4 *Erica carnea*, weiß
5 *Hedera helix*

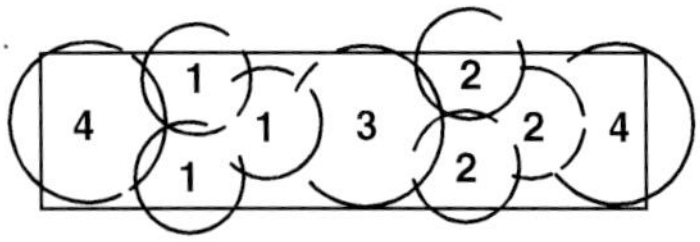

1 *Erica carnea* 'Winter Beauty'
2 *Erica carnea* 'Vivellii'
3 *Hedera helix*
4 *Thuja orientalis* 'Aurea Nana'

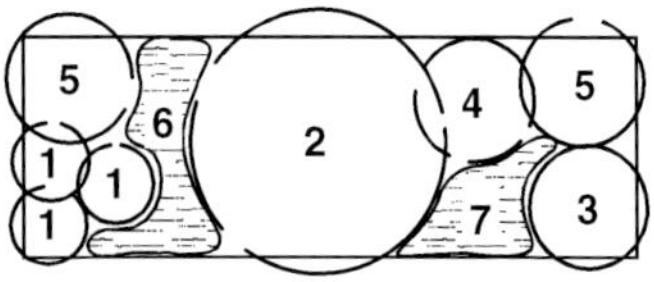

1 *Cornus canadensis*
2 *Juniperus communis* 'Oblonga Pendula'
3 *Juniperus communis* 'Repanda'
4 *Leucothoë walteri* 'Rainbow'
5 *Potentilla fruticosa* 'Kobold'
6 *Ajuga reptans* (5)
7 *Gypsophylla rep*ens 'Rosea' (3)

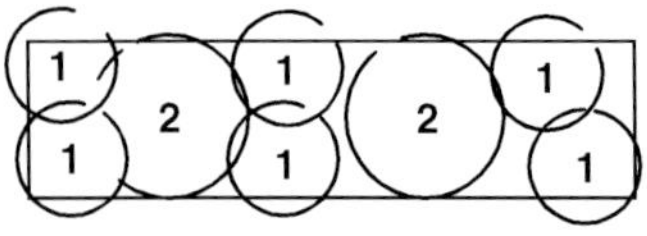

1 *Calluna vulgaris*
2 *Hebe*-Andersonii-Hybride 'Green Globe'

Beispiele für die Dauerbepflanzung von Blumenkästen
Die Angaben beziehen sich auf eine Kastenlänge von 100 cm.

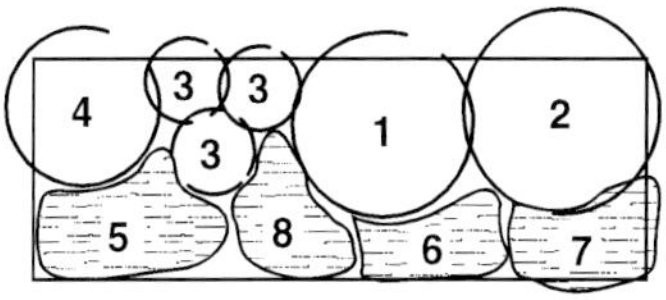

1 *Cornus sanguinea* 'Winter Beauty'
2 *Salix lanata*
3 *Spiraea alpina*
4 *Weigela floribunda* 'Atropurpurea Nana'
5 *Achillea tomentosa* (7)
6 *Astilbe chinensis* var. *pumila* (5)
7 *Phlox subulata*, rot (5)
8 *Saxifraga*-Arendsii-Hybride, rot (5)

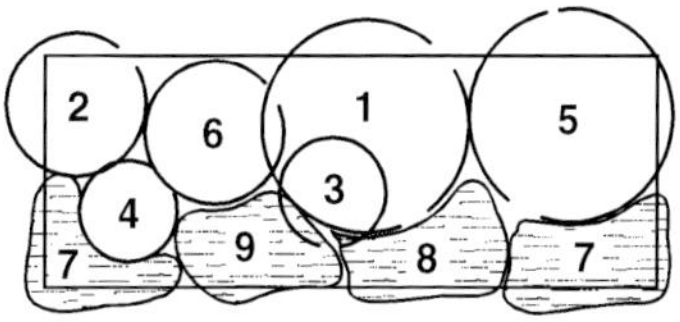

1 *Euonymus japonica* 'Aureomarginata'
2 *Forsythia viridissima* 'Weber's Bronx'
3 *Juniperus squamata* 'Blue Carpet'
4 *Picea glauca* 'Alberta Globe'
5 *Prunus × cistena*
6 *Weigela florida* 'Variegata Nana'
7 *Helianthemum*-Hybride, gelb (5)
8 *Leucanthemum (Chrysanthemum) maximum* 'Snow Lady' (5)
9 *Potentilla atrosanguinea* (5)

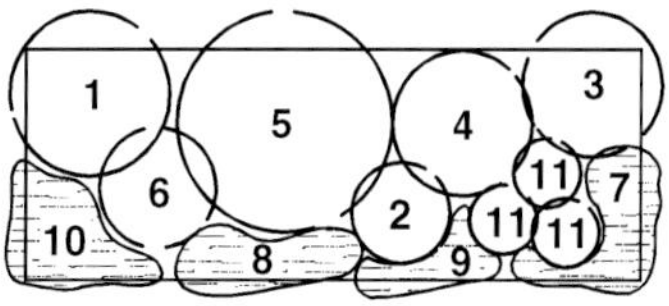

1 *Deutzia gracilis*
2 *Genista lydia*
3 *Hydrangea macrophylla*
4 *Ilex crenata* 'Golden Gem'
5 *Prunus × cistena*
6 *Skimmia japonica*
7 *Aquilegia flabellata* (5)
8 *Artemisia stelleriana* (5)
9 *Aster alpinus* (5)
10 *Geranium sanguineum* (5)
11 *Hosta undulata*

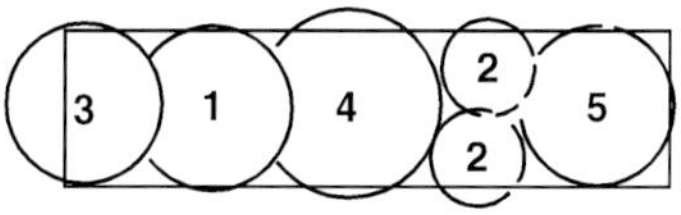

1 Bodendeckerrose 'The Fairy'
2 *Calluna vulgaris* 'Hamilton'
3 *Hedera helix* 'Kolibri'
4 *Pinus mugo* 'Mops'
5 *Spiraea alpina*

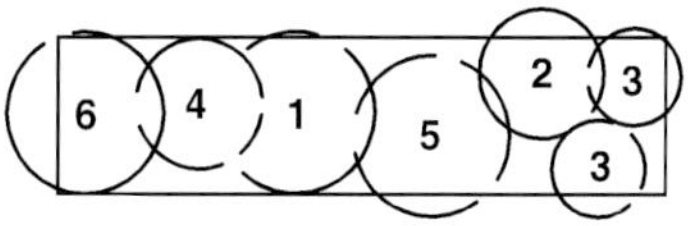

1 Bodendeckerrose, rot
2 *Chamaecyparis lawsoniana* 'Alumigold'
3 *Erica carnea*, rosa
4 *Hedera helix*
5 *Juniperus horizontalis* 'Glauca'
6 *Pinus mugo* 'Mops'

Beispiele für die Dauerbepflanzung von Blumenkästen

Die Angaben beziehen sich auf eine Kastenlänge von 100 cm.

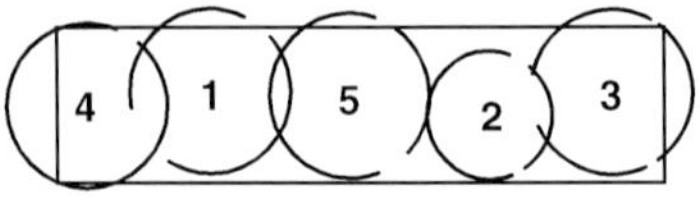

1 *Euonymus fortunei* 'Emerald Gaiety'
2 *Genista sagittalis*
3 *Juniperus squamata* 'Blue Star'
4 *Pinus mugo* 'Mops'
5 *Thuja occidentalis* 'Smaragd'

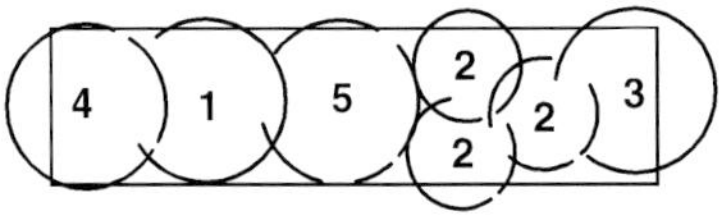

1 *Berberis thunbergii* 'Atropupurea Nana'
2 *Calluna vulgaris*
3 *Hedera helix*
4 *Juniperus squamata* 'Blue Carpet'
5 *Picea glauca* 'Conica'

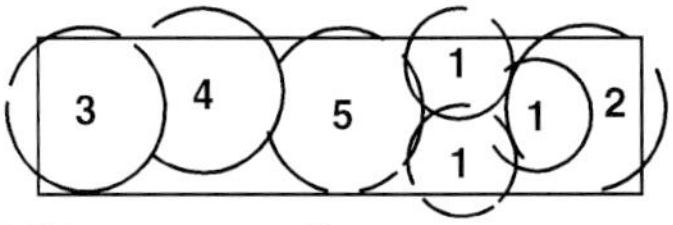

1 *Erica carnea*, weiß
2 *Hedera helix*
3 *Juniperus squamata* 'Blue Star'
4 *Rhododendron*-Hybride 'Diamant', halbimmergrün
5 *Rhododendron*-Hybride 'Scarlet Wonder'

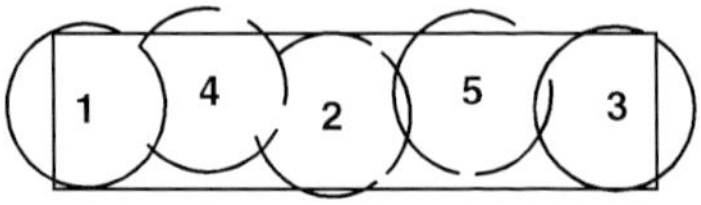

1 Bodendeckerrose, weiß
2 *Juniperus conferta*
3 *Juniperus horizontalis* 'Glauca'
4 *Picea glauca* 'Conica'
5 *Skimmia japonica*

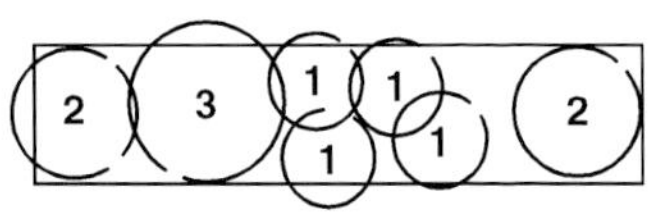

1 *Calluna vulgaris*
2 *Cotoneaster dammeri* 'Streibs Findling'
3 *Pinus mugo* 'Mops'

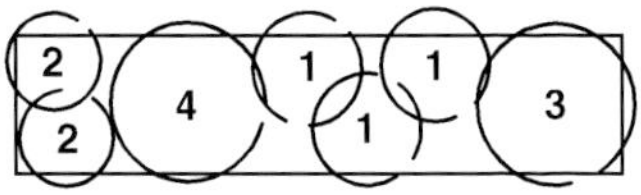

1 *Erica carnea*
2 *Gaultheria procumbens*
3 *Juniperus procumbens* 'Nana'
4 *Thuja occidentalis* 'Tiny Tim'

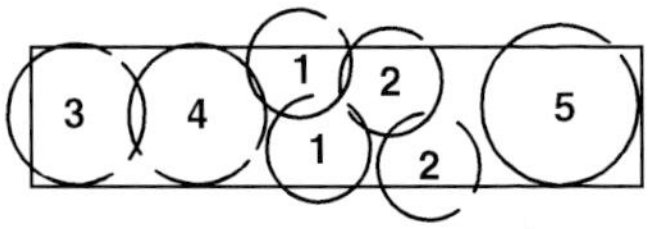

1 *Erica carnea*, rosa
2 *Erica carnea*, weiß
3 *Chamaecyparis lawsoniana* 'Minima Glauca'
4 *Juniperus communis* 'Repanda'
5 *Picea glauca* 'Alberta Globe'

Beispiele für die Dauerbepflanzung von Blumenkästen

Die Angaben beziehen sich auf eine Kastenlänge von 100 cm.

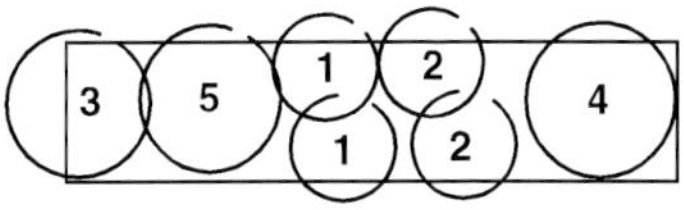

1 *Calluna vulgaris* 'Hamilton'
2 *Calluna vulgaris* 'Long White'
3 *Euonymus fortunei* 'Emerald Gaiety'
4 *Euonymus fortunei* 'Emerald'n Gold'
5 *Picea abies* 'Little Gem'

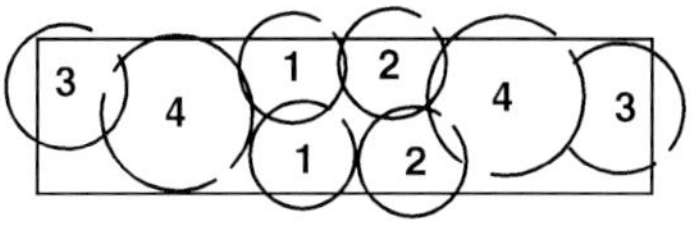

1 *Calluna vulgaris* 'Boskoop'
2 *Calluna vulgaris* 'Hamilton'
3 *Cornus canadensis*
4 *Vitis davidii*

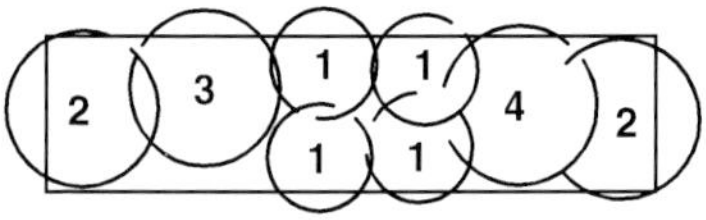

1 *Erica carnea*,weiß
2 *Hedera helix*
3 *Pernettya mucronata*, rosa
4 *Pernettya mucronata*, rot

Pflanzvorschläge für alte Futtertröge

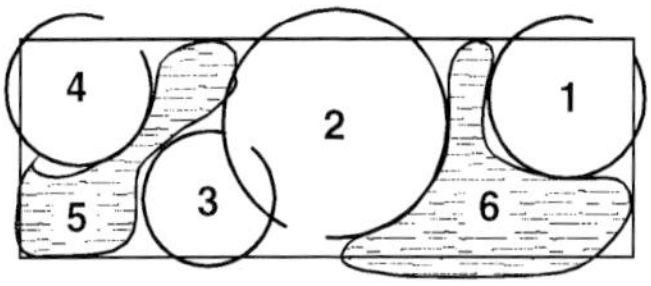

1 *Ceanothus thyrsiflorum* 'Repandens'
2 *Cedrus libani* ssp. *brevifolia* 'Sargentii'
3 *Hypericum densiflorum*
4 *Potentilla fruticosa* 'Tillford Creme'
5 *Sempervivum arachnoideum* (3)
6 *Sedum floriferum* (5)

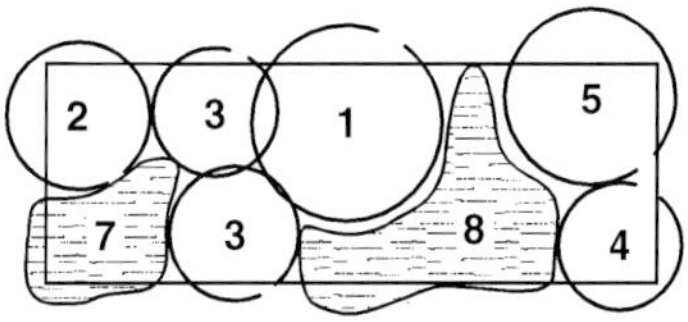

1 *Chamaecyparis lawsoniana* 'Elwood's Pillar'
2 *Fuchsia magellanica* var. *gracilis*
3 *Gaultheria procumbens*
4 *Hypericum calycinum*
5 *Pinus mugo* 'Mini Mops'
6 *Rhododendron impeditum* 'Moerheim'
7 *Dryas octopetala* (3)
8 *Sedum cauticola* (5)

Beispiele für Bepflanzung von Großgefäßen mit Gehölzen und Stauden.
Es wurde eine Gefäßgröße von 120 × 40 × 40 cm angenommen.

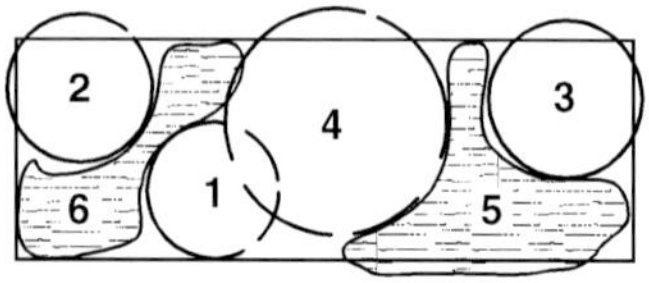

1 *Juniperus procumbens* 'Nana'
2 *Pinus mugo* 'Humpy'
3 *Potentilla fruticosa* 'Abbotswood'
4 *Taxus baccata* 'Dovastoniana'
5 *Campanula carpatica* (5)
6 *Saponaria ocymoides* (5)

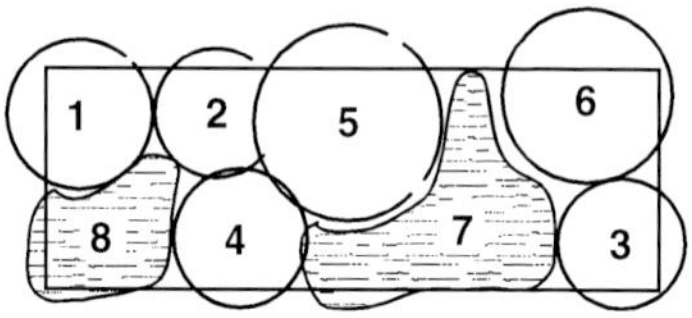

1 *Corylopsis pauciflora*
2 *Genista lydia*
3 *Genista sagittalis*
4 *Juniperus communis* 'Green Carpet'
5 *Picea abies* 'Little Gem'
6 *Viburnum plicatum* 'Watanabe'
7 *Campanula portenschlagiana* (7)
8 *Inula ensifolia* 'Compacta' (5)

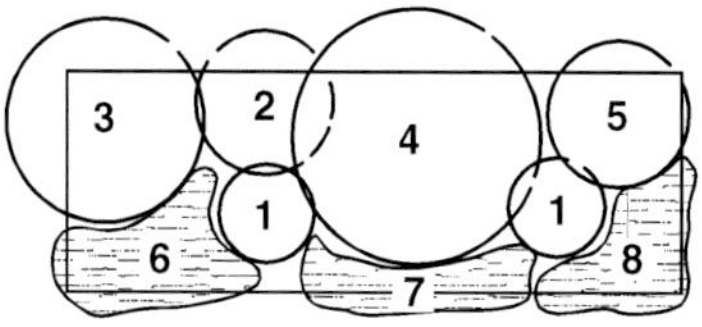

1 *Euonymus fortunei* 'Emerald'n Gold'
2 *Kalmia latifolia*
3 *Picea pungens* 'Glauca Globosa'
4 *Pinus parviflora* 'Glauca'
5 *Taxus baccata* 'Repandens Aurea'
6 *Thymus serpyllum* (5)
7 *Ajuga reptans* (7)
8 *Aquilegia flabellata* (5)

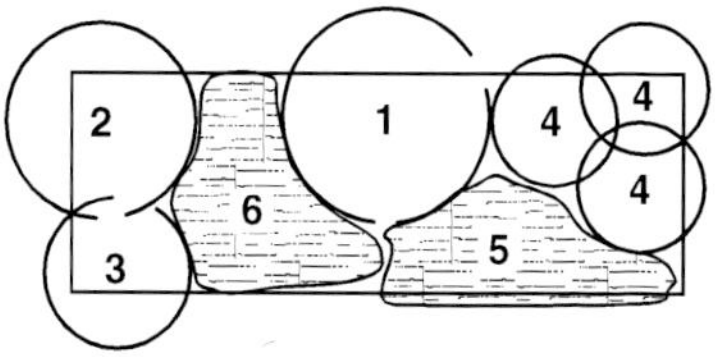

1 *Chamaecyparis lawsoniana* 'Golden Wonder'
2 *Fothergilla major*
3 *Juniperus communis* 'Green Carpet'
4 *Perovskia abrotanoides*
5 *Campanula carpatica* 'Alba' (5)
6 *Geranium cinereum* (7)

Pflanzvorschläge für alte Futtertröge

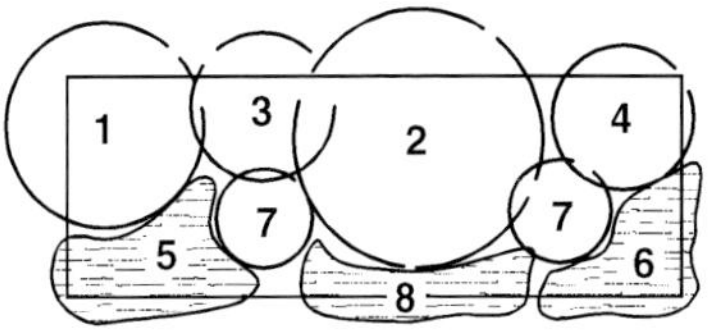

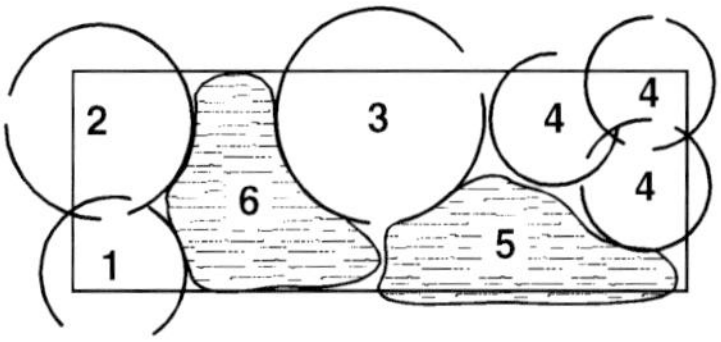

1 *Juniperus decumbens* 'Nana'
2 *Picea omorica* 'Minima'
3 *Potentilla aurea*
4 *Spiraea alpina*
5 *Androsace sarmentosa* (3)
6 *Campanula portenschlagiana* (3)
7 *Festuca glauca* 'Uchte' (2)
8 *Sempervivum tectorum* (3)

1 *Andromeda polifolia*
2 *Juniperus decumbens* 'Nana'
3 *Picea glauca* 'Laurin'
4 *Carlina acaulis* (3)
5 *Lewisia cotyledon* (5)
6 *Thymus serpyllum* (5)

sollte man Pflanzenarten mit einem stark ausgeprägten Wurzelwachstum wie etwa die Weiden (mit Ausnahme der wenigen Zwergformen) von vornherein ausklammern, weil die Enge des Gefäßes die Ausbreitungsmöglichkeiten der Wurzeln stark einschränkt. Die Pflanze würde Schaden nehmen, oder aber das Gefäß würde früher oder später zerstört. Das Sortiment an winterharten Gehölzen ist sehr vielseitig, es bietet Arten für jeden Verwendungsbereich. Die Baum- und Straucharten lassen sich zudem sehr schön untereinander kombinieren, so daß sich vielseitige Arrangements ergeben. Man unterscheidet zwischen immergrünen Laubgehölzen, den sommergrünen Gehölzen, die im Herbst ihr Laub abwerfen sowie den Nadelgehölzen. Eine besondere Rolle spielen Kleingehölze, die sich durch ihren schwachen Wuchs besonders für die Containerkultur auszeichnen.

Immergrüne Laubgehölze

Unter den Laubgehölzen finden sich viele wintergrüne Arten, die sich als Topf- oder Kübelpflanzen eignen. Zu beachten gilt es, daß manche im Sommer einen halbschattigen Standort bevorzugen. Doch in einem Topf ist so eine Pflanze ja mobil und kann im Sommer anders als im Winter plaziert werden. Wintergrüne Laubgehölze haben noch eine weitere Besonderheit: Wenn es sehr lange und stark gefroren hat, benötigen beblätterte Laubgehölze dringend Wasser. Besonders gefährlich sind niedrige Frosttemperaturen bei gleichzeitigem Sonnenschein. Während die oberirdischen Pflanzenorgane Wasser verdunsten, können die Wurzeln aus dem gefrorenen Substrat kein Wasser nachliefern – die Pflanze vertrocknet regelrecht, und mancher denkt vielleicht, die Pflanze sei erfroren. Manche der immergrünen Pflanzen schützen sich auch selbst, indem sie ihre Blätter zum Schutz vor zu starker Verdunstung leicht einrollen. Der Rhododendron ist hier ein typisches Beispiel.

Sommergrüne Laubgehölze

Gerade bei den sommergrünen Laubgehölzen gibt es sehr viele verschiedene Arten mit den unterschiedlichsten Wuchsformen und Höhen, und viele von ihnen blühen obendrein über einen längeren Zeitraum – zu sehr unterschiedlichen Terminen. Sommergrüne, sprich laubabwerfende Bäume und Sträucher, lassen sich sehr schön mit immergrünen Arten und Koniferen kombinieren. Besonders dekorativ wirkt so manche Art erst im Herbst, oder nachdem sie ihr Laub abgeworfen hat. So überrascht die Zaubernuß (*Hamamelis*) mit einer prachtvollen Herbstfärbung und einer Blüte im blattlosen Zustand im Februar. Die stark gedrehten Ruten der Korkenzieherhasel kommen ebenfalls erst im Winter zur Geltung, gleiches gilt für die korkige Rinde von *Euonymus alata*. Bei manchen Laubgehölzen bildet sich im Winter durch die Kälteeinwirkung eine besonders intensive Rindenfärbung aus, so zum Beispiel bei vielen *Cornus*-Arten (Hartriegel). In Kombination mit Nadelgehölzen ergeben sich wunderschöne Aspekte.

Kleingehölze

Kleingehölze spielen bei der Topfkultur eine ganz besondere Rolle. Sie eignen sich selbst für die Bepflanzung kleinerer Gefäße – unter Umständen sogar für den Balkonkasten. Andererseits stellen sie ein wichtiges Element als Unterpflanzung vor größeren Pflanzen dar. Ein Kleingehölz muß nicht zwangsläufig klein bleiben. Sehr häufig werden leider Jungpflanzen starkwüchsiger Sorten verkauft, die schon nach kurzer Zeit eine Größe oder Höhe erreicht haben, die man sich so nicht vorgestellt hat. Hier ist beim Kauf also gute Beratung angesagt. Beim Kauf von Gehölzen kann man sich sehr gut am Preis orientieren. Erscheint eine sogenannte kleinbleibende Pflanze im Vergleich zu ihrer Größe teuer, kann man davon ausgehen, daß sie langsam wächst und wirklich klein bleibt.

Nadelgehölze

Gleich vorneweg: Blaufichten, Edeltannen oder Omorikafichten kommen auf lange Sicht nicht für die Haltung in Pflanzgefäßen in Frage. Doch findet sich unter den Nadelgehölzen eine Vielzahl von geeigneten Arten und Sorten, die in Pflanzgefäßen ganz hervorragend wachsen und zudem ausgesprochen dekorativ wirken.

Koniferen lockern mit ihren teils auffälligen Farben und Wuchsformen bepflanzte Gefäße auf. Und ihr größter Vorteil stellt natürlich das immergrüne Nadelkleid dar als eine ideale Voraussetzung für die Dauerbepflanzung etwa von Balkonkästen. Vorsicht ist beim Kauf angebracht. Ein Großteil der Koniferen, so wie sie in den Baumschulkatalogen angeboten werden, ist aber als sehr stark wachsend einzustufen. Daher sollte man sich bei der Auswahl von geeigneten Koniferen sehr gut beraten lassen. Manchmal gibt der Sortenname nähere Auskunft über das Wachstum. So weisen 'Nana' oder 'Pumila' auf Schwachwüchsigkeit hin. Unter den Koniferen findet

Ziersträucher für die Kultur in Gefäßen

botanischer Name	deutscher Name	Höhe in cm	Blütezeit	Laub*	Verwendung **	Bemerkung
Andromeda polifolia	Lavendelheide	40	V-VI	i	N	liebt Halbschatten, saures Substrat, gut zu *Rhododendron*
Berberis buxifolia 'Nana'	Zwerg-Berberitze	50	V	i	N	kleine, stachelige Pflanze mit goldgelben Blüten, kompakt
Berberis candidula	Schneezweig-Berberitze	60	V	i	N	Blätter an der Oberseite glänzend dunkelgrün, Unterseite weiß, wächst breitflächig, Halbschatten bevorzugt
Berberis julianae	Berberitze	150	V-VI	i	H	liebt Halbschatten, robust
Berberis thunbergii 'Atropurpurea Nana'	rote Zwergberberitze	40	V		N	dunkelrotes Laub an den Jungtrieben
Berberis verruculosa	Berberitze	50	V-VI	i	N	goldgelbe Blüte, bogig übergeneigte Zweige, Halbschatten
Buxus sempervirens	Buchsbaum	150		i	H	sehr langsam wachsender Strauch, gut zu schneiden
Callicarpa bodinieri	Schönfrucht	200	VI-VII		H	im Spätsommer übersät mit purpurvioletten Beeren
Calluna vulgaris	Sommerheide	20 - 40	VII-IX	i	N	etwa 400 Sorten auf dem Markt
Calycanthus floridus	Gewürzstrauch	200	VI		H	stark nach Gewürz duftende Blüten
Caragana jubata	Mähnen-Erbsenstrauch	100			H	sehr auffälliger Kleinstrauch, selten
Caryopteris × clandonensis	Bartblume	100	VIII		H	prachtvoller, sehr spät blühender Strauch
Cassiope tetragona	Schuppenheide	20	V	i	N	weißrosa Blüte, saures Substrat
Ceanothus-Hybriden	Säckelblume	100	VII-IX		N	interessanter Kleinstrauch, benötigt Winterschutz
Clethra alnifolia	Scheineller	200	VII-IX		H	sehr schön blühendes Gehölz, Halbschatten
Colutea arborescens	Blasenstrauch	150	V-VII		H	gelbe, traubenförmige Blüten, später blasenartige Früchte
Cornus florida	Blumenhartriegel	300	V		H	bis 5 cm große, weißrosa Blüten, leicht geschützt
Cornus sanguinea	Hartriegel	200	V-VII		H	rotorange Färbung der Rinde im Winter

Ziersträucher für die Kultur in Gefäßen (Fortsetzung)

botanischer Name	deutscher Name	Höhe in cm	Blütezeit	Laub*	Verwendung **	Bemerkung
Cotoneaster adpressus	flache Zwergmispel	25	VI	i	B	stark besetzt mit roten Beeren, die sehr lange halten
Cotoneaster dammeri	Zwergmispel	20	V-VI	i	B	weiße Blüten im Frühjahr, rote Beeren im Herbst
Cotoneaster dammeri var. *radicans*	Kriechmispel	20	V-VI	i	B	sehr flach wachsend, im Herbst rote Beeren
Cotoneaster praecox	Nanshan-Zwergmispel	100	V	i	N	wächst fächerförmig, auffallend große Blüten
Cytisus × beanii	Ginster	40	V	i	N	blüht überreich, tiefgelb, liebt Sonne
Cytisus × kewensis	Zwergginster	30	V	i	N	große, rahmweiße Blüten
Cytisus × praecox	Elfenbeinginster	100	V	i	H	Blüten je nach Sorte in verschiedenen Farben
Daphne mezereum	Seidelbast	100	IV-V		N	liebt Halbschatten, Vorsicht: die Beeren sind sehr giftig
Deutzia gracilis	Maiblumenstrauch	80	V-VI		H	schwachwachsend, reinweiße Blüten
Empetrum nigrum	Krähenbeere	25	V-VI-VII unscheinbar	i	N, B	liebt Sonne und sehr humosen Boden
Erica carnea	Schneeheide	20-30	X-III	i	B	weiße, rosa und rote Sorten, die von Oktober bis März blühen
Erica cinerea	Grauheide	20-30	VI-VIII	i	B	sehr viele verschiedene Sorten
Erica × darleyensis	Winterheide	25	X-III	i	N	viele Sorten in Weiß, Rosa und Rot, unterschiedliche Blühtermine
Erica vagans	Cornvallheide	20	VII-XI	i	B	mehrere Sorten
Euonymus alata	Spindelstrauch	150	V		H	tolle Herbstfärbung, korkartige Rinde
Euonymus fortunei 'Emerald Gaiety'	Kriechspindel	40		i	B	färbt sich im Winter rötlich
Euonymus fortunei 'Emerald'n Gold'	Kriechspindel	40		i	B	goldgelbe Form
Forsythia ovata	Forsythie	100	V		H	Zwergform, aus einer Selektion entstanden

Ziersträucher für die Kultur in Gefäßen (Fortsetzung)

botanischer Name	deutscher Name	Höhe in cm	Blütezeit	Laub*	Verwendung **	Bemerkung
Fuchsia magellanica	Scharlachfuchsie	100	VI-IX		N	friert gerne zurück und wird deswegen kaum höher
Gaultheria procumbens	Moosbeere	15	VII-VIII	i	B	kleine rote Früchte im Herbst, liebt Schatten, Torfboden
Genista lydia	Zwergginster	60	V-VII	i	N	interessanter Blütenstrauch mit überhängendem Wuchs
Genista pilosa	Kriechginster	15	VI	i	B	sehr wüchsig, bildet goldgelbe Teppiche
Genista sagittalis	Kriechginster	20	V	i	B	rasenbildend mit leicht aufrechten Trieben
Hedera helix	Efeu			i	B	Hängepflanze in vielen Formen
Hydrangea arborescens	Bauernhortensie	100	VII-IX		H	verschiedene Farben, liebt Halbschatten
Hypericum calycinum	Johanniskraut	40	VII-IX	i	N	große, goldgelbe Blüten, schwarze Samenstände, Sonne – Halbschatten
Ilex crenata	Zwergilex	100	V-VI	i	N	kleine löffelförmige, glänzende Blätter
Ilex crenata 'Golden Gem'	gelber Zwergilex	80	V-VI	i	N	Jungtriebe haben eine goldgelbe Färbung
Kalmia angustifolia	Lorbeerrose	100	VI-VII	i	H, N	purpurne Glockenblüten, liebt Halbschatten, humoser Boden, gut mit *Rhododendron*
Kalmia latifolia	Berglorbeer	100	V-VI	i	H	purpurfarbene, nickende Blütchen für schattige Lagen
Lavandula angustifolia	Lavendel	60	VII-VIII	i	N	schöne Duftpflanze, liebt Sonne
Leucothoë walteri	Traubenheide	90	V-VI	i	H	schöne rote Laubfärbung, Halbschatten, gut mit *Rhododendron*
Lonicera nitida	Geißblatt	100	V	i	N	fächerförmig wachsend, kleine gefiederte Zweige, Halbschatten
Lonicera pileata	Geißblatt	30	V	i	N	schwachwüchsig, unscheinbare, blaßgelbe Blüten
Mahonia aquifolium	Mahonie	80	V	i	N	goldgelbe Blüten, je nach Sorte mehr oder weniger intensive rote Herbst- und Winterfärbung

Ziersträucher für die Kultur in Gefäßen (Fortsetzung)

botanischer Name	deutscher Name	Höhe in cm	Blütezeit	Laub*	Verwendung **	Bemerkung
Pachysandra terminalis	Dickmännchen	25	V	i	B	liebt Halbschatten bis Schatten und humosen Boden
Pernettya mucronata	Torfmyrte	80	VI-VII	i	N	Sorten mit weißen, roten und rosa Beeren, kalkfreies Substrat
Perovskia abrotanoides	Blauraute	80	VI-IX		N	blüht noch sehr spät mit stahlblauen Rispen, Winterschutz
Philadelphus microphyllus	Sommerjasmin, Pfeifenstrauch	120	VI		N	reinweiße Blüten, duften nach Quitte purpurrote Blüten, selten
Phyllodoce caerulea	Blauheide	30	V-VI	i	N	Halbschatten und humoser Boden
Pieris japonica	Lavendelheide	200	III-V	i	H	Zwergform, sehr kompakt wachsend
Pieris japonica 'Debutante'	Lavendelheide	50	III-III	i	N	weiß-, rosa-, orange- und vor allem gelbblühende Sorten
Potentilla-Hybriden	Fingerstrauch	30-80	VI-IX		N	kleiner, aufrechtwachsender Strauch,
Prostanthera ovalifolia	Strauchminze	50	VI-VIII	i	N	stahlblaue Blüten
Prunus laurocerasus 'Otto Luyken'	Kirschlorbeer	100	V	i	H	schmalblättrige Form, blüht sehr kräftig
Prunus laurocerasus 'Schipkaensis'	Kirschlorbeer	150	V	i	H	stark wachsend, kerzenförmige Blütenstände
Prunus tenella	Zwergmandel	100	VI		H	Zweige leicht überhängend, weiße bis rosa Blüten
Rhododendron-Hybriden, Japanische Azaleen	Rhododendron, Gartenazalee	30-100	IV-VII	i	N, H	viele verschiedene Sorten und Wuchsformen
Skimmia japonica	Skimmie	100	V	i	H	im Herbst rote Beeren
Spiraea alpina	Alpenspiere	30	VI-IX		N	sehr kleinbleibende Spierenart
Spiraea- Bumalda-Hybride 'Anthony Waterer'	Zwergspiere	50	VI-IX		N	flache, rosarote Doldenblüte

Ziersträucher für die Kultur in Gefäßen (Fortsetzung)

botanischer Name	deutscher Name	Höhe in cm	Blütezeit	Laub*	Verwendung **	Bemerkung
Spiraea- Bumalda-Hybride 'Golden Princess'	Zwergspiere	50	VI-IX		N	interessante goldgelbe Laubfärbung
Vaccinium vitis-idaea	Preiselbeere	30	VI		B, N	insbesonders reizvoll ist der starke Beerenbesatz, gut mit *Rhododendron*
Viburnum davidii	Zwergschneeball	100	VI	i	H, N	im Herbst blauschwarze Beeren, Halbschatten
Vinca minor	Immergrün	30	IV-VI	i	B	blaue, rosa und weiße Sorten, wächst stark
Weigela- Hybriden	Weigelie	50-150	V + VIII	i	H	viele Sorten mit Blüten in allen Rot- und Rosatönen, verschiedene Wuchsformen

Eine bonsaiähnliche Kiefer in einem frostfesten Gefäß aus Malaysia.

* i= immergrüne
** H=Hauptpflanze
N=Nebenpflanze
B=Bodendecker

Koniferen als Kübelpflanzen

botanischer Name	deutscher Name	Wuchsform	Verwendung*	Bemerkung
Abies balsamea 'Nana'	Balsamtanne, Zwergform	breit, flach gescheitelt	N	blaugrüne Benadelung, wächst sehr langsam
Abies balsamea 'Piccolo'	Balsamtanne, Zwergform	kugeliger Wuchs	N	frischgrüne Benadelung
Abies cephalonica 'Meyers Dwarf'	Griechische Tanne, Zwergform	breitwüchsig	H	bildet keinen Gipfeltrieb aus
Abies concolor 'Archers Dwarf'	Coloradotanne, Zwergform	sehr kompakt	H	lange blaue Nadeln sehr schwachwüchsig
Abies koreana 'Brevifolia'	Koreatanne	kegelförmig	H	aufwärts gedrehte Nadeln, extrem langsam wachsend
Abies koreana 'Horstmann Silberlocke'	Koreatanne	breitwüchsig	H	Benadelung sehr dicht, blaugrün
Abies nobilis 'Blaue Hexe'	Zwergtanne	flach, kugelig	N	graublaue, dicke Benadelung, sehr robust
Abies nobilis 'Procumbens'	Zwergtanne	kriechend	N	auffallend kurze Nadeln
Abies numidica 'Glauca'	Algiertanne	schlank	N	sehr wirkungsvoll durch gleich-
Abies pinsapo 'Horstmanns Nana'	Spanische Tanne, Zwergform	breitwüchsig	H	mäßige Benadelung
Abies veitchii 'Minima'	Veitchs Tanne, Zwergform	schlank	H	sehr langsam wachsend
Abies veitchii 'Pendula'	Veitchs Tanne, Hängeform	hängend	H	sehr malerische Tannenart
Cedrus atlantica 'Glauca Pendula'	Atlaszeder, Hängeform	hängend	H	Stamm aufrecht, Zweige überhängend
Cedrus deodara 'Procumbens'	Himalajazeder, Zwergform	flach	N	mit kurzen Nadeln, schwach wachsend
Cedrus libani 'Nana'	Libanonzeder, Zwergform	kugelig	N	halber Zwerg mit mittelgrünen Nadeln
Cedrus libani ssp. *brevifolia*	Zypernzeder	krüppelig, strauchig	H	herrliche Benadelung, wächst sehr langsam
Chamaecyparis lawsoniana 'Alumigold'	Lawson-Scheinzypresse	säulenartig	H	blaugrüne Benadelung
Chamaecyparis lawsoniana 'Ellwood's Gold'	gelbe Lawson-Scheinzypresse	säulenartig	H	gelbgolde Triebspitzen im Frühjahr

Koniferen als Kübelpflanzen (Fortsetzung)

botanischer Name	deutscher Name	Wuchsform	Verwendung*	Bemerkung
Chamaecyparis lawsoniana 'Green Globe'	Kugel-Scheinzypresse	kugelig	N	giftgrüne Benadelung, schön für Tröge
Chamaecyparis lawsoniana 'Minima Aurea'	Zwerg-Scheinzypresse	kugelig	H	wird nur bis 80 cm hoch
Chamaecyparis lawsoniana 'Stardust'	Säulenzypresse	säulenartig	H	kräftig goldgelbe Benadelung
Chamaecyparis obtusa 'Nana Gracilis'	Muschelzypresse	felsenartig	H	wächst extrem langsam, sehr robust
Chamaecyparis obtusa 'Nana Lutea'	gelbe Muschelzypresse	felsenartig	H	wächst schwächer als die grüne Form
Chamaecyparis pisifera 'Filifera Nana Sungold'	Sawara-Scheinzypresse, Zwergform	fadenförmige Zweige	N	noch etwas kleiner als vorige, verträgt volle Sonne
Chamaecyparis pisifera 'Plumosa Aurea'	Mooszypresse	breit, kegelförmig	H	lederartige, krause Zweige, nadelförmige abstehende Blätter, gelb
Cryptomeria japonica 'Compressa'	Sicheltanne	schlank, pyramidal	H	kurze, blaugrüne Nadeln, rotbraune Rinde, verträgt Trockenheit
Cryptomeria japonica 'Cristata'	Hahnenkamm-Sicheltanne	unregelmäßig	H	interessante Zweig–verbänderungen, wird bis 5 m hoch
Juniperus communis 'Barmstedt'	Säulenwacholder	sehr schmale Säule	H	sehr frosthart
Juniperus communis 'Gold Cone'	gelber Säulenwacholder	dichte, schmale Säule	H	sehr schöne gelbe Einfärbung der Spitzen
Juniperus communis 'Green Carpet'	Teppichwacholder	extrem flach	B	sattgrüne Nadeln
Juniperus communis 'Oblonga Pendula'	Hängewacholder	lockerer, hängender Wuchs	H	blaugrüne, stechende Nadeln, sehr dekorativ
Juniperus communis 'Sibirica'	Teppichwacholder	bizarr, flach-wachsend	B	blaue Form, sehr robust
Juniperus conferta 'Blue Pacific'	Küstenwacholder	lang, wenig verzweigt	B	stechende, blaue Nadeln

Koniferen als Kübelpflanzen (Fortsetzung)

botanischer Name	deutscher Name	Wuchsform	Verwendung*	Bemerkung
Juniperus horizontalis 'Glauca'	Kriechwacholder	dicht verzweigt, mattenartig	B	blaue Nadeln, Bodendecker, verholzt im Alter gerne
Juniperus horizontalis 'Grey Pearl'	Kriechwacholder	dicht verzweigt	B	blaugraue Form, sehr kompakter Wuchs
Juniperus procumbens 'Nana'	Zwerg-Kriechwacholder	sehr dicht, kissenartig	B	grünlich blau, sehr gut für Schalen und Tröge
Juniperus squamata 'Blue Carpet'	blauer Kriechwacholder	flache, lockere Form	B	blaue Nadeln, nur etwa 30 cm hoch
Juniperus squamata 'Blue Star'	blauer Kriechwacholder	halbkugelig, dicht geschlossen	N	schöne blaue Färbung, Nadeln stechen
Juniperus virginiana 'Nana Compacta'	Rotzeder, Wacholderzeder, Zwergform	dicht geschlossen, rund	N	Nadeln grünblau, im Winter purpur
Picea abies 'Acrocona'	Zapfenfichte	breit kegelförmig	H	in der Jugend rötlich, bildet schon früh Zapfen
Picea abies 'Echiniformis'	Igelfichte	kissenartig oder kugelig	N	sehr langsam wachsend, Zweige steif abstehend
Picea abies 'Inversa'	Hängefichte	schlank	H	wächst zunächst aufrecht, später nach unten gerichtete Äste
Picea abies 'Little Gem'	Kugelfichte	flach, rund	N	frischgrüne Miniaturform, wächst sehr langsam
Picea abies 'Nidiformis'	Nestfichte	nestartig	N	hellgrüne Zwergform, bis 1 m hoch
Picea abies 'Pumila Glauca'	blaue Kugelfichte	breit, jedoch flach	N	robuste Zwergform mit blauen Nadeln
Picea glauca 'Alberta Globe'	Weißfichte	rund wie ein Fußball	N	Selektion aus der Zuckerhutfichte 'Conica'
Picea glauca 'Conica'	Zuckerhutfichte	breit kegelförmig	N	blaugrüne Nadeln, ideale Kübelpflanze
Picea omorika 'Minima'	Serbische Fichte, Zwergform	rundlich	N	frischgrüne Nadeln, langsam wachsend

Koniferen als Kübelpflanzen (Fortsetzung)

botanischer Name	deutscher Name	Wuchsform	Verwendung*	Bemerkung
Picea omorika 'Nana'	Serbische Fichte, Zwergform	breit kegelförmig	H	Nadeln zweifarbig grün-silbrig, gedreht
Picea orientalis 'Aurea Compacta'	Orientfichte	asymetrisch	H	goldgelber Neuaustrieb
Picea pungens 'Glauca Globosa'	Stechfichte, blaue Zwergform	breit kegelförmig	H	weißblaue Nadeln
Pinus cembra 'Glauca Compacta'	Zwerg-Zirbelkiefer	aufrecht, säulenförmig gedrungen	H	Nadeln stahlblau, ungleich lang
Pinus cembra 'Nana'	Zwerg-Zirbelkiefer	kompakt	H	kaum über 80 cm hoch
Pinus contorta 'Compacta'	Drehkiefer	unregelmäßig	H	sehr winterhart und unempfindlich
Pinus leucodermis 'Compact Gem'	Schlangenhautkiefer, Zwergform	sehr kompakt, gedrungen		eine der schönsten Zwergkoniferen
Pinus mugo 'Columnaris'	Bergkiefer	säulenartig, schmal	H	tiefgrüne Nadeln
Pinus mugo 'Friesia'	Bergkiefer	aufrecht, bis 2 m	H	dunkelgrüne Nadeln, dicht verzweigte aufrechte Äste
Pinus mugo 'Humpy'	Bergkiefer, Zwergform	breit bis rundlich	H	dunkelgrüne Nadeln, sehr kompakt
Pinus mugo 'Karstens Wintergold'	Bergkiefer, gelbe Zwergkieferform	breit niederliegend	H	im Winter sehr attraktive Gelbfärbung der Nadeln
Pinus mugo spp. *mugo*	Krummholzkiefer	mehr breit als hoch	H	ausgewachsen bis 1,8 m hoch
Pinus mugo spp. *pumilio*	Kriechkiefer	feingliedrig, dicht verzweigt, gedrungen	H	wertvolle Bereicherung für Schalen und Tröge
Pinus parviflora 'Brevifolia'	Mädchenkiefer	mittelstark	N	bestens für Kübelbepflanzung geeignet
Pinus peuce 'Nana'	Rumelische Kiefer	schlank, aufrecht	H	sehr schwachwüchsig
Pinus pumila	Kriechkiefer	niederliegend	N	Blüten auffallend rot
Pinus strobus 'Brevifolia'	Weymouthkiefer	breit aufrecht	N	wird nur 1 - 2 m hoch
Pinus sylvestris 'Compressa'	Gewöhnliche Kiefer, Föhre	säulenförmig	N	Nadeln sehr dicht gedrängt

Koniferen als Kübelpflanzen (Fortsetzung)

botanischer Name	deutscher Name	Wuchsform	Verwendung*	Bemerkung
Pinus wallichiana 'Nana'	Tränenkiefer, Himalajakiefer	breitwachsend	H	blaugrüne Nadeln, ideal für Tröge
Podocarpus nivalis 'Hooker'	Steineibe	strauchartig	H	einzige bei uns winterharte Steineibenart
Sciadopitys verticillata 'Knirps'	Schirmtanne	gedrungen, eher kugelig	H	eine sehr dekorative Konifere, sehr gut für Kübelbepflanzung
Taxus baccata 'Adpressa'	Eibe	unregelmäßig gedrungen	H	Nadeln breit, kurz, dunkelgrün
Taxus baccata 'Dovastoniana'	Adlerschwingeneibe	asymetrisch	H	interessantes Aussehen durch die waagerechten Äste
Taxus baccata 'Dovastoniana Aurea'	gelbe Adlerschwingeneibe	asymetrisch	H	gelbgrüne Benadelung sehr dekorativ
Taxus baccata 'Fastigiata'	Säuleneibe	schlank und hoch	H	dunkelgrüne, matt glänzende Nadeln, steil aufrecht
Taxus baccata 'Fastigiata Aurea'	goldgelbe Säuleneibe	schlank und hoch	H	goldgelbe Benadelung
Taxus baccata 'Repandens'	Tafeleibe	horizontal	H	abstehende Äste, dunkelgrün
Taxus baccata 'Repandens Aurea'	gelbe Tafeleibe	horizontal, flach	H	sehr dekorativ durch die zweifarbigen Nadeln
Taxus baccata 'Semperaurea'	gelbe Eibe	breit aufrecht	H	schönste gelbe Taxus-Art
Thuja occidentalis 'Rheingold'	Lebensbaum, Zwergform	kegelig	H	schön goldgelb, wird nicht höher als 1,5 m
Thuja occidentalis 'Smaragd'	Lebensbaum, Zwergform	locker, kegelig	H	auffallend schöne glänzendgrüne Nadeln
Thuja occidentalis 'Tiny Tim'	Lebensbaum, Zwergform	rundlich	H	feintriebig, langsamwachsend, erst in rund 10 Jahren 40 cm hoch
Tsuga canadensis 'Nana'	Zwerg-Hemlocktanne	waagerechte Äste, sparrige Zweige	N	hellgrün, schwachwüchsig, kleinbleibend

sich eine ganze Reihe von bodendeckenden Arten und Sorten – wie zum Beispiel die verschiedenen Wacholderarten –, die in Pflanzgefäßen sehr gut gedeihen. Geschickt plaziert, können die flachen, herabhängenden Schleppen wenig schöne Pflanzgefäße recht gut kaschieren.

Leider werden häufig Jungpflanzen von starkwüchsigen Heckenpflanzen angeboten, die in kurzer Kulturzeit heranwachsen und dadurch zu einem günstigen Preis zu haben sind. Diese Gehölze sprengen aber sehr bald die Dimensionen von Pflanzgefäßen. Auch für die echten Kleinkoniferen sollten die Balkonkästen eine Breite von mindestens 20 cm aufweisen, damit ein ausreichend großes Erdvolumen zur Verfügung steht. Bei schmaleren Kästen ist die Gefahr groß, daß die Pflanzen im Winter vertrocknen. Zu bedenken ist bei allen Koniferen, daß sie in aller Regel einen Rückschnitt sehr schlecht vertragen und durch jegliche Schnittmaßnahmen ihre Wuchsform einbüßen. Nadelgehölze sind Flachwurzler und werden schon nach kurzer Zeit den Boden im oberen Bereich so verwurzelt haben, daß man Nachbarpflanzen nur mit Mühe – oder gar nicht mehr – nachträglich hinzusetzen kann. Schließlich bedürfen Koniferen einer besonderen Bodenbeschaffenheit: Allgemein sollte der pH-Wert des Substrates im sauren Bereich liegen, also niedriger sein als bei der Kultur der meisten anderen Pflanzenarten.

Die Tabelle ab Seite 25 nennt sowohl immergrüne als auch sommergrüne Laubgehölze für die Containerkultur. Darunter befindet sich eine ganze Reihe von sogenannten Kleingehölzen. Eine Auswahl von Koniferen für die Kultur im Topf oder Trog schließt sich auf Seite 80 an.

Die aufgeführten Ziersträucher werden nicht zu groß und haben sich generell für die Kultur in Pflanzgefäßen bewährt. Die Größenangaben beziehen sich auf die ungefähre Endgröße der Pflanze.

Winterblühende Gehölze

Gerade in der winterlichen Jahreszeit, wenn alles noch braun ist und tot wirkt, stellen Blüten eine Sensation dar. Eine einzige blühende Pflanze wertet in der vegetationsarmen Zeit ein bepflanztes Gefäß ungemein auf.

Tatsächlich blüht so manche Gehölzart mitten im Winter, und dies oft unter widrigsten Witterungsbedingungen. Am bekanntesten sind wohl die winterblühenden *Erica*-Sorten. Die Blütezeit dieses wunderschönen Kleingehölzes erstreckt sich – je nach Sorte – von November bis März. Wintererika eignet sich hervorragend als Unterpflanzung bei größeren Pflanzen oder aber zur Gestaltung von kleinen Heidelandschaften in Gefäßen. Selbst im Balkonkasten, in Gesellschaft mit Kleinkoniferen, wachsen und blühen Eriken recht gut. Allerdings sollte man sie nach der Blüte aus dem Kasten nehmen und im Garten auspflanzen. Ihre Pflege wäre im Sommer zu aufwendig.

Die Zaubernuß überrascht uns oft schon im Februar mit ihren bizarren Blüten. Die Art *Hamamelis mollis* sowie die Hybride *H.* × *intermedia* eignen sich mit ihren vielen verschiedenen Sorten bestens für die Haltung in Pflanzgefäßen. Man pflanzt sie am besten zusammen mit anderen dominanten Pflanzen, attraktiven Nadelgehölzen zum Beispiel. Denn sobald die *Hamame-*

Winterblühende Ziersträucher

botanischer Name	deutscher Name	Blütenfarbe	Blütezeit
Chimonanthus fragrans	Winterblüte	Rosa	II - III
Cornus mas	Kornelkirsche	Gelb	II
Erica carnea	Schneeheide	Dunkelrosa	I - V
		Rot	I - IV
		Rubinrosa	II - V
		Purpurrosa	II - V
		Rotlila	II - V
		Weiß	I - V
		Rotviolett	III - V
		Lilarosa	XII - IV
Erica × darleyensis	Wintererika	Violett-rosa	XII - IV
		Hell lilarosa	XI - III
		Rosarot	XI - V
		Weiß	XI - V
Hamamelis × intermedia	Zaubernuß	Primelgelb	I - III
		Braunrot	I - III
		Weinrot	I - III
		Granatbraun	I - III
		Rotbraun	I - III
Hamamelis mollis	Zaubernuß	Chromgelb	I - III
'Brevipetala', 'Pallida'		Schwefelgelb	I - III
Jasminum nudiflorum	Kletterjasmin	Goldgelb	XII - III
Viburnum × bodnantense 'Dawn'	Schneeball	Hellrosa	XI - III
Viburnum × burkwoodii	Schneeball (wintergrün)	Weißrosa	III - IV, Nachblüte VII
Viburnum farreri	Schneeball	Weiß	X - XI, III - IV

lis Blätter entwickelt hat, wirkt sie als Strauch wenig auffällig. Interessant wird die Zaubernuß erst wieder, wenn die wunderschöne Herbstfärbung einsetzt.

Die Tabelle nennt einige weitere Arten und Sorten von winterblühenden Gehölzen.

Kletterpflanzen

Bei den Kletterpflanzen gilt es, zwischen ein- und mehrjährigen Arten zu unterscheiden. Es gibt eine ganze Reihe von einjährigen Kletterpflanzen, die in der Lage sind, innerhalb ihrer kurzen Vegetationsperiode sehr stark zu wachsen und viele Blüten zu produzieren. Nach Ablauf der Wachstumsphase sterben diese Pflanzen ab. Bei mehrjährigen Kletterpflanzen tritt im Herbst eine Ruhephase ein, wobei dann fast alle Arten ihr Laub abwerfen, um im Frühjahr erneut auszutreiben. Unter den mehrjährigen Kletterpflanzen gibt es nur wenige Arten, die sich für eine Haltung in Pflanzgefäßen eignen. Dies hängt mit der extrem starken Wurzelbildung der meisten mehrjährigen Arten zusammen, so daß sich ihre Ausbreitungsmöglichkeit in einem Pflanzgefäß sehr schnell erschöpft. Wer also partout mehrjährige Kletterpflanzen in Kübeln halten möchte, muß von vornherein auf besonders schwachwachsende Arten oder Sorten zurückgreifen.

Kletterpflanzen benötigen ein Rankgerüst, an dem sie sich entlangranken oder -schlingen können. Die einfachste Lösung stellen Rankhilfen dar, die mit Hilfe von Abstandshaltern an der Wand befestigt werden. Bestens bewährt haben sich dafür spezielle Maschengitter – eine Art Baustahlmatten –, die mit brauner, grüner oder weißer Kunststofffarbe überzogen sind. Man erhält sie in verschiedenen Breiten von zwei bis fünf Sprossen. Der Farbanstrich schützt vor dem Rosten. Die Abstandhalter, meist aus Kunststoff gefertigt, ermöglichen der Pflanze ein ungehindertes Ranken am Gitter.

Relativ neu auf dem Markt sind Kunststoffkugeln mit Führungsschienen, die mit Hilfe von Spezialschrauben direkt an der Wand befestigt werden. In die Führungsschienen werden Drähte gespannt, an denen die Pflanzen klettern können. Weitere Möglichkeiten ergeben sich mit Scherengittern aus Zedernholz oder einfachen Drahtverspannungen, die beide an der Wand befestigt werden.

Die Tabelle führt Arten und Sorten von Kletterpflanzen auf, deren Haltung in Pflanzgefäßen möglich ist. Selbst ein Balkonkasten eignet sich für die Kultur einjähriger Kletterpflanzen. Eine sehr gute, mineralstoffhaltige Blumenerde stellt dabei allerdings eine Grundvoraussetzung dar. Regelmäßige Düngergaben, mindestens einmal pro Woche, sind außerdem erforderlich. Je nach Pflanzenart werden drei bis fünf der einjährigen Pflanzen pro Blumenkasten benötigt. Mehrjährige Kletterpflanzen setzt man besser von vornherein in ein größeres Pflanzgefäß, das einen größeren Wurzelraum bietet. Außerdem hält dann das Substrat länger, und die Nährstoffversorgung fällt gleichmäßiger aus.

In Ergänzung zur Tabelle sei erwähnt, daß alle *Clematis*-Arten und -Sorten einen sonnigen, windgeschützten Platz lieben. Die wenigen aufgeführten schwachwachsenden Sorten eignen sich zwar zur Kultur in – ausreichend großen – Pflanzgefäßen. Ein einfacher Blumen-

Ein- und mehrjährige Kletterpflanzen

botanischer Name	deutscher Name	Höhe in m	Typ	Bemerkung
Asarina scandens	Gloxinienwinde	2 bis 2,5	einjährig	efeuähnliche Blätter mit violettblauen Blüten, warmer Standort ohne Zugluft
Bougainvillea glabra	Bougainvillea	2 bis 3	mehrjährig	stark verholzend, nicht winterhart
Cardiospermum halicacabum	Ballonpflanze, Herzsame	2 bis 3	einjährig	sehr kräftiger Wuchs
Clematis-Hybride 'Lasurstern'	Waldrebe, Clematis	bis 3	mehrjährig	herrliche lavendelblaue Blüten, kein Rückschnitt nötig
Clematis alpina 'Columbine'	Clematis	bis 2	mehrjährig	blaßblaue Blüten, Rückschnitt nicht erforderlich
Clematis-Hybride 'Barbara Dibley'	Clematis	bis 2	mehrjährig	Blüten rosa mit petunienrosa Mittelstreifen, leichter Rückschnitt erforderlich
Clematis-Hybride 'Markhams Pink'	Clematis	bis 2	mehrjährig	schwachwüchsig, großblütige Sorte
Clematis-Hybride 'Vyvyan Pennell'	Clematis	bis 2,5	mehrjährig	wunderschöne gefüllte Sorte, purpurblau, leichter Rückschnitt angebracht
Clematis viticella 'Kermesina'	Clematis	2	mehrjährig	kleine tief weinrote, nickende Blüten, reich blühend
Cobaea scandens	Glockenrebe	2 bis 3	einjährig	starkwüchsig, violettblaue Blüten
Cucurbita pepo	Zierkürbis	2	einjährig	trägt bizarre, bunte Früchte
Dolichos lablab	Helmbohne	3 bis 4	einjährig	violette Blüte in Trauben
Eccremocarpus scaber	Schönranke	bis 3	einjährig	gelbe, scharlachrote oder orangefarbene Blüten in lockeren Trauben, blüht von Juli bis Spätherbst
Euonymus fortunei	immergrüne Kriechspindel	bis 2	mehrjährig	als gelbe oder weißgrüne Sorte, Winterfärbung
Hedera helix	Efeu	2 bis 3	mehrjährig	immergrüne Kletterpflanze, in vielen Sorten erhältlich
Ipomoea tricolor	Prunkwinde	bis 4	einjährig	wüchsig, leuchtend blauweiße Blüten mit Rot

Ein- und mehrjährige Kletterpflanzen (Fortsetzung)

botanischer Name	deutscher Name	Höhe in m	Typ	Bemerkung
Jasminum polyanthum	Kletterjasmin	3 bis 4	mehrjährig	stark duftende, weiße Blüten, kann nicht im Freien überwintern
Lathyrus odoratus	Edelwicke	1,5 - 2	einjährig	stark duftend, viele Sorten
Passiflora caerulea	Passionsblume	3	mehrjährig	kann nicht im Freien überwintern
Pharbitis purpurea	Prunkwinde	2 - 3	einjährig	starkwüchsig, purpurfarbene Trichterblüten
Phasaeolus coccineus	Prunkbohne	3 - 4	einjährig	rote und weiße Blüten, Bohnen eßbar
Plumbago auriculata	Bleiwurz	- 5	mehrjährig	stahlblaue oder weiße Blüten, kann nicht im Freien überwintern
Quamoclit lobata	Sternwinde	5 - 6	einjährig	rote Knospen nach dem Öffnen, gelbweiße Blüte
Quamoclit vulgaris	Sternwinde	- 4	einjährig	sehr stark wüchsig
Rhodochiton atrosanguineus		4 - 7	einjährig	blüht nur bei sehr hohen Temperaturen
Solanum jasminoides	Sternnachtschatten	- 5	mehrjährig	kann nicht im Freien überwintern
Thunbergia alata	Schwarzäugige Susanne	1,5 - 2	einjährig	orangefarbene Blüten mit schwarzer Mitte
Tropaeolum majus	Kapuzinerkresse	- 2	einjährig	gelb-, rot- und orangeblühende Sorten, sehr robust

kasten reicht also bei weitem nicht aus. Unbedingt benötigen alle *Clematis* einen beschatteten Fuß, was sich leicht durch eine kleine Vorpflanzung erreichen läßt.

Mit Ausnahme der Waldreben erscheint eine Beipflanzung zu den Kletterpflanzen selten sinnvoll. Die meist starkwachsenden Kletterpflanzen würden über kurz oder lang alle ihre Nachbarn unterdrücken. Für alle stärker wachsenden Sorten und Arten empfiehlt es sich, schon dem Substrat eine ausreichende Menge eines Langzeitdüngers wie Osmocote oder Plantacote beizumischen.

Topfpflanzen als Türwächter

Pflanzen in dekorativen Gefäßen, paarweise in Treppenhäusern, vor Eingängen oder in Passagen aufgestellt, erfreuen sich zunehmender Beliebtheit. Eine ganze Reihe von Baumschulen haben den Trend erkannt und bieten für diesen Zweck geeignetes Pflanzenmaterial an. In Frage kommen im Prinzip alle immergrünen oder auch schön blühenden Arten und nicht zuletzt Formen mit besonders schöner Herbstfärbung oder mit zierenden Früchten und selbstverständlich jede Art oder Sorte, die zu einer schönen Form heranwächst.

Besonders hübsch wirken Kugelbäumchen auf Stamm. Teilweise handelt es sich dabei um Veredlungen, häufig aber auch um liebevoll zum Stamm erzogene und in Kugelform geschnittene Bäumchen. Meist handelt es sich um immergrüne Arten. Daher erzielen sie

Wie zwei Türwächter wirken die beiden farblich abgestimmten Holzgefäße an der Eingangstür.

Gehölze für eine paarweise Aufstellung

botanischer Name	deutscher Name	Wuchsform	Besonderheiten
Laubgehölze			
Buxus sempervirens	Buchsbaum	erzogen als Stämmchen, Pyramide oder Kugel	sehr schöner, immergrüner Strauch
Caragana arborescens 'Pendula'	Erbsenstrauch, Blasenstrauch	kleinwüchsig, stark hängend	blüht im zeitigen Frühjahr hellgelb
Cotoneaster congestus	Gedrungene Zwergmispel	flache, nach unten gezogene Krone	kleinblättrige Sorte mit schönem Beerenansatz
Cotoneaster dammeri 'Coral Beauty'	Zwergmispel	flache, leicht nach unten hängende Krone	weiße Blüten im Frühjahr, im Herbst rote Beeren
Crataegus monogyna 'Compacta'	Rotdorn	runde Kugel auf Stamm	blüht rosarot, wird auf Dauer im Gefäß zu groß
Cytisus scoparius 'Golden Tears'	Ginster	Kriechginster, auf Stamm veredelt	flache Krone, hängend, Blüte goldgelb
Euonymus fortunei 'Emerald'n Gold'	gelbbunte Kriechspindel	kleine, rundliche Form	verfärbt sich im Winter rötlich
Euonymus fortunei 'Emerald Gaiety'	weißbunte Kriechspindel	kleine, rundliche Krone	verfärbt sich im Winter
Euonymus planipes	Spindelstrauch	aufrechte Krone, kompakter Wuchs	interessanter Fruchtansatz zweifarbig, rote Herbstfärbung
Hibiscus syriacus	Garteneibisch	aufrechte, kleine Krone	viele Sorten mit Blüten in verschiedenen Farben
Ilex × altaclerensis 'Golden King'	gelbgrüne Stechpalme	flacher Kronenaufbau	muß nachgeschnitten werden
Ilex aquifolium 'Alaska'	Stechpalme	flacher Kronenaufbau	wächst langsam
Laburnum × watereri 'Vossii Pendula'	hängender Goldregen	schmale, stark hängende Äste	wird auf Dauer für Kübel zu groß
Laurus nobilis	echter Lorbeer	in vielfältige Formen geschnitten	nicht winterhart
Ligustrum delavayanum	Kugelliguster	schöne runde Form	verliert im Winter sein Laub
Ligustrum ovalifolium 'Aureum'	buntlaubiger Liguster	aufrechter, schwacher Wuchs	Form sollte nachgeschnitten werden
Pittosporum tobira	Klebsame	flache Krone	herrlich duftende Blüten, nicht winterhart

Gehölze für eine paarweise Aufstellung (Fortsetzung)

botanischer Name	deutscher Name	Wuchsform	Besonderheiten
Prunus × cistena	Zwerg-Blutpflaume	kleine, aufrechte Krone	schwachwüchsige, rote Belaubung
Prunus fruticosa 'Globosa'	Kugelsteppenkirsche	runde Form	wird als Kübelpflanze auf Dauer zu groß
Prunus pumila var. *depressa*	Zwerg-Zierpflaume	flache, sehr kompakte, hängende Krone	Blüte erscheint vor dem Laub, auch ohne Laub sehr schön
Salix caprea 'Pendula'	Hänge-Kätzchenweide	stark herabhängende Äste, gut verzweigt	blüht sehr schön im Frühjahr
Salix integra 'Hakuro Nishiki'	buntlaubige Zwergweide	kleine, aufrechte Krone	dreifarbiges Laub, schwachwüchsig
Salix purpurea 'Nana'	Zwerg-Purpurweide	schöne Krone mit hängenden Ästen	im Winter schöne rote Färbung der Rinde
Syringa microphylla 'Superba'	Zwergflieder	kleine, aufrechte Krone	blüht im August, sehr guter Duft
Viburnum opulus 'Compactum'	Schneeball	rundliche Krone	schöne Blüte, im Herbst prachtvoller Beerenbesatz
Viburnum tinus	Lorbeer-Schneeball	runde Krone, muß geschnitten werden	immergrün, hübsche weiße Blüte, schwarze Beeren im Herbst
Nadelgehölze			
Cryptomeria japonica 'Globosa Nana'	Zwerg-Sicheltanne	kugelige Form mit vereinzelten Langtrieben	schwachwachsende Konifere mit schönen Bänderungen
× Cupressocyparis leylandii 'Castlewellan Gold'	Bastardzypresse	aufrechter Wuchs	starker Rückschnitt erforderlich
Juniperus virginiana 'Skyrocket'	Raketenwacholder	sehr schlank, hoch	
Larix decidua 'Pendula'	Hängelärche	schmale, nach unten	graugrün, gut haltbar
Larix decidua 'Pumila'	Zwerg-Kugellärche	hängende Äste	blaue Nadeln, verliert im Herbst die Nadeln
Larix kaempferi 'Stiff Weeping'	Hängelärche	runde Krone	
Pinus mugo 'Mops'	Zwergkiefer	Äste straff nach unten	blaugraue, lange Nadeln
Taxus baccata	Eibe	kugelig	graugrüne Benadelung, Äste flach anliegend
Taxus baccata 'Fastigiata'	Eibe	sehr variabel	
Thuja occidentalis 'Columna'	Lebensbaum	schlanke, aufrechte Form	sehr schwach wachsend
Thuja occidentalis 'Smaragd'	Lebensbaum	säulenartig	unterschiedlichste Schnittformen möglich
Thuja occidentalis 'Sunkist'	Lebensbaum	spitzkegelig	
Thuja orientalis	Morgenländischer Lebensbaum	rundlich-kegelförmig	wächst sehr langsam

rund um das Jahr eine dekorative Wirkung. Die Pflege von Kugelbäumchen gestaltet sich gar nicht so schwierig: Je nach Pflanzenart werden sie zwei- bis dreimal in der Saison leicht nachgeschnitten, am einfachsten gelingt dies mit einer Rasenkantenschere. Stämmchen haben in der Regel eine Normhöhe von 80 bis 100 cm. Je nach Pflanzenart und zu erwartendem Wuchs wirkt dies zumindest in der ersten Zeit unproportional hoch. Optischen Ausgleich schafft eine geeignete Unterpflanzung, zum Beispiel mit Sommerblumen, aber auch mit Dauerpflanzen läßt sich eine gute Wirkung erzielen. Bei älteren Pflanzgefäßen, deren Schönheit bereits gelitten haben mag, verwendet man gerne hängende Pflanzen wie Efeu, um die Wandung zu kaschieren.

Dekorativ kann aber auch eine schlanke Koniferensäule oder die flachgeschnittene Krone einer Stechpalme (*Ilex*) oder eines Wacholder auf Stamm wirken. Eine schöne Wirkung läßt sich mit buntlaubigen Pflanzen wie Ölweide, *Euonymus fortunei* oder mit panaschierten *Ilex*-Sorten erzielen. Die Tabelle nennt lediglich eine kleine Auswahl von Pflanzen, die sich paarweise aufgestellt zum "Türhüter" eignen.

Alle genannten Arten und Sorten sind winterhart und teilweise auch wintergrün. Bei den wintergrünen Laubgehölzen ist prinzipiell auf eine ausreichende Wasserversorgung im Winter zu achten. Das gilt um so mehr, wenn sie in Gefäßen gehalten werden.

Beet- und Balkonpflanzen, als blühende Hochstämmchen erzogen, stellen eine weitere Möglichkeit dar, Hauseingänge, Treppenpodeste oder Terrassen zu verschönern. Gartencenter und Verkaufsgärtnereien bieten sie bereits im zeitigen Frühjahr zum Verkauf an. Wer etwas mehr Geld anlegen will, kann sogar zwei- oder dreijährige Pflanzen erwerben, die bereits einen wesentlich dickeren Stamm und eine deutlich größere Krone aufweisen. Allerdings kostet ein mehrere Jahre altes Exemplar doppelt bis dreimal so viel im Vergleich zu einjährigen Pflanzen.

Die Kronenstütze schützt das Hochstämmchen vor Windbruch.

Was die Wahl des Pflanzgefäßes betrifft, so spielt die Frosthärte keine so gravierende Rolle, da die Pflanzen ohnehin im Haus überwintern. Die Hochstämmchen werden in aller Regel als blühender Mittelpunkt in das Gefäß gepflanzt, garniert mit blühenden Beet- und Balkonpflanzen. Das ungeheuer breite Sortiment an Sommerblumen erlaubt wunderbare Gestaltungsmöglich-

Blühende Hochstämmchen (nicht winterharte Pflanzenarten)

botanischer Name	deutscher Name	Standort	Besonderheiten
Abutilon-Hybriden	Schönmalve	volle Sonne	regelmäßig nachdüngen, im Winter nachschneiden
Amaranthus cruentus	Fuchsschwanz	volle Sonne	sollte nicht im Regen stehen
Anisodontea capensis	Echtes Lieschen	volle Sonne	während der Saison leicht nachschneiden
Argyranthemum (Chrysanthemum) frutescens	Strauchmargerite	volle Sonne	alte Blüten ständig entfernen, häufig nachdüngen
Bidens ferulifolia	Goldfieber	volle Sonne	Pflanze hält nur auf einem eingebauten Rankgerüst
Convolvulus humilis	Winde	volle Sonne	Pflanze hält sich auf einem Rangerüst
Fuchsia-Hybriden	Fuchsie, hängende Formen	Halbschatten	windgeschützt aufstellen, Pflanzen sind brüchig
Fuchsia-Hybriden	Fuchsie, stehende Formen	Halbschatten	regelmäßig nachdüngen, im Herbst leicht zurückschneiden
Heliotropium arborescens	Vanilleblume	Sonne	wind- und regengeschützt aufstellen
Hibiscus rosa-sinensis	Chinesischer Roseneibisch	volle Sonne	kann nicht im Freien überwintern
Lantana-Camara-Hybriden	Wandelröschen	volle Sonne	wird häufig von Weißer Fliege befallen
Pelargonium-Zonale-Hybriden	Pelargonie, stehende Formen	volle Sonne	häufig nachdüngen, alte Blüten ausschneiden
Pelargonium-Peltatum-Hybriden	Pelargonie, hängende Formen	volle Sonne	häufig nachdüngen, regelmäßig ausputzen
Petunia-Hybride 'Surfinia'	stark hängende Petunie	Halbschatten	benötigt ein Rankgitter
Plectranthus fruticosus	Weihrauchpflanze, Mottenkönig	volle Sonne	entwickelt sich zu sehr großen Pflanzen
Scaevola saligna	Fächerblume	Sonne	Stämmchen werden aus ein- bis zweijährigen Pflanzen erzogen
Solanum rantonnetii	Enzianbaum	Sonne	blüht bis spät in den Herbst
Solanum rantonnetii var. *alba*	Jasminstrauch	Sonne	weiße Form, ebenso schön wie die Art
Tibouchina urvilleana	Enzianstrauch	Sonne	riesige, violettblaue Blüten
Verbena-Hybriden	Eisenkraut, stehend	Halbschatten	aus mehrjährigen Pflanzen gezogen, benötigt ein Rankgitter

keiten. Fast immer lohnt sich die Überwinterung eines solchen Stämmchens. Am besten eignet sich ein heller, nicht zu warmer Raum mit 8 bis 10 °C. Ein warmer, dunkler Kellerraum ist absolut ungeeignet. Das Einwintern hat noch vor dem Frost zu geschehen. Es empfiehlt sich ein leichter Rückschnitt (bis in das zweijährige Holz).

Die Tabelle nennt die interessantesten Arten und Sorten, die zu blühenden Hochstämmchen erzogen werden. Sie sind alle nicht winterhart. Zur regelmäßigen Pflege während der Wachstumsperiode gehört das Entfernen der abgeblühten Pflanzenteile, um das Ansetzen von Samen zu unterbinden, ansonsten würde die Nachbildung von Blütenknospen eingeschränkt. Wichtig ist außerdem das regelmäßige Düngen.

Pflanzen für Ampeln und Wandgefäße

Ampeln und Wandgefäße sind selten groß genug, um eine Dauerpflanzung aufnehmen zu können. Bedingt durch das geringe Volumen erschöpft sich das Substrat innerhalb einer Vegetationsperiode. Außerdem wären die Pflanzen in den Ampeln und Wandgefäßen der ungünstigen Witterung während der Herbst- und Wintermonate schutzlos ausgesetzt. In so einer stark exponierten Lage könnte bei starkem Frost keine ausdauernde Pflanze lange überleben. Ampeln und Wandgefäße kommen daher hierzulande nur für eine saisonale Bepflanzung in Betracht.

Gärtnereien und Gartencenter bieten im Frühjahr eine große Palette geeigneter Arten und Sorten mit hängendem Wuchs an. Man kann sich geeignete Pflanzen kaufen und vorhandene Ampeln selbst bepflanzen, oder aber man kauft fertig bepflanzte Gefäße. Diese Gefäße bestehen zumeist aus Kunststoff und haben am Boden einen Untersetzer eingesetzt, der das Gießen wesentlich erleichtert. Keramikampeln sehen recht ansprechend aus, müssen jedoch ein ausreichend großes Substratvolumen enthalten. Zumindest muß das Gefäß die gleiche Größe aufweisen wie der Verkaufstopf der Pflanze.

Warum die Ampelgefäße stets relativ klein ausfallen, hat rein physikalische Gründe. Eine ganz normal große Ampel mit einem Durchmesser von 35 cm erreicht, mit Substrat gefüllt, sehr schnell ein beachtliches Gewicht. Hinzu kommt die Bepflanzung, und erst recht nach dem Gießen summieren sich der einzelnen Gewichte zu einer stattlichen Größe. Dennoch sollte man bei Ampelbepflanzungen immer darauf achten, große Ampeln zu verwenden, die möglichst viel Substrat aufnehmen. Die starkwachsenden Sommerblumen verbrauchen das Substrat sehr schnell, sie wurzeln innerhalb kürzester Zeit vollkommen durch.

Ampeln sind stark windgefährdet. Sie müssen daher immer sehr sorgfältig befestigt werden. Als Aufhängung bewähren sich ringförmige Haken, die fest in der Decke verschraubt werden. Die eigentliche Hängevorrichtung besteht häufig aus einer Kordel oder einem Sisalstrick. Diese leicht verrottbaren Materialien tauscht man besser gegen kleine Ketten aus, die man als Meterware im Baumarkt kaufen kann.

Pflanzen in Ampeln sind besonders pflegebedürftig. Sie trocknen rascher aus als andere Pflanzgefäße, weil sie der Witterung stärker ausgesetzt sind. Durch

Kunststoffampeln können zu jeder Jahreszeit verwendet werden. Hornveilchen im Frühjahr (links) oder als Bacopa-Ampel im Sommer (rechts).

Großvolumige Kunststoffampeln sind ideale Pflanzgefäße für viele hängende Beet- und Balkonpflanzen.

Hängende Beet- und Balkonpflanzen

botanischer Name	deutscher Name	Blütenfarbe	Standort	Trieblänge
Asteriscus maritimus	Dukatenblume	Goldgelb	Sonne	25 - 30 cm
Bacopa caroliniana	Bacopa	Rosa	Halbschatten	30 cm
Begonia-Knollenbegonien-Hybriden	Knollenbegonie, hängende Formen	Rosa, Rot, Weiß	Halbschatten	40 cm
Bidens triplinervia var. *macrantha*	Goldfieber	Goldgelb	Sonne	80 - 90 cm
Brachycome multifida	Blaues Gänseblümchen	Blau, Rosa, Weiß	Sonne	30 - 40 cm
Convolvolus humilis	Winde	Stahlblau	Sonne	100 cm
Dianthus caryophyllus	Gebirgshängenelke	Rosarot	Sonne	60 cm
Fuchsia-Hybriden	Fuchsien, hängende Formen	viele Farben	Halbschatten	50 cm
Gazania-Hybriden	Gazanie	Gelb, Bronze	Sonne	30 cm
Lobelia erinus	Männertreu	Blau, Weiß	Sonne	30 cm
Lysimachia nemorum	Felberich	Goldgelb	Halbschatten	40 cm
Mesembryanthemum crystallinum	Mittagsblume	viele Farben	Sonne	30 cm
Mimulus-Hybriden	Gauklerblume	viele Farben	Sonne	30 cm
Pelargonium-Peltatum-Hybriden	Pelargonie, hängende Formen	viele Farben	Sonne	60 cm
Petunia-Hybride 'Surfinia'	Hängepetunie	Pastellfarben	Sonne	150 cm
Plectranthus fruticosus	Weihrauchpflanze, Mottenkönig	unscheinbare Blüten, grün-weißes Blatt	Sonne	- 150 cm
Portulaca umbraticola	Strauchportulak	viele Farben	Sonne	30 cm
Rosa	Bodendeckerrosen, schwachwachsende Sorten	Rosa, Rot oder Weiß	volle Sonne	60 - 80 cm
Scaevola saligna	Fächerblume	Hellblau	Sonne	100 cm
Verbena-Hybride	Hängeverbene	viele Farben	Halbschatten	80 cm

das vermehrte Gießen werden verstärkt Nährstoffe ausgewaschen, so daß man regelmäßig und konsequent einmal wöchentlich nachdüngen muß.

Wandgefäße, wie etwa der Spanische Schuh oder ähnliche Gefäßtypen, bieten ganz ähnliche Bedingungen wie eine Ampel, häufig ist ihr Wurzelraum sogar noch enger.

Ampeln wie Wandgefäße sollten in erster Linie Hängepflanzen aus dem Sortiment des Beet- und Balkonpflanzenbereiches aufnehmen. Die Tabelle nennt die schönsten und wichtigsten Arten, von denen es zum Teil sehr viele unterschiedliche Sorten gibt, wie etwa bei den Fuchsien, Pelargonien, Petunien und auch bei den Gazanien.

Eine Ampel oder ein Wandgefäß macht natürlich mehr her, wenn es mit mehreren Pflanzenarten oder zumindest verschiedenen Sorten einer Art bepflanzt wurde. Im Hinblick auf die spätere Pflege erscheint dies aber nicht immer sinnvoll. Zumindest ist darauf zu achten, daß die Pflanzen in etwa die gleichen Ansprüche an den Standort, die Wasserversorgung und die Düngergaben stellen. Keramik-Ampeln und Wandgefäße verfügen oft über kein Dränageloch. Dieses muß vor der Bepflanzung angebracht werden, ansonsten bildet sich sehr rasch Staunässe, die in einem ohnehin engen Pflanzgefäß die Pflanzen rasch zum Absterben bringt.

Zwiebelblumen und Knollenpflanzen

Bei der Kultur von Zwiebelblumen und Knollenpflanzen in Töpfen ist wiederum zwischen winterharten und nicht winterharten Arten zu unterscheiden.

Zu den **nicht winterharten Knollenpflanzen** zählen die Dahlien. Ihre Knollen müssen noch vor Frostbeginn in einem kühlen, trockenen Raum eingelagert werden. Gleiches gilt für so prächtige Kübelpflanzen wie *Canna* und *Agapanthus*. Nach erfolgreicher Überwinterung setzt man, sobald die Witterung es zuläßt, die Knollen oder Zwiebeln in Töpfe und stellt sie wieder im Freien auf.

Canna und *Agapanthus* sind wahre Sonnenanbeter, wohingegen die Dahlien einen halbschattigen Standort bevorzugen. *Canna* und Dahlien lieben einen humosen, nährstoffreichen Boden. Bei ausreichender flüssiger Nachdüngung in wöchentlichen Abständen blühen beide Pflanzenarten bis in den Herbst hinein. Der *Agapanthus* schätzt eher einen mineralhaltigen, durchlässigen Boden.

Knollenbegonien kauft man als fertige Pflanzen oder treibt sie als Knolle selbst vor. Beim Einlegen der Knolle in das Substrat muß die Mulde der Knolle nach oben zum Liegen kommen, denn hier treibt die Pflanze aus. Erst wenn keine Nachtfröste mehr zu befürchten sind, setzt man diese hübsche, problemlose Pflanze ins Freie. Von den Begonien gibt es unzählige Sorten in zum Teil wunderschönen Farben. Man unterscheidet zwischen den großblumigen Knollenbegonien die gefranstblütigen *Begonia fimbriata* und die Hängeform *Begonia pendula*.

Winterfeste Zwiebel- und Knollengewächse pflanzt man im Herbst. Leider wird diese interessante Pflanzengruppe noch viel zu selten für Pflanzgefäße verwendet. Als vorgetriebene Pflanzen werden Zwiebelblumen im zeitigen Frühjahr zwar in großen Mengen angeboten; daß man sie aber ebenso problemlos im Herbst selbst setzen kann, ist vielen Pflanzenfreunden noch nicht bewußt.

Lilien kann man im Frühjahr auch in Töpfen antreiben, eine Herbstpflanzung in solchen Gefäßen ist weniger ratsam.

Manche Firmen bieten gar komplette Sortimente unter dem Namen "Balkonkastenzwiebeln" an.

Will man Zwiebelblumen in Pflanzgefäßen kultivieren, sollte man generell möglichst niedrige Sorten auswählen. Das hat nicht nur optische Gründe: Der Wind würde die Blüten auf langen Stielen rasch umknicken. Beim Pflanzen sollte man darauf achten, daß die Zwiebeln oder Knollen nicht zu dicht an den Gefäßrand kommen. Sie könnten sonst durch starke Frosteinwirkung Schaden nehmen und leicht faulen. Als Faustregel für die Pflanztiefe einer Blumenzwiebel sollte man immer die doppelte Zwiebelhöhe als Maß ansehen.

Durch ihre in aller Regel sehr frühe Blütezeit im März oder April (je nach Sorte und Witterung) werden Zwiebelblumen und Knollengewächse zu willkommenen Frühlingsboten. Sogar Container mit Dauerbepflanzung erhalten dadurch eine farbige Auflockerung. Sorten von Tulpen, Narzissen, Hyazinthen gibt es in unüberschaubarer Vielfalt. Dazu kommen die *Crocus*-Arten sowie eine Reihe weiterer Gattungen.

Selbstverständlich läßt sich ein Gefäß ganz ausschließlich mit Blumenzwiebeln gestalten. Geschickt geplant, entsteht auf diese Weise ein kleiner Frühlingsgarten im Balkonkasten oder Kübel. Dazu ist es zweckmäßig, einen kleinen Pflanzplan zu erstellen, denn die vielen verschiedenen Sorten und Arten blühen zu recht unterschiedlichen Terminen. Man füllt den Kasten zunächst halb voll mit Substrat und pflanzt die Zwiebeln sehr eng, fast Zwiebel an Zwiebel. Danach

Winterharte und nicht winterharte Zwiebelblumen und Knollengewächse
für die Kultur im Balkonkasten oder in Töpfen

Art und Sorte	deutscher Name	Höhe in cm	Blütenfarbe	Winterhärte
	Bluesette	40	Lilarosa	–
Agapanthus africanus 'Afrikalilie'		60	Blau und Weiß	–
Allium aflatunense	Zierlauch	30	Grünblau	+
Allium giganteum	Zierlauch	100	Blau	+
Allium moly	Zierlauch	25	Gelb	+
Allium oreophilum	Zierlauch	15	Purpurrot	+
Allium sphaerocephalon	Zierlauch	70	Dunkelpurpur	+
Anemone blanda 'Blau'	Anemone	10	Blau	+
'Rosea'		10	Rosa	+
'White Splendour'		10	Weiß	+
Anemone coronaria 'De Caen'	Anemone	30	Rosa	+
'St. Brigid'		30	Blau	+
Brimeura (Hyacinthus) amethystina		15	Weiß	+
Canna-Indica-Hybriden 'Gruß aus Rom'	Canna	60	Rot	–
'Lucifer'		70	Rot mit gelbem Rand	–
'Pfitzers Primrose Yellow'		70	Gelb	–
Zwergsorten		30	Gelb, Rot, Orange	–
Chionodoxa luciliae	Schneeglanz	15	Blau mit Weiß	+
Crocus chrysanthus 'E.P. Bowles'	Krokus	10	Gelb	+
'Fuscotinctus'		10	Braun mit Gelb	+
'Miss Vane'		10	Weiß	+
'Prince Claus'		10	Violett mit Weiß	+
'Ruby Gigant'		10	Violett	+
Crocus sieberi 'Firefly'	Krokus	10	Violettrosa	+
Dahlia-Hybriden	Baby-Dahlien	30	viele Farben	–
Dahlia-Hybride 'Autumn Fairy'	Zwergdahlie	40	Aprikosenorange	–
'Berliner Kleene'		40	Rosa	–
'Brio'		30 - 50	Orangerot	–

Winterharte und nicht winterharte Zwiebelblumen und Knollengewächse (Fortsetzung)
für die Kultur im Balkonkasten oder in Töpfen

Art und Sorte	deutscher Name	Höhe in cm	Blütenfarbe	Winterhärte
'Extasy'		40	Lachs mit Gelb	–
'Fabel'		30 - 50	Kardinalrot	–
'Guinea'		30 - 50	Gelb	–
'Honey'		30 - 50	Rosa mit Herz	–
'La Tosca'		40	Tiefrosa	–
'München'		40	Gelb	–
'Purpinka'		30 - 50	Lila	–
'Purple Fairy'		40	Purpur	–
Dahlia-Hybride 'S. Doornbosch'	Anemonenblütige Dahlie	30 - 50	Hellrot mit Weiß	–
Eranthis hyemalis	Winterling	10	Gelb, sehr früh	+
Erythronium-Hybriden	Hundszahn	15	Gelb	+
Fritillaria meleagris	Kiebitzblume, Schachbrettblume	20	Purpur	+
Galanthus nivalis	Schneeglöckchen	15	Weiß	+
Hyacinthus orientalis 'Carnegie'	Hyazinthe	30	Weiß	+
'Delfts Blauw'		30	Blau	+
'Gipsy Queen'		30	Orange	+
'Jan Bos'		30	Rot	+
'Pink Pearl'		30	Rosa	+
Hyacinthoides hispanica	Waldhyazinthe	20	Stahlblau	+
Ipheion (Brodiaea) uniflora	Sternblume	15	Hellblau	bedingt
Iris danfordiae	Zwergiris	10	Gelb	+
Iris reticulata	Zwergiris	10	Blau	+
Ixia campanulata	Klebschwertel	30	Viele Farben	–
Leucojum vernum	Märzenbecher	25	Weiß mit Grün	+
Liatris spicata	Prachtscharte	60	Violett und Weiß	+
Lilium-Tigrinum-Hybride (Midcentury Hybri-	Tigerlilie	50	Weiß	+
de) 'Apollo'		50	Rosa	+
'Cote d'Azur'		50	Orange	+

Winterharte und nicht winterharte Zwiebelblumen und Knollengewächse (Fortsetzung)
für die Kultur im Balkonkasten oder in Töpfen

Art und Sorte	deutscher Name	Höhe in cm	Blütenfarbe	Winterhärte
'Harmony'		50	Orange	+
'Toscana'		20	Rosa	+
Muscari armeniacum	Traubenhyazinthe	15	Hellblau	+
Muscari botryoides	Traubenhyazinthe	20	Weiß und Blau	+
Muscari comosum 'Plumosum'	Traubenhyazinthe	25	Blau	+
Narcissus-Hybride 'February Gold'	(Alpenveilchennarzisse)	25	Gelb mit Weiß	+
'Jack Snipe'	Zwergnarzisse	25	Hellgelb	+
'Rip van Winkel'	Zwergnarzisse	25	Gelb, gefranste Blüte	+
'Tête-à-Tête	(Alpenveilchennarzisse)	50	Goldgelb	+
Nectaroscordum (Allium) siculum	Zierlauch	50	Grün mit Purpur	+
Ornithogalum thyrsoides	Milchstern	15	Weiß	+
Puschkinia scilloides var. *libanotica*	Puschkinie	25	Weiß	+
Ranunculus asiaticus	Ranunkel	20	viele verschiedene Farben	+
Scilla litardierei	Muskathyazinthe	15	Himmelblau	+
Scilla siberica	Blausternchen	15	Blau	+
Tulipa-Hybride 'Albion Star'	Botanische Tulpe	20	Weiß mit dunkler Mitte	+
'Ontario'		15	Dunkelrosa	+
'Plaisir'		20	Rot mit Gelb	+
'Princeps'		20	Scharlachrot	+
'Rotkäppchen'		20	Scharlachrot	+
'Showwinner'		15	Rot	+
'Sombrero'		20	Rot	+
'Toronto'		20	Rosa, mehrblütig	+
'Upward'		20	Orientrot mit Weiß	+

Winterharte und nicht winterharte Zwiebelblumen und Knollengewächse (Fortsetzung)
für die Kultur im Balkonkasten oder in Töpfen

Art und Sorte	deutscher Name	Höhe in cm	Blütenfarbe	Winterhärte
'Verdi'		20	Gelb mit roten	+
			Flecken	+
Tulipa praestans 'Fusilier'		20	Rot, mehrblütig	+
Tulipa 'Bright Gem'	Wildtulpe	8	Gelborange	+
Tulipa pulchella 'Violacea'	Wildtulpe	8	Purpurrot	+
Tulipa saxatilis	Wildtulpe	20	Gelborange	+
Tulipa 'Tangerine Beauty'	Wildtulpe	20	Orange	+
Tulipa tarda	Wildtulpe	5	Gelb mit Weiß	+
Tulipa urumiensis	Wildtulpe	5	Gelb mit Braun	+

In den großvolumigen, frostfesten Kübel wurden die Blumenzwiebeln schon im Herbst eingepflanzt.

deckt man die Zwiebeln mit dem restlichen Substrat bis an den Kastenrand ab und gießt gut an. Die fertigen Kästen stellt man zunächst in einem kühlen und dunklen Raum auf. Ständiges Gefrieren und wieder Auftauen schadet den Zwiebeln sehr, während Frost allein den Zwiebeln nichts anhaben kann.

Die Kästen dürfen niemals völlig austrocknen. Wenn die ersten Triebe spitzen, und falls die Witterung es zuläßt, kann man die so bestückten Blumenkästen bereits ab Anfang März auf den Balkon bringen.

Als Pflanzsubstrat eignet sich eine gute Blumenerde, die einen Zusatz von etwa 10 Prozent Quarzsand erhält, um eine zu starke Vernässung der Erde zu verhindern.

Möchte man die abgeblühten Zwiebelblumen für die kommende Saison wieder verwenden, so stellt man die Kästen im Anschluß an die Blüte in den Garten und pflegt, sprich gießt, sie so lange, bis die Zwiebelgewächse anfangen einzuziehen. Dies ist sehr wichtig, damit sich die Zwiebeln im Boden regenerieren und so weit wieder erstarken, um im kommenden Jahr erneut Blüten bilden zu können. Zwiebeln, die diesen "Reifeprozeß" nicht durchmachen, verkümmern oder blühen einfach nicht. Nach der Ruheperiode im Verlauf der Sommermonate kann man die Zwiebeln im Oktober erneut stecken. Dabei läßt sich durch Austausch der einen oder anderen Sorte ein wenig experimentieren.

Zu bedenken bleibt, daß für die Reifezeit der Zwiebeln ein Kasten belegt ist. Man benötigt daher für andere Bepflanzungen, etwa mit Sommerflor, Ersatzkästen, unter Umständen sogar einen zweiten Satz an Balkonkästen. Das mag eine sinnvolle Anschaffung sein, denn besser als auf die beschriebene Art und Weise lassen sich Blumenzwiebeln nicht lagern und ausreifen.

Die Tabelle listet die wichtigsten Arten und Sorten der Zwiebelblumen und Knollenpflanzen für eine Kultur im Balkonkasten oder Topf auf. Durch Eigenstudium von Katalogen oder Fachzeitschriften findet man mit Sicherheit viele weitere Sorten, die sich für diesen Zweck eignen.

Stauden für Kübel und Töpfe

Die Gärtnereien in Europa kultivieren rund 1500 verschiedene Arten von Stauden. Hinzu kommt noch eine Vielzahl von Sortenzüchtungen innerhalb dieser Arten. Und eine stattliche Anzahl davon läßt sich in Balkonkästen, Töpfen oder Kübeln mit verwenden. Stauden sind im engeren Sinne ausdauernde Pflanzen. Ihre unverholzte Sproßachse zieht im Herbst ein und erneuert sich jährlich aus den Knospen. Zur Überwinterung entwickeln Stauden spezielle Überwinterungsorgane, die sehr vielgestaltig sein können: Wurzelstöcke, Rhizome, Zwiebeln oder Knollen, ebenso Rosetten oder wintergrüne Blätter.

Das Sortiment der Stauden läßt sich in verschiedene Bereiche einteilen. Aus der Zuordnung zu einem bestimmten Bereich kann die Wuchsform und bis zu einem gewissen Grad auch die Verwendung abgeleitet werden. So unterscheidet man zwischen:

- Polsterstauden
- niedrigen, nicht polsterbildenden Stauden
- halbhohen und hohen Stauden
- Gräsern
- Farnen
- Sumpf- und Wasserpflanzen

Stauden für die Kultur im Topf oder Kübel

botanischer Name	deutscher Name	Verwendung	Wuchshöhe in cm	Blütezeit	Standort
Acaena buchananii	Stachelnüßchen	Polsterstaude	5	VI - VII	Sonne
Acaena microphylla	Stachelnüßchen	Polsterstaude	10	VI - VII	Sonne
Achillea millefolium	Schafgarbe	Rabattenstaude	60	VII - IX	Sonne
Achillea tomentosa	Polsterschafgarbe	Polsterstaude	20	V - VII	Sonne
Aethionema-Arten	Steintäschel	Polsterstaude	20	V - VI	Sonne
Ajuga reptans	Günsel	Polsterstaude	15	IV - V	Sonne
Alyssum montanum	Steinkraut	Polsterstaude	20	IV - V	Sonne
Antennaria dioica var. *borealis*	Katzenpfötchen	Polsterstaude	15	V - VI	Sonne
Armeria maritima	Grasnelke	Steingartenstaude	20	IV - V	Sonne
Artemisia stelleriana	Edelraute	Rabattenstaude	35	V - VI	Sonne
Aster alpinus	Alpenaster	Polsterstaude	25	V - VI	Sonne
Aster amellus	Sommeraster	Rabattenstaude	50	VII - IX	Sonne
Aster-Dumosus-Hybriden	Kissenaster	Rabattenstaude	30	VII - X	Sonne
Aster tongolensis	Frühlingsaster	Rabattenstaude	40	V - VI	Sonne
Astilbe-Arendsii-Hybriden	Prachtspiere	Rabattenstaude	80	VI - VIII	Halbschatten
Astilbe chinensis 'Pumila'	Zwerg-Astilbe	Rabattenstaude	30	VIII - IX	Schatten
Astilbe chinensis var. *taquettii*	Prachtspiere	Rabattenstaude	100	VII	Schatten
Bergenia cordifolia	Bergenie	Rabattenstaude	30	IV - V	Halbschatten
Buphthalmum salicifolium	Ochsenauge	Rabattenstaude	50	VI - IX	Sonne
Campanula carpatica	Karpaten-Glockenblume	Polsterstaude	25	VI - VIII	Sonne
Campanula cochlearii folia	Zwerg-Glockenblume	Polsterstaude	10	VI - VIII	Sonne
Campanula garganica	Glockenblume	Polsterstaude	20	VI - VII	Sonne
Campanula portenschlagiana	Zwerg-Glockenblume	Steingartenstaude	15	VI - VII	Sonne
Campanula glomerata	Knäuel-Glockenblume	Rabattenstaude	50	VI - VII	Sonne
Carlina acaulis	Silberdistel	Steingartenstaude	10	VI - IX	Sonne
Chelone obliqua	Schildblume	Rabattenstaude	50	VII - X	Sonne
Chiastophyllum oppositifolium	Goldtröpfchen	Polsterstaude	15	VI - VII	Sonne
Coreopsis verticillata	Mädchenauge	Rabattenstaude	60	VI - IX	Sonne
Dianthus deltoides	Heidenelke	Polsterstaude	15	V - VI	Sonne

Stauden für die Kultur im Topf oder Kübel (Fortsetzung)

botanischer Name	**deutscher Name**	**Verwendung**	**Wuchshöhe in cm**	**Blütezeit**	**Standort**
Dianthus plumarius	Federnelke	Polsterstaude	30	V - VI	Sonne
Doronicum orientale (D. caucasicum)	Gemswurz	Rabattenstaude	40	IV - VI	Sonne
Dryas × suendermannii	Silberwurz	Polsterstaude	15	V - VI	Sonne
Erigeron karvinskianus	Feinstrahl	Rabattenstaude	40	VI - VII	Sonne
Erinus alpinus	Leberbalsam	Polsterstaude	10	V - X	Sonne
Eriophyllum lanatum	Wollblatt	Rabattenstaude	30	VI - VIII	Sonne
Eupatorium purpureum	Wasserdost	Solitärstaude	150	VII - IX	Halbschatten
Euphorbia myrsinites	Walzenwolfsmilch	Steingartenstaude	20	V - VI	Sonne
Gentiana septemfida	Sommerenzian	Polsterstaude	15	VII - VIII	Sonne
Gentiana sinoornata	Herbstenzian	Steingartenstaude	20	IX - XI	Sonne
Geranium platypetalum	Storchschnabel	Rabattenstaude	50	VII - VIII	Halbschatten
Geum coccineum	Nelkenwurz	Rabattenstaude	25	V - VII	Sonne
Gypsophila repens	kriechendes Schleierkraut	Polsterstaude	10	V - VI	Sonne
Helianthemum-Hybriden	Sonnenröschen	Polsterstaude	25	VI - VII	Sonne
Helleborus niger	Christrose	Rabattenstaude	20	VII - III	Halbschatten
Heuchera-Hybriden	Purpurglöckchen	Rabattenstaude	50	V - VII	Halbschatten
Hosta sieboldiana	Blaublattfunkie	Rabattenstaude	40	VII - VIII	Halbschatten
Hosta undulata	Wellblattfunkie	Rabattenstaude	40	VII - VIII	Halbschatten
Hypericum polyphyllum	Johanniskraut	Steingartenstaude	20	V - VI	Halbschatten
Incarvillea mairei var. *grandiflora*	Gartengloxinie	Rabattenstaude	50	VI	Sonne
Inula ensifolia 'Compacta'	Zwerg-Alant	Steingartenstaude	20	VI - VIII	Sonne
Inula orientalis	Alant	Rabattenstaude	50	VI - VIII	Sonne
Iris-Pumila-Hybriden	Zwergschwertlilie	Rabattenstaude	25	IV - V	Sonne
Kniphofia-Hybriden	Fackellilie	Rabattenstaude	90	VI - VIII	Sonne
Lavandula angustifolia	Lavendel	Rabattenstaude	30	VII - IX	Sonne
Leucanthemum-(Chrysanthemum) Maximum-Hybride 'Silberprinzessin'	Sommermargerite	Rabattenstaude	30	VIII - IX	Sonne

Stauden für die Kultur im Topf oder Kübel (Fortsetzung)

botanischer Name	deutscher Name	Verwendung	Wuchshöhe in cm	Blütezeit	Standort
Lewisia cotyledon	Bitterwurz	Steingartenstaude	15	V - VI	Sonne
Ligularia dentata	Ligularie	Solitärstaude	120	VII - IX	Sonne
Ligularia przewalskii	Ligularie	Solitärstaude	100	VII - IX	Sonne
Lobelia splendens (L. fulgens)	Lobelie	Rabattenstaude	80	VIII - IX	Sonne
Lysimachia nummularia	Pfennigkraut	Bodendecker	5	V - VI	Halbschatten
Mimulus cupreus	Gauklerblume	Rabattenstaude	15	VI - IX	Halbschatten
Oenothera missouriensis	Nachtkerze	Polsterstaude	20	VI - IX	Sonne
Oenothera tetragona	Nachtkerze	Rabattenstaude	50	VI - VIII	Sonne
Origanum vulgare	Dost	Polsterstaude	15	VII - IX	Sonne
Papaver nudicaule	Islandmohn	Rabattenstaude	30	V - IX	Sonne
Phlox subulata	Moosphlox	Polsterstaude	20	IV - V	Sonne
Phuopsis (Crucianella) stylosa	Scheinwaldmeister	Bodendecker	20	V - VII	Halbschatten
Platycodon grandiflorus	Ballonblume	Rabattenstaude	40	VI - VIII	Schatten
Primula auricula	Gartenaurikel	Polsterstaude	20	IV - V	Halbschatten
Primula-Bullesiana- Hybriden	Etagenprimel	Rabattenstaude	35	VI - VII	Schatten
Primula-Juliae-Hybriden	Kissenprimel	Polsterstaude	10	III - IV	Halbschatten
Primula rosea	Rosenprimel	Rabattenstaude	20	III - V	Halbschatten
Pulsatilla vulgaris	Küchenschelle	Steingartenstaude	20	IV - V	Sonne
Rodgersia sambucifolia	Schaublatt	Rabattenstaude	60	VI - VII	Schatten
Salvia nemorosa	Salbei	Rabattenstaude	50	VI - IX	Sonne
Santolina chamaecyparissus	Heiligenkraut	Rabattenstaude	30	VII - IX	Sonne
Saponaria ocymoides	Seifenkraut	Polsterstaude	20	V - VI	Sonne
Saxifraga-Arendsii-Hybriden	Steinbrech	Polsterstaude	15	IV - V	Halbschatten
Sedum acre	Echter Mauerpfeffer	Bodendecker	5	VI - VII	Sonne
Sedum cauticola	Fetthenne	Polsterstaude	10	VIII - IX	Sonne
Sedum floriferum	Mauerpfeffer	Polsterstaude	15	VI - VII	Halbschatten
Sedum spathulifolium	Fetthenne	Steingartenstaude	10	V - VI	Sonne
Sedum spurium	Mauerpfeffer	Polsterstaude	10 - 15	VI - VII	Halbschatten
Sempervivum archnoideum	Spinnenwebhauswurz	Steingartenstaude	10 - 15	VI - VII	Sonne

Stauden für die Kultur im Topf oder Kübel (Fortsetzung)

botanischer Name	deutscher Name	Verwendung	Wuchshöhe in cm	Blütezeit	Standort
Sidalcea-Hybriden	Präriemalve	Rabattenstaude	60	VII - IX	Sonne
Sisyrinchium-Arten	Binsenlilie	Polsterstaude	20	V - VI	Sonne
Stachys byzantina	Wollziest	Bodendecker	20	V - VI	Sonne
Thymus serpyllum	Thymian	Polsterstaude	10	VI - VII	Sonne
Tiarella cordifolia	Schaumblüte	Bodendecker	25	IV - V	Schatten
Tradescantia-Andersoniana-Hybriden	Dreimasterblume	Rabattenstaude	40	VI - IX	Halbschatten
Veronica austriaca ssp. *teucrium*	Ehrenpreis	Steingartenstaude	25	V - VII	Sonne
Veronica spicata	Ehrenpreis	Steingartenstaude	40	VII - IX	Halbschatten
Yucca filamentosa	Palmlilie	Solitärstaude	120	VII - VIII	Sonne

Im Laufe von mehreren Jahren wird die Dachwurz das gesamte Gefäß überwachsen haben.

Stauden für die Trogbepflanzung

botanischer Name	deutscher Name	Höhe in cm	Blütezeit	Blütenfarbe	Besonderheiten
Aethionema armenum	Steintäschel	25	VI - VIII	Weiß	polsterbildend
Androsace laggeri	Mannsschild	10	IV - V	Dunkelrosa	Rosettenwuchs
Androsace sarmentosa	Mannsschild	12	VI	Rosa	elliptische, seidig beharrte Blätter
Androsace sempervivoides	Mannsschild	3	V	Rosa	Sonne bis Halbschatten
Anemone narcissiflora	Berghähnlein	30	V - VI	Weiß	handförmige Blätter
Aquilegia flabellata	Akelei	15-20	V	Lilablau mit Weiß	Halbschatten
Armeria juniperifolia	Grasnelke	5-10	V	Rosa	kugeliger Blütenstand
Asarina procumbens	–	5	IV - VI	Hellgelb, dunklere Lippe	bis 1 m lange Triebe
Calceolaria biflora	Zwerg-Pantoffelblume	10	VI - VII	Gelb, rot punktiert	liebt Halbschatten, leichter Winterschutz
Campanula carpatica	Karpaten-Glockenblume	15-20	VI - VIII	Hellblau, Weiß, Violett	Sonne bis Halbschatten, humoser Boden
Campanula cochleariifolia	Zwerg-Glockenblume	10-15	VI - VIII	Hellblau	sehr reichblühend und wüchsig
Campanula garganica	Zwerg-Glockenblume	10	VI - VII	Lila mit weißer Mitte	sehr flach wachsend, weit geöffnete Blüte
Campanula × pulloides	Zwerg-Glockenblume	10	V	Violett	grau behaarte Blätter, große Blüten
Campanula waldsteinia	Zwerg-Glockenblume	10	VI - VII	Blauviolett	aufrechter Wuchs, sehr reich blühend
Cotula dioica	Fiederpolster	5	unscheinbar	Hellgelb	dunkelgrüne, gekerbte Blätter, Halbschatten
Cotula squalida	Fiederpolster	5	unscheinbar	Grünlich	bräunlich grüne Blätter, liebt Feuchtigkeit
Delosperma cooperi	Mittagsblümchen	10	VI - IX	Rot	walzenförmige, dicke Blätter, keine Nässe
Dianthus × arvernensis	Felsennelke	10	V - VI	Rosarot	zwergige, blaugraue Polster, reichblühend
Dianthus gratianopolitanus	Pfingstnelke	8-15	V - VII	Rosarot	zierlich, sehr reichblühend, volle Sonne

Stauden für die Trogbepflanzung (Fortsetzung)

botanischer Name	deutscher Name	Höhe in cm	Blütezeit	Blütenfarbe	Besonderheiten
Diascia cordata	Doppelhörnchen, Diascie	10	VII - IX	Lachsrot	flach aufliegend, sehr reichblühend
Draba aïzoides	Hungerblümchen	5-10	III	Goldgelb	volle Sonne, sandiger Boden
Draba bruniifolia	Goldkissen	3-5	III	Goldgelb	moosartiger Wuchs, reichblühend
Draba sibirica	Goldkissen, Hungerblümchen	5-10	IV	Gelb	bildet lockere Rasen, wuchert stark
Dryas octopetala	Silberwurz	5-10	V - VI	Weiß	grob gekerbte Blätter, federige Samenstände
Erodium petraeum ssp. *glandulosum*	Reiherschnabel	15	VI - VII	Hellrosa, Violett	fünffachgefingerte, grüne Blätter
Festuca cinerea (F. glauca)	Blauschwingel	10-20	VII - VIII	Strohgelb	liebt leicht alkalischen Boden
Festuca scoparia	Bärenfellschwingel	10-20		unscheinbar	bildet dichte, niedrige Horste
Gentiana angustifolia	Enzian	15	V - VI	Blau, Kehle mit grünen Flecken	Blüten auf langen Stielen, kalkliebend
Gentiana septemfida	Sommer-Enzian	15	VII - IX	Blau	dicht beblättert, wächst sehr flach
Geum montanum	Gebirgs-Nelkenwurz	10-20	V - VI	Gelb	horstig-wachsend, große Blüten
Leontopodium alpinum	Edelweiß	15	VI - VII	gelbliches Weiß	sonniger Standort, magere Erde
Lithodora diffusa	Steinsame	15	V - VI	Enzianblau	niederliegend mit rauhen Blättern, Winterschutz
Papaver burseri	Alpenmohn	15	VI - VIII	Weiß, Gelb, Orange	hauptsächlich als Hybriden im Handel
Penstemon hirsutus	Bartfaden	20-30	VI - VII	Weißlich	graulaubig, reichblühend, winterhart
Phlox douglasii	Douglas-Teppichphlox	10	V - VI	Rosalila	wintergrün, nadelartige Blätter
Potentilla cinerea	Sandfingerkraut	5-10	IV - V	Weiß	schöne, graugrüne Blätter, gefiedert
Pulsatilla vulgaris	Küchenschelle	10-20	IV	Violett, Weiß, Rosa	Blätter erscheinen nach der Blüte
Saxifraga aïzoides	Steinbrech	15	VI - VII	Orangegelb	lockere Polster, sehr reichblühend
Saxifraga arco-valleyi	Steinbrech	5-10	III - IV	Hellila, purpurfarbene Nerven	bildet kleine Rosetten, kalkmeidende Pflanze
Saxifraga federici-augusti ssp. *grisebachii*	Steinbrech	10-15	IV	Karminrot	breitlaubige Rosetten, nickende Blütenstände
Saxifraga ferdinandi-coburgii	Steinbrech	8-10	IV	Gelb	blaugrüne, sehr feste, moosartige

Stauden für die Trogbepflanzung (Fortsetzung)

botanischer Name	deutscher Name	Höhe in cm	Blütezeit	Blütenfarbe	Besonderheiten
Saxifraga × *irvingii*	Steinbrech	8-12	III - IV	Hellila	Einzelblüten auf kurzem Stiel, Schatten
Saxifraga oppositifolia	Steinbrech	10-15	III - IV	Karminrot	becherförmige Blüten, eher feucht, Halbschatten
Saxifraga sancta	Steinbrech	10-15	III - IV	Gelb	schöne moosartige Polster, etwas blühfaul
Saxifraga sempervivum	Steinbrech	10-15	IV	Blutrot	nickende Blüte
Scutellaria scordiifolia	Helmkraut	10	VI - VIII	Violettblau	herzförmige Blätter, breitet sich stark aus
Scutellaria orientalis	Helmkraut	10	VI - VIII	Gelb	lockere Teppiche, große Blüten
Sedum album	Weißer Mauerpfeffer	3-10	VI - VIII	Weiß	dicke, perlenartige Blätter
Sedum ewersii	Mauerpfeffer	10	VIII - IX	Purpurrosa	dichte, blaugrüne Blätter, dichte Blütenköpfe
Sedum gracile	Mauerpfeffer	5-7	VI	Weißrosa	sehr kleine, schwach wachsende Pflanze
Sedum spathulifolium	Mauerpfeffer	5-8	V - VI	Gelb	immergrüne Rosette, Blätter weißgrau
Sempervivum arachnoideum	Dachwurz	3-8	VII - VIII	Rosa	kleine Rosetten, silbrig behaart
Sempervivum tectorum	Dachwurz	10-15	VII - VIII	Rot	bis 12 cm große Rosetten
Sempervivum-Hybriden	Dachwurz	5-15	VII - VIII	überwiegend Rosatöne	unterschiedlichste Rosettenformen und Farben
Silene vulgaris ssp. *maritima*	Meerleimkraut	20	VII - VIII	Weiß	Blüten mit aufgeblasenem Kehlchen
Thymus doerfleri	Thymian, Albanischer Quendel	5	V - VI	Rosa	graubehaarte, dichte Polster

Eine weitere sinnvolle Untergliederung beruht auf den verschiedenen Lebensbereichen, in denen die einzelnen Arten anzusiedeln sind. Damit muß sich allerdings mehr ein Gartenliebhaber auseinandersetzen, falls er Staudenpflanzungen anlegen will.

Aber auch für den "Topfgärtner" spielt es eine Rolle zu wissen, welche Grundbedürfnisse seine Stauden an Substrat, Lichtangebot (Sonne, Schatten, oder Halbschatten) oder Wasser- und Nährstoffversorgung stellen. Bei der Vielzahl unterscheiden sich die Ansprüche naturgemäß ganz beträchtlich. Für die Pflanzgefäße eignen sich in erster Linie Polsterstauden, niedrige, nicht polsterbildende, sowie halbhohe und mittelhohe Stauden. Gräser und Farne sowie Sumpf- und Wasserpflanzen spielen für die Kultur in Gefäßen nur eine untergeordnete Rolle. Vorrang genießen Arten mit besonders schön geformten oder gefärbten Blättern sowie Blütenstauden. Nur ein sehr kleiner Teil der verwendbaren Stauden ist wintergrün. Gerade für Großgefäße mit einer Dauerbepflanzung bedeutet dies, daß im Herbst und Winter eine Lücke klafft, wo in der Vegetationszeit eine Staude stand.

Die Tabelle nennt eine Auswahl von Staudenarten, die sich für die Kultur im Topf oder Kübel eignen.

Darunter finden sich Solitärstauden wie die Gartenyucca, die Ligularien, der Wasserdost (*Eupatorium*) oder auch die verschiedenen *Hosta*-Arten und die Astilben, die bereits als alleinige Pflanze in einem Gefäß wirken. Sie sind so dominant, daß sie andere Pflanzen unterdrücken.

Ganz anders verhält es sich mit den wirklichen Zwergen unter den Stauden, die sich in erster Linie für Trogbepflanzungen oder zur Bepflanzung von besonders kleinvolumigen Pflanzgefäßen eignen. Die Tabelle nennt die interessantesten Arten. Mit den engen und kargen Bedingungen eines Troges kommen vor allem die vielen reizvollen Staudenarten aus dem alpinen Bereich gut zurecht. Da sie obendrein langsam wachsen, aber oft leuchtende Blüten entwickeln, andererseits aber ausgepflanzt im Freien die Winternässe schlecht vertragen, bietet sich eine Pflanzung im Topf geradezu an. Nicht zuletzt rücken wir damit diese Pflanzenschätze näher an unser Gesichtsfeld heran.

In Verbindung mit dekorativen Steinen und schwachwüchsigen Koniferen (Tabelle Seite 30-34) lassen sich wahre Meisterwerke der Miniaturgartenkunst schaffen.

Kräuter, Duftpflanzen, Gewürze, Gemüse, Beerenobst

Einen regelrechten Boom erlebt derzeit die Kultur von Nutzpflanzen auf Terrasse und Balkon oder im Wintergarten. Schon ab dem zeitigen Frühjahr werden auf Wochenmärkten, in Gärtnereien oder Gartencentern viele verschiedene Arten in unterschiedlichen Entwicklungsstadien angeboten, die diesem Trend entgegenkommen. Eine andere Möglichkeit ist die eigene Anzucht aus Samen. Fast jede Gemüse-, Tee- oder Gewürzkräuterart erhält man im Samenhandel im Samenpäckchen. Die Anzucht über Samen erfordert keine besonderen gärtnerischen Fähigkeiten. Die Aussaat sollte möglichst frühzeitig, im zeitigen Frühjahr, erfolgen. Ausgesät wird am besten in düngerfreie, sterile Aussaaterde, wie sie im Handel erhältlich ist. Sobald sich das erste voll

Gewürz	botanischer Name	Standort	Höhe in cm	Lebensdauer
Anis	*Pimpinella anisum*	sonnig	40 - 70	einjährig
Baldrian	*Valeriana officinalis*	sonnig	50 - 90	mehrjährig
Basilikum	*Ocimum basilicum*	halbschattig	20 - 40	einjährig
Beifuß	*Artemisia vulgaris*	halbschattig	50 - 70	mehrjährig
Bergbohnenkraut	*Satureja montana*	sonnig	40	mehrjährig
Bohnenkraut	*Satureja hortensis*	sonnig	30 - 40	einjährig
Boretsch	*Borago officinalis*	halbschattig	40 - 60	einjährig, versamt sich
Brunnenkresse	*Nasturtium officinale*	schattig	20 - 30	mehrjährig
Cayennepfeffer	*Capsicum frutescens*	sonnig	30 - 50	einjährig
Dill	*Anethum graveolens*	sonnig	90	einjährig
Eberraute	*Artemisia abrotanum*	sonnig	- 100	mehrjährig
Engelwurz	*Angelica archangelica*	sonnig	80 - 90	mehrjährig
Estragon	*Artemisia dracunculus*	sonnig	60 - 100	mehrjährig
Kamille	*Chamomilla recutita*	sonnig	30 - 50	einjährig
Kerbel	*Anthriscus cerefolium*	halbschattig	30 - 60	einjährig
Kresse	*Lepidium sativum*	sonnig	15 - 20	einjährig
Liebstöckel	*Levisticum officinale*	sonnig	- 100	mehrjährig
Majoran	*Origanum majorana*	sonnig	30 - 50	einjährig
Oregano	*Origanum vulgare*	sonnig	30	mehrjährig
Petersilie	*Petroselinum crispum*	sonnig	20	einjährig
Pfefferminze	*Mentha × piperita*	halbschattig	60 - 80	mehrjährig
Pimpinelle	*Sanguisorba minor*	sonnig	40 - 60	mehrjährig
Portulak	*Portulaca oleracea ssp. sativa*	sonnig	5 - 20	einjährig
Rosmarin	*Rosmarinus officinalis*	sonnig	60 - 80	mehrjährig
Salbei	*Salvia officinalis*	sonnig	30 - 40	mehrjährig
Schnittlauch	*Allium schoenoprasum*	sonnig	30	mehrjährig
Thymian (Feld-)	*Thymus serpyllum*	sonnig	10 - 20	mehrjährig
Thymian (Garten-)	*Thymus vulgaris*	sonnig	30 - 40	mehrjährig
Tripmadam	*Sedum reflexum*	sonnig	30	mehrjährig
Weinraute	*Ruta graveolens*	sonnig	50 - 90	mehrjährig
Wermut	*Artemisia absinthium*	sonnig	60 - 90	mehrjährig
Ysop	*Hyssopus officinalis*	sonnig	30 - 50	mehrjährig
Zitronenmelisse	*Melissa officinalis*	sonnig	50 - 80	mehrjährig

entwickelte Blattpaar gebildet hat, wird pikiert. Dies muß unter Umständen mehrmals geschehen. Zu eng stehende Jungpflanzen wachsen zu sehr in die Länge und sind dann besonders krankheitsanfällig. Sind die Pflanzen herangewachsen, werden sie in ein größeres Gefäß umgesetzt und können im Frühjahr ins Freie gestellt werden. Auf dem Markt gibt es sehr zweckmäßige kleine Fensterbank-Gewächshäuser, die sich für die Aussaat bestens eignen. Man sollte beim Kauf aber auf gute Belüftung achten. Werden Aussaaten in solch einem Häuschen nicht ausreichend belüftet, breitet sich rasch Schimmel aus.

Die mehrjährigen Arten unter den Kräutern können unter geeigneten Bedingungen jahrelang in einem passenden Pflanzgefäß ausharren. Als Pflanzgefäße eignen sich sowohl für ein- als auch für mehrjährige Gewürzpflanzen Balkonkästen, Schalen, Körbe oder Tongefäße. Sie sollten alle über eine vernünftige Größe zur Aufnahme von ausreichend Substrat verfügen. Auf dem Markt werden häufig sogenannte Kräuterkästen aus Ton oder Kunststoff angeboten. Sie bieten ein Substratvolumen von höchstens einem Liter, und damit kommt eine Gewürzpflanze nur für kurze Zeit aus.

Gewürzpflanzen bevorzugen Substrate mit einem hohen Anteil mineralischer Bestandteile, gleichzeitig sollten sie über einen hohen Humusanteil verfügen und gut aufgedüngt sein. Die Bedingungen, unter denen Küchen- und Gewürzkräuter optimal wachsen, sind jedoch recht unterschiedlich: Thymian, Cayennepfeffer oder Rosmarin sind wahre Sonnenanbeter, während Kerbel, Estragon oder Brunnenkresse mehr den Halbschatten lieben. (Und Brunnenkresse benötigt zusätzlich einen feuchten Standort.) Basilikum wiederum verträgt starke Hitze nicht gut. Es sollte von vornherein an einem halbschattigen Platz abseits von wärmeabstrahlenden Mauern oder Glaswänden stehen. Die unterschiedlichen Ansprüche sind schon bei der Bepflanzung bzw. beim Aufstellen der Gefäße zu berücksichtigen. Dies scheint komplizierter, als es tatsächlich ist, man muß sich nur mit den Pflanzen ein wenig auseinandersetzen, die passenden Arten zusammenfügen und den richtigen Platz wählen.

Ein Teil der Kräuter wird allmählich in einem Pflanzgefäß zu groß und zu hoch geraten. Durch einen regelmäßigen Rückschnitt – wenn es sein muß, auch schon mal bis knapp über den Boden – hält man die Pflanzen kurz. Gewürzkräuter lassen sich sehr schön in Gruppen zusammenpflanzen. Eine recht zweckmäßige Bepflanzung kann sich zum Beispiel aus einer Reihe von Kräutern zusammensetzen, wie man sie gemeinsam für Salate verwendet. Weniger sinnvoll ist es, wenn ein- und mehrjährige Arten zusammengepflanzt werden. Schließlich sterben einjährige Kräuter im Herbst nach Abschluß ihrer Vege-

Kräuter für Blumenkästen

Für sonnige Lagen

Majoran, Bohnenkraut, Thymian, Rosmarin, Estragon, Pfefferminze, Weinraute, Zitronenmelisse, Salbei, Lavendel Oregano, Paprika, Portulak, Maggikraut, Tripmadam

Für halbschattige Lagen

Basilikum, Schnittlauch, krause Petersilie, Dill, glatte Petersilie, Beifuß, Boretsch, Pimpinelle, Kerbel, Maggikraut

Ein kleiner, sehr liebevoll eingerichteter Topfgarten mit maschinell gefertigter Terrakotta-Ware.

tationsperiode ab und kommen im nächsten Jahr nicht wieder. Bei den mehrjährigen Kräutern hingegen handelt es sich um Stauden und Halbsträucher, die im Frühjahr wieder austreiben.

Die Beispiele im Kasten zeigen, wie sich unterschiedliche Gewürzpflanzen sinnvoll kombinieren lassen.

Ebenso gut wachsen Kräuter natürlich in Einzeltöpfen, und manch eine Gewürzpflanze entwickelt sich mit der Zeit zu einem ausgesprochen dekorativen Exemplar. Recht praktisch und vor allem sehr platzsparend gedeihen Kräuter in einem sogenannten Erdbeertopf. Unabhängig von der Form des Anbaues

Der Fantasie sind keinerlei Grenzen gesetzt. Dieser sehr funktionelle Erdbeertopf wurde aus einer ausgedienten Regentonne gefertigt.

wird man sehr schnell die Vorzüge zu schätzen wissen, wenn ständig frische Küchenkräuter zur Hand sind. Unter der Bezeichnung Kräuterlust® hat eine namhafte Gartenbaufirma eine Kollektion von Kräutern auf den Markt gebracht, die neben ihrer Verwendung als Gewürz- oder Heilkräuter zusätzlich einen hohen Zierwert wegen ihres besonders schönen Laubes haben. Die Pflanzen sind inzwischen gut eingeführt, und man erhält sie in zwei unterschiedlichen Sortimenten im Fachhandel.

'**Potpourri**' ist ein Feuerwerk an frischen leuchtenden Grün- und Gelbtönen. Es besteht im einzelnen aus:

- Goldsalbei, *Salvia officinalis* 'Icterina'
- Goldrandthymian, *Thymus × citrio dorus* 'Golden King'
- Goldmajoran, *Origanum vulgare* 'Thumble`s Variety'
- Zitronenthymian, *Thymus × citriodorus* 'Archer´s Gold'
- Goldmutterkraut, *Tanacetum parthenium* 'Aureum'
- Goldmelisse, *Melissa officinalis* 'Allgold'

Dem Sortiment '**Provence**' gehören Sorten mit Blättern in Silber- und Purpurtönen an. Es zeichnet sich durch überschwengliche, mediterrane Duftnoten aus. Hierzu gehören:

- Purpursalbei, *Salvia officinalis* 'Purpurea'
- Buntsalbei, *Salvia officinalis* 'Tricolor'
- Schwarzminze, *Mentha spicata* 'Nigra'
- Ananasminze, *Mentha suaveolens* 'Variegata'
- Goldfleckenthymian, *Thymus × citriodorus* 'Doone Valley'
- Silberrandthymian, *Thymus vulgaris* 'Argenteus'

Die Pflanzen beider Sortimente lassen sich beliebig miteinander kombinieren. Durch ihr farbenfrohes Laub stellen sie eine wertvolle Bereicherung für Gefäßbepflanzungen dar. Fast alle Sorten sind winterfest und verlieren ihr Laub erst bei extremer Kälte.

Neben den populären Küchen- und Gewürzkräutern kennt man noch eine ganze Reihe von Nutzpflanzen, die man in Gefäßen auf Terrasse und Balkon ziehen kann. Pflanzenzüchter und Samenproduzenten haben sich auf eine offenbar stärkere Nachfrage inzwischen ein-

Auch Gewürzkräuter können in einem Pflanzgefäß sehr dekorativ wirken.

gestellt. Beispielsweise findet man kleinwüchsige Tomaten unter dem Begriff "Balkontomaten" im Angebot. Drei bekannte Sorten heißen 'Sweet', 'Cherry Belle' oder 'Tumbler'. Man pflanzt die Tomaten, sobald die Witterung es erlaubt, einzeln in 8- bis 10-Liter-Gefäße und stellt sie auf einen sonnigen, zugfreien Platz. Durch regelmäßiges Nachdüngen mit einem Flüssigdünger wachsen die Tomatenpflanzen sehr zügig bis zu einer Höhe von 1 m heran. Werden sie noch höher, stutzt man sie besser. Die Pflanzen setzen, trotz ihres etwas beengten Wurzelraumes, große Mengen an Früchten an. Nicht selten wirft eine Pflanze eine Ernte von 1 bis 1,5 kg wohlschmeckender Tomaten ab.

Tomatenpflanzen, die auf dem Balkon gedeihen sollen, müssen aber immer gut angebunden sein, und die Pflanzgefäße dürfen nicht ständig von Windwurf bedroht sein. Die etwas empfindlichen Tomatenpflanzen würden leicht abbrechen.

In sonnigen Lagen wirken Paprika in Töpfen sehr schön. Gedrungen wachsende Sorten wie 'Bell Boy', 'Bedingo', 'Lutens' oder 'Pritavit' eignen sich bestens für die Containerkultur. Ähnlich wie bei den Tomaten sollte man wieder auf eine gute Befestigung der einzelnen Pflanzen achten. Gut bewährt für die Befestigung von Gemüsepflanzen haben sich kunststoffummantelte Metallstäbe, die es in allen Längen zu kaufen gibt.

Wenn die letzten Nachtfröste vorbei sind, kann man Radieschen – beispielsweise der Sorten 'Sarah', 'Eiszapfen' oder 'Topsi' – direkt in Schalen, Kisten oder Kästen aussäen. Die Keimung erfolgt sehr rasch. Um Radieschen erfolgreich ernten zu können, muß das Kulturgefäß mindestens 20 cm tief und mit lockerem, durchlässigem Substrat befüllt sein.

Der Anbau von Kopfsalat oder Endivien dürfte schwieriger sein, weil hierfür einfach mehr Platz benötigt wird. Wer dennoch Salat auf dem Balkon ernten möchte, dem sei Schnittsalat empfohlen. Die Sorten 'Evola' oder 'Impuls' gedeihen recht gut in Pflanzgefäßen mit nährstoffreichem, humosem Substrat, und die Kulturzeit ist außerdem sehr kurz.

Kletter- und Prunkbohnen erfüllen gleichzeitig zwei Funktionen: Als Kletterpflanzen dienen sie zum Beispiel als Sichtschutz, und außerdem bieten sie über mehrere Wochen hinweg Bohnen zur Ernte an. Pflanzt man Kletterbohnen in einen Balkonkasten, so benötigt man sehr gute Erde und muß die stark wachsenden Pflanzen wirklich regelmäßig düngen. Für einen Kasten von 1 m Länge rechnet man fünf Pflanzen. Die Bohnen sollten vorgezogen sein und die Möglichkeit haben, sich an einem ausreichend stabilen Rankgitter hochzuranken.

In halbschattigen Lagen, etwa am Rand einer Terrasse oder in den schattigen Winkeln eines Balkons, können Monatserdbeeren im Balkonkasten angebaut werden. Die Pflanzen kauft man am einfachsten in einer gut sortierten Gärtnerei oder in einem Gartencenter. Man benötigt fünf Pflanzen auf einen Kasten von 1 m Länge. Sehr beliebt sind auch Klettererdbeeren,die als fruchttragende Ampelpflanzen verkauft werden. Es gibt allerdings auch echte, kletternde Monatserdbeeren, wie die Sorten 'Rimona' und 'Hummi'. Setzt man sie in ein ausreichend großes Pflanzgefäß und bestückt dieses mit einem kleinen Rankgitter, wächst so eine Pflanze rasch bis zu 1 m hoch und trägt monatelang mittelgroße Früchte. Für größere Gefäße kann man als Rankgitter auch 150 cm lange Bambusstäbe einstecken, die man pyramidenförmig zusammenbindet. Die Erdbeeren lenkt man daran hoch. Schließlich werden im Handel sogenannte Erdbeertöpfe angeboten, die schwalbennestartige Ausbuchtungen haben, in die man die Erdbeerpflanzen einsetzt. So ein Gefäß kann gerade für Kinder zur Naschecke auf dem Balkon werden.

Duftende Pflanzen zählen nicht zwangsläufig zu den Nutzpflanzen, aber sie passen zu Gewürzen und Gemüse und erfreuen sich zunehmender Beliebtheit. Blätter oder Blüten verströmen vor allem bei Hitze arttypische Düfte, die an die Vegetation des Mittelmeerraumes anklingen und uns an Urlaubstage erinnern. Es bietet sich geradezu an, Duftpflanzen mit südländischem Flair in ein schönes Terrakottagefäß zu pflanzen. Schön wirken Rosmarin, Lavendel, Currykraut (*Helichrysum angustifolium*), Thymianarten wie der Zitronenthymian, die vielen Sorten der Pfefferminze, die Zitronengeranie (*Pelargonium crispum*) und die Zitronenverbene (*Aloysia triphylla*). Zu den weniger bekannten Duftpflanzen zählen die Busch- oder Edelwicke, das Duftveilchen, Gebirgshängenelken, Federnelken, Vanilleblume oder viele Rosenarten. Es liegt durchaus im Trend, solche Pflanzen zu sammeln.

Beet- und Balkonpflanzen

Blumenschmuck am Fenster, auf der Terrasse oder dem Balkon verbindet man in erster Linie mit Sommerblumen. Tatsächlich schmücken aus Tradition blühende Kästen oder Töpfe nur während der

Beispiele für die Bepflanzung von Balkonkästen mit einjährigen Sommerblumen

Schatten

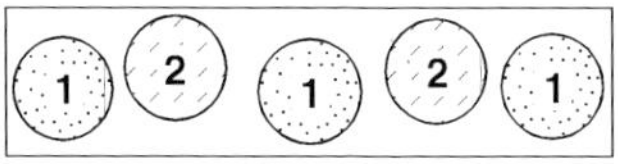

1 Fuchsie, stehend
2 Fuchsie, hängend

1 Fleißiges Lieschen (*Impatiens*-Neuguinea-Hybride)
2 Verbene (*Verbena*-Hybride), hängend
3 Männertreu (*Lobelia erinus*)

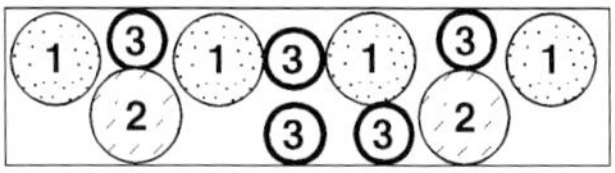

1 *Dahlia*-Hybride, Miniatur-Sorte
2 Weihrauch (*Plectranthus oertendahlii*)
3 Männertreu (*Lobelia erinus*)

Halbschatten

1 *Begonia*-Semperflorens-Hybride
2 Steinkraut (*Alyssum saxatile*)
3 Tagetes (*Tagetes*-Patula-Hybride), kleinblumig

Halbschatten

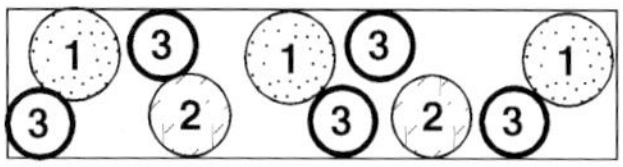

1 Pelargonie, stehend
2 Petunie, hängend
3 Steinkraut (*Alyssum saxatile*)

Sonne

1 Pelargonie, stehend, rot
2 Gazanie (*Gazania*-Hybride), gelb
3 Männertreu (*Lobelia erinus*)

1 Pelargonie, stehend, rot
2 Vanilleblume (*Heliotropium arborescens*)
3 Gazanie (*Gazania*-Hybride)

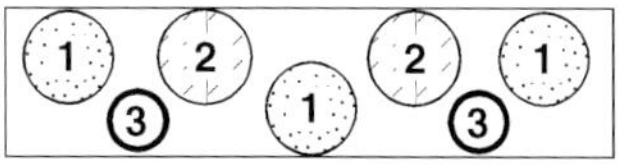

1 Pelargonie, stehend, rot
2 Blaue Mauritius (*Convolvulus sabiatius*)
3 *Bidens ferulifolia*

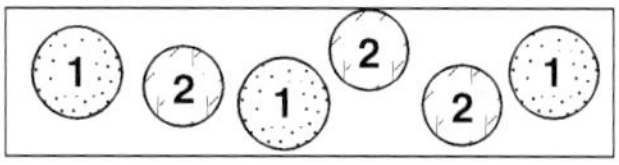

1 Wandelröschen (*Lantana*-Camara-Hybride)
2 Vanilleblume (*Heliotropium arborescens*)

Beispiele für die Bepflanzung von Balkonkästen mit einjährigen Sommerblumen

Sonne

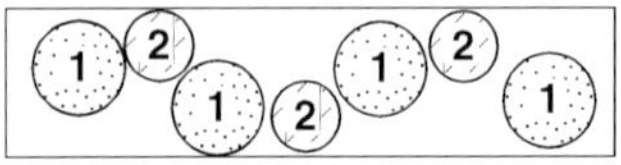

1 Portulak (*Portulaca umbraticola*)
2 Dukatenblume

Sonne

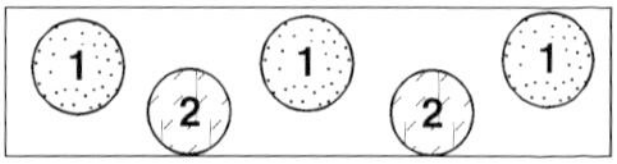

1 Petunie, hängend
2 *Anisodontea capensis*

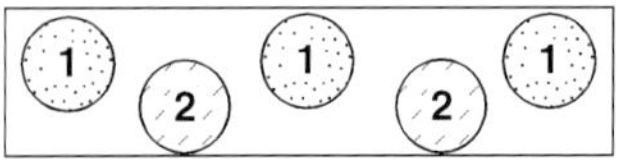

1 Pelargonie, hängend, rot
2 Pelargonie, stehend, rosa

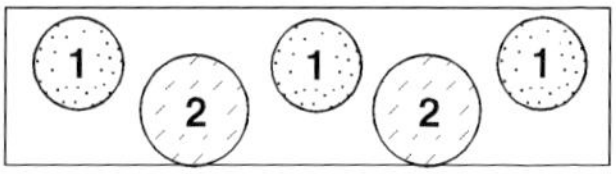

1 Fächerblume (*Scaevola saligna*)
2 Pelargonie, stehend, rosa

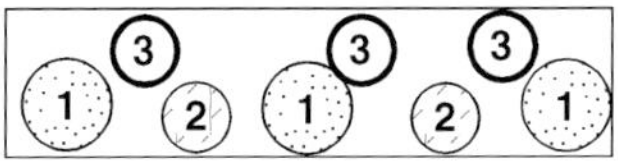

1 Pelargonie, hängend, rosa
2 Ziertabak (*Nicotiana alata*)
3 *Bidens ferulifolia*

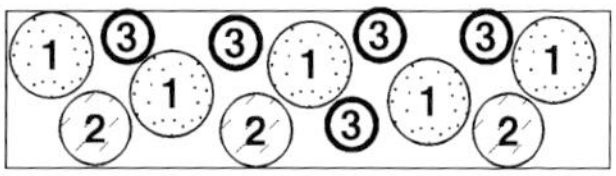

1 *Salvia splendens*
2 Husarenknöpfchen (*Sanvitalia procumbens*)

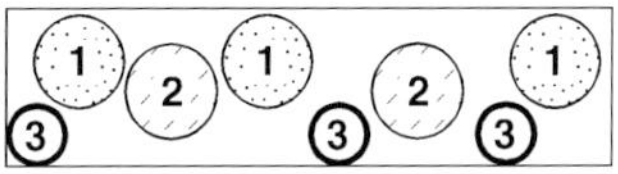

1 Ziertabak (*Nicotiana alata*)
2 Margerite (*Leucanthemum*-Maximum-Hybride)
3 Pantoffelblume (*Calceolaria*-Hybride)

1 Zigarettenblümchen (*Cuphea ignea*)
2 Blaues Gänseblümchen (*Brachycome multifida*)

Liebevoll bepflanzte Fensterbänke und Balkonbrüstungen finden sich sogar inmitten der Innenstadt von London.

Sommermonate. Inzwischen steht jedoch eine große Vielfalt an Pflanzen für alle Jahreszeiten zur Verfügung, was dem Wunsch der Pflanzenliebhaber, immer etwas Grünes und Blühendes um sich zu haben, voll und ganz entgegenkommt. Man kann also nicht mehr nur von einer Balkonpflanzensaison sprechen, sondern von mehreren Kaufs-(Verkaufs-) oder Pflanzzeiten. Jede Pflanze hat einen ganz bestimmten jahreszeitlichen Höhepunkt, an dem sie besonders attraktiv wirkt (weil sie beispielsweise gerade blüht oder schöne Früchte trägt). Man spricht daher von Saisonpflanzen. Unter diesem Begriff lassen sich alle Beet- und Balkonpflanzen zusammenfassen, die sich in unseren Breitengraden nur einjährig kultivieren lassen. Neben den typischen Beet- und Balkonpflanzen fallen darunter auch Zwiebelblumen, die Sommer- und herbstblühenden Sorten der Heide (*Calluna*) sowie die Wintererika. So gibt es zum Beispiel Pflanzen, wie *Erica gracilis* oder *Veronica andersonii* und viele mehr, die erst im Spätsommer anfangen zu blühen und dann aktuell werden.

Geschickt plaziert und zeitlich gestaffelt eingesetzt, erfreuen Saisonpflanzen am Balkon, auf der Terrasse oder auch schlicht an der Fensterbank das ganze Jahr über. Jedoch setzt eine ständig wechselnde Bepflanzung eine genaue Planung voraus und ist mit erheblicher Arbeit und mit Kosten verbunden.

Einfacher gelingt es, neben den typischen Beet- und Balkonpflanzen ein mit Dauerpflanzen bestücktes Gefäß so zu gestalten, daß sich das Erscheinungsbild mehrmals im Jahr ändert. Besonders schön wirkt dies bei Großgefäßen, die

Das Beet- und Balkonpflanzensortiment

botanischer Name	deutscher Name	Blütenfarben	Höhe in cm	Standort	Bemerkungen
Ageratum houstonianum	Leberbalsam	Blau, Violett, Weiß	15 - 10	sonnig	blüht sehr lange
Alyssum-Hybriden	Steinkraut	Rosa, Weiß, Blau	5 - 15	sonnig	hübsche Zwischenbepflanzung
Anisodontea capensis	Echtes Lieschen	Rosa	25 - 40	sonnig	leicht sparriger Wuchs
Argyranthemum (Chrysanthemum) frutescens	Strauchmargerite	Weiß, Gelb, selten Rosa	25 - 60	volle Sonne	viel düngen, alte Blüten regelmäßig ausschneiden
Asteriscus maritimus	Dukatenblume	Goldgelb	20 - 25	volle Sonne	verlangt sehr nahrhafte Erde und häufiges Nachdüngen
Sutera diffusus 'Snowflake', 'Pink Domino'	Bakopa	Weiß, Rosa	30 - 35	Halbschatten	sehr schöne, wenig bekannte Hängepflanze
Begonia-Knollenbegonien-Hybriden	Knollenbegonie	Rot, Rosa, Gelb, Weiß, Orange	25 - 35	halbschattig – schattig, windgeschützt	auch als Hängepflanze
Begonia-Semperflorens-Hybriden	Eisbegonie	Lachs, Rosa, Rot, Weiß	20 - 25	Halbschatten	unermüdlicher Dauerblüher
Bellis perennis	Maßliebchen	Weiß, Rosa, Rot, gestreift	15 - 25	sonnig	eine der am frühesten blühenden Pflanzen
Bidens ferulifolia	Goldfieber	Goldgelb	30 - 50	sonnig	stark wüchsig, blüht sehr lange
Brachycome multifida	Blaues Gänseblümchen	Hellblau, Rosa, Weiß	20 - 25	volle Sonne	regelmäßig nachdüngen
Calceolaria integrifolia	Pantoffelblümchen	Gelb	30 - 35	sonnig – halbschattig	gut für farbenfrohen Kontrast
Calendula officinalis	Ringelblume	Gelb, Orange	25 - 30	sonnig	wird auf Dauer im Kasten zu groß
Callistephus chinensis	Sommeraster	bunte Farben	20 - 40	Sonne	nicht zu naß halten
Centradenia floribunda	Centradenie	Rosa	30 - 45	sonnig	relativ unscheinbare Pflanze
Coleostephus multicaulis (Chrysanthemum multicaule)	Wucherblume	Gelb	30 - 40	Sonne	wächst sehr stark
Coleus-Blumei-Hybriden	Buntnessel	unscheinbar	25 - 40	sonnig	durch das bunte Laub sehr dekorative Blattschmuckpflanze
Convolvulus humilis	Winde	Stahlblau	30 - 60	sonnig	benötigt regelmäßig Dünger

Das Beet- und Balkonpflanzensortiment (Fortsetzung)

botanischer Name	deutscher Name	Blütenfarben	Höhe in cm	Standort	Bemerkungen
Cuphea ignea	Zigarettenblümchen	Rosa, Rot	20 - 25	sonnig	kleinbleibend, leicht verholzend
Dahlia-Hybriden	Zwergdahlie	bunte Farben	20 - 30	Halbschatten	kälteempfindlich
Dianthus chinensis	Kaisernelke	Weiß bis Lila	20 - 30	Sonne	teilweise federartige Blütenblätter
Fuchsia-Hybriden	Fuchsie	riesige Farbpalette	30 - 50	Halbschatten	hängende und stehende Sorten
Gazania-Hybriden	Mittagsgold	Gelb, Rosa, Weiß, Orange	20 - 30	volle Sonne	Blüten schließen bei Schlechtwetter oder Dämmerung
Helichrysum bracteatum	Strohblume	Weiß, Gelb, Orange	20 - 30	sonnig	liebt etwas trockenen Standort
Heliotropium arborescens	Vanilleblume, Heliotrop	Mittel- bis Tiefblau	30 - 40	volle Sonne	regelmäßig nachdüngen
Hymenostemma (Chrysanthemum) paludosum	gelbe Margerite	Gelb	15 - 30	sonnig	schön für Unterpflanzungen
Impatiens-Neu-Guinea-Hybriden	Fleißiges Lieschen	fast alle Farben (kein Gelb)	30 - 40	Halbschatten	eine der dankbarsten Beet- und Balkonpflanzen
Impatiens walleriana	Fleißiges Lieschen	fast alle Farben (kein Gelb)	25 - 35	Halbschatten	mag keinen Regen
Kochia scoparia	Sommerzypresse		30 - 40	Sonne	bei Kälteeinbruch schöne Verfärbung
Lantana-Camara-Hybriden	Wandelröschen	Gelb, Braun, Rot, Weiß usw.	25 - 40	volle Sonne	Blütenfarben verändern sich im Aufblühen
Lobelia erinus	Männertreu	verschiedene Blautöne, Weiß und Rosa	20 - 30	halbschattig	schöne, polsterförmig wachsende Pflanze
Lobularia maritima	Duftsteinrich	Weiß, Rosa, Violett	10 - 20	sonnig – halbschattig	dankbare, anspruchslose Pflanze
Lysimachia nemorum	Felberich	Gelb	20 - 40	sonnig	dekorative Hängepflanze
Mesembryanthemum crystallinum	Eiskraut	viele Farben	20 - 30	sonnig	blüht nur bei Sonne
Mimulus-Hybriden	Gauklerblume	viele Farben	20 - 30	sonnig	benötigt viel Wasser
Myosotis-Hybriden	Vergißmeinnicht	Blau, Rosa	10 - 20	sonnig	sehr früh blühend
Nicotiana-Hybriden	Ziertabak	unterschiedliche Farben	20 - 60	sonnig	regelmäßig nachdüngen

Das Beet- und Balkonpflanzensortiment (Fortsetzung)

botanischer Name	**deutscher Name**	**Blütenfarben**	**Höhe in cm**	**Standort**	**Bemerkungen**
Osteospermum (Dimorphotheca) ecklonis	Kapblume	meist zweifarbig	30 - 50	sonnig	stark wachsende Pflanze
Pelargonium-Peltatum-Hybriden	Geranien, hängend	viele Farben	30 - 50	sonnig	ideale Balkonpflanze
Pelargonium-Zonale-Hybriden	Geranien, stehend	viele Farben	20 - 25	sonnig	eine der wichtigsten Balkonpflanzen
Petunia-Hybriden	Petunie	praktisch in jeder Farbe	25 - 40	Halbschatten	stehende und hängende Sorten
Petunia-Hybride 'Surfinia'	Hängepetunie	Pastelltöne und gestreift	30 - 80	sonnig	ständig neue Sorten, sehr wüchsig
Plectranthus fruticosus	Weihrauch, Mottenkönig	weißgrünes Blatt	30 - 120	sonnig	sehr stark wachsende Hängepflanze
Portulaca umbraticola	Portulak	viele Farben	20 - 30	sonnig	trockener Standort wird bevorzugt
Salvia splendens	Salvie	Rot, Weiß, Violett	20 - 30	Halbschatten	das Entfernen alter Blüten fördert neue Blüten
Sanvitalia procumbens	Husarenknöpfchen	Gelb	20 - 25	Sonne	hübsch für Unterpflanzungen
Scaevola saligna	Fächerblume	Hellblau	20 - 60	volle Sonne	langblühende Hängepflanze, viel düngen
Tagetes-Erecta-Hybriden	Studentenblume, großblumig	Gelborange	25 - 30	volle Sonne	Blüten sind regenempfindlich
Tagetes tenuifolia	Studentenblume, kleinblumig	Gelb bis Braungelb	15 - 25	volle Sonne	dekorative Rabattenpflanze
Thunbergia alata	Schwarzäugige Susanne	Gelb-Orange	30 - 100	volle Sonne	einjährige Kletterpflanze
Verbena-Hybride	Eisenkraut, stehend	viele Farben	20 - 30	Halbschatten	sehr dekorative Pflanze
Verbena-Hybride	Eisenkraut, hängend	Rosa, Rot, Weiß	30 - 40	Halbschatten	etwas empfindlich gegen Mehltau

von den Gehölzen schon etwas "überwachsen" wurden.

Die Auswahl an Beet- und Balkonpflanzen ist riesig bis unüberschaubar, und in jedem Jahr kommen neue Sorten und Arten hinzu. Die Auswahl richtet sich nach der Ausrichtung der Terrasse oder des Balkons: Die tägliche Sonnenscheindauer spielt eine wichtige Rolle, ebenso die Ausrichtung zur Wetterseite. Als optimal erweisen sich für die meisten Arten und Sorten Süd- oder Südwestlagen. Doch einige Pflanzenarten bevorzugen eher die Ostseite oder sonnenabgewandte Lagen: zum Beispiel Fuchsien, Knollenbegonien oder Pantoffelblume. Die verschiedenen Beet- und Balkonpflanzen lassen sich bestens miteinander kombinieren, sofern man die teilweise recht unterschiedlichen Anforderungen an Licht, Erde, Düngung oder Feuchtigkeit berücksichtigt. Bei der Auswahl sollte man durchaus Pflanzen mit unterschiedlichen Wuchshöhen, Formen und Blütenfarben miteinander kombinieren. Höhere Pflanzen setzt man in den Hintergrund, niedrigere davor, und Hängepflanzen kommen ganz an den Rand. Die Tabelle nennt für die unterschiedlichsten Beet- und Balkonpflanzen die Wuchshöhe, ihre Lichtansprüche sowie die Blütenfarben.

Im Grunde genommen sind alle Beet- und Balkonpflanzen als einjährig zu bezeichnen, was bedeutet, daß sie bei niedrigen Außentemperaturen, wie sie bei uns ab etwa September vorherrschen, sehr schnell absterben. Bei manchen Arten, vor allem wenn sie wie Fuchsien, Lantanen oder die Vanilleblume leicht verholzen, lohnt sich allerdings eine Überwinterung. Diese Pflanzen werden nämlich mit zunehmendem Alter immer schöner und blühen wesentlich reicher als jüngere Pflanzen. Obschon die Überwinterung nicht ganz einfach ist (die Pflanzen wollen hell und bei Temperaturen um 6 bis 8 °C stehen), lohnt sich dieser Aufwand.

Die Beispiele veranschaulichen die Kombinationsmöglichkeiten bei den Beet- und Balkonpflanzen. Dabei wird nach den unterschiedlichen Lichtbedürfnissen unterschieden.Die Pflanzbeispiele lassen sich auf verschiedenartige Pflanzgefäße übertragen und sind nicht nur auf Balkonkästen abgestimmt. Allerdings bezieht sich die angegebene Pflanzenmenge stets auf einen Kasten von 1 m Länge.

Sonnige Lagen

Es ist immer wieder erstaunlich, welch reizvolle Neuheiten im Bereich der Beet- und Balkonpflanzen jährlich auf den Markt kommen. Es kann sich dabei um neu in die Kultur eingeführte Arten handeln, Beispiele aus den letzten Jahren sind hierfür *Bidens ferulifolia* oder die Torenien. Manchmal handelt es sich auch nur um längst bekannte Zierpflanzen, deren Verwendung als Sommerpflanze im Gefäß als neue Idee vermarktet wird. Als Beispiel seien Kornblumen oder Topf-Rudbeckien genannt. Der größte Teil der Neuheiten entsteht jedoch durch Züchtungsarbeit und Weiterentwicklung bei bereits bestehenden Pflanzentypen, wie es bei der Kapmargerite, den *Osteospermum*-Hybriden, der Fall ist.

Die **Petunia-Hybriden** der '**Surfinia**'-Serie wachsen mit sehr lang herabhängenden Trieben. Die Züchtung stammt aus Japan und ist inzwischen in vielen verschiedenen Farben erhältlich. Die

Beispiele für die Kombination von Sommerblumen (für einen Blakonkasten von 1m Breite)

Sonnige Lagen

1 Verbene, hängend, lila, 1 Wandelröschen, rosa-gelb, 1 Verbene, hängend, rosa, 1 Wandelröschen, rosa-gelb, 1 Petunie, stehend, blau

1 Petunie, stehend, blau, 1 Pelargonie, stehend, rot, 1 *Bidens ferulifolia,* 1 Petunie, stehend, blau

1 *Agyranthemum* (*Chrysanthemum*) *frutescens*, 1 *Asteriscus maritimus*, 2 Zwergpetunien 'Millionbells', 1 *Agyranthemum* (*Chrysanthemum*) *frutescens*

4 Portulak, 3 Gazanien, 2 Steinkraut (*Alyssum saxatile*), weiß

1 *Scaevola saligna*, 1 *Asteriscus maritimus*, 1 Pelargonie, stehend, rot, 1 Weihrauch (*Plectranthus oertendahlii*), 1 *Scaevola saligna*

1 *Gazania*-Hybride, orange, 1 *Scaevola saligna*, 1 Pelargonie, stehend, rosa, 1 *Bidens ferulifolia*, 1 *Gazania*-Hybride, orange

1 Blaue Mauritius (*Convolvulus sabiatus*), 1 Pelargonie, halbhängend, rosa, 1 *Asteriscus maritimus*, 1 Pelargonie, halbhängend, rosa, 1 *Convolvulus sabiatus*

1 *Brachycome multifida*, 1 Pelargonie, hängend, rot, 1 Pantoffelblume, 1 Pelargonie, hängend, rot, 1 *Brachycome multifida*, 4 Tagetes, mini, gelb, 2 Steinkraut (*Alyssum saxatile*), 1 Salvie (*Salvia splendens*), 1 Heliotrop (*Heliotropium arborescens*), 2 Steinkraut (*Alyssum saxatile*), 1 Salvie (*Salvia splendens*), 4 Tagetes, mini, gelb

1 *Verbena*-Hybride 'Tapien', rosa, 2 Nelken, hängend, rosa, 1 Asparagus, 2 Nelken, hängend, rosa, 1 *Verbena*-Hybride 'Tapien', rosa

1 *Felicia amoena*, 1 *Helichrysum bracteatum*, 1 Heliotrop (*Heliotropium arborescens*), 1 *Helichrysum bracteatum*, 1 *Felicia amoena*

1 *Verbena*-Hybride, hängend, rot, 1 Pelargonie, stehend, rosa, 1 *Petunia*- Hybride 'Surfinia', weiß, 1 Pelargonie, stehend, rosa, 1 *Verbena*-Hybride, hängend, rot

1 *Gazania*-Hybride, gelb, 1 Pelargonie, stehend, rot, 1 Vanilleblume, 1 Pelargonie, stehend, rot, 1 *Gazania*-Hybride, gelb

2 Portulak (*Portulaca umbraticola*), 1 *Hymenostemma* (*Chrysanthemum*) *paludosum*, weiß, 1 *Verbena*-Hybride, hängend, pink, 1 *Hymenostemma* (*Chrysanthemum*) *paludosum*, weiß, 2 Portulak

1 *Asteriscus maritimus*, 1 Ziertabak, rosa, 1 Heliotrop (*Heliotropium arborescens*), 1 Ziertabak, rosa, 1 *Scaevola saligna*

1 *Scaevola saligna*, 1 Pelargonie, halbhängend, rosa, 1 *Petunia*-Hybride 'Surfinia', rosa, 1 Pelargonie, halbhängend, rosa, 1 *Scaevola saligna*

Halbschattige Lagen

1 *Lobelia richardii*, 1 Fuchsie, hängend, rosa, 1 *Impatiens*-Neu-Guinea-Hybride, rot, 1 Fuchsie, rosa, hängend, 1 *Lobelia richardii*

1 *Brachycome multifida*, 4 *Begonia*-Semperflorens-Hybriden, 2 Silberblatt (*Lunaria rediviva*), 4 *Begonia*-Semperflorens-Hybriden, 1 *Brachycome multifida*

2 Steinkraut (*Alyssum saxatile*) 2 *Cuphea ignea*, 2 Steinkraut (*Alyssum saxatile*), 2 *Cuphea ignea*, 2 Steinkraut (*Alyssum saxatile*)

1 *Bacopa caroliniana*, 2 Verbenen, stehend, violett, 1 *Bidens ferulifolia*, 2 Verbenen, stehend, violett, 1 *Bacopa caroliniana*

2 *Ageratum houstonianum*, 1 Efeu, 1 *Impatiens*-Neu-Guinea-Hybride, rosa, 1 Efeu, 2 *Ageratum houstonianum*

Schattige Lagen

1 Knollenbegonie, hängend, rot, 1 Knollenbegonie, stehend, gelb, 1 Knollenbegonie, hängend, rot, 1 Weihrauch (*Plectranthus oertendahlii*), 1 Knollenbegonie, stehend, rot, 1 Knollenbegonie, hängend, rot

1 Fuchsie, hängend, 1 Knollenbegonie, hängend, rosa, 1 Heliotrop (*Heliotropium arborescens*), 1 Knollenbegonie, hängend, rosa, 1 Fuchsie, hängend

1 Fuchsie, hängend, 1 Fuchsie, stehend, 2 Fuchsien, hängend, 1 Fuchsie, stehend

1 *Impatiens walleriana*, rosa, 1 *Bacopa caroliniana*, 1 Knollenbegonie, stehend, rosa, 1 *Bacopa caroliniana*, 1 *Impatiens walleriana*

1 Knollenbegonie, stehend, weiß, 2 Lobelien, 1 *Impatiens*-Neu-Guinea-Hybride, orangerot, 1 Knollenbegonie, weiß

Farbpalette reicht von Reinweiß bis hin zu Dunkellila, teils mit Aderung. Andere hängende Petuniensorten werden durch die Einführung dieser Serie mit Sicherheit an Bedeutung verlieren. Bislang gibt es sechs Farbvarianten (weiß, rosa, rosa und violett mit dunkler Aderung, tiefpurpur, violett mit weißem Rand).

Verbena-Hybriden der '**Tapien**'-Serie zählen noch gar nicht lange zum Sommerblumensortiment. Diese stark hängende Form erweist sich als ausgesprochen wetterfest und sehr mehltauresistent. Bisher ist sie in den Blütenfarben Pink ('Tapien Pink') und Blauviolett ('Tapien Blue') erhältlich.

Petunia-Hybriden der '**Million Bells**'-Serie sind kleinblütige, hängende Petunien, die ihrem Namen durch unzählige kleine Blüten alle Ehre machen. Zur Zeit ist eine blau- und eine pinkfarben blühende Variante auf dem Markt. Sie zeichnen sich beide durch eine enorm lange Blütezeit aus, die sich von April bis Oktober erstreckt. 'Million Bells' lieben eine vollsonnige Lage und eignen sich bestens für Ampeln. Ebenso gut kommen sie in Kombination mit anderen Pflanzen zur Geltung.

Bei den **Verbena-Hybriden** der '**Temari**'-Serie handelt es sich wiederum um hängende Verbenen mit besonders großen Blüten. Es gibt sie in Rot und Rosaviolett. Ihre Vorzüge liegen in der sehr dichten Verzweigung, den kräftigen Blütenstauden und der guten Mehltauresistenz.

Bei der **Torenia-Hybride** handelt es sich um kurzlebige Sommertopfpflanzen. Durch gezielte Züchtung entstand aus '**Summerwave**' einer stark rankenden Wildform eine außerordentlich schöne Hängepflanze. Diese wirkliche Neuheit ist im Sommer über und über mit blauvioletten Blüten bedeckt. Die Pflanze wächst und blüht aber nur bei ausreichend Wärme.

Bidens ferulifolia in den Sorten '**Goldi**' und '**Goldmarie**' wächst als ein alles überwucherndes, gelb gesprenkeltes Gespinst. Aus dem Sortiment der Beet- und Balkonpflanzen ist diese Pflanze nicht mehr wegzudenken. Die ausgezeichnete Ampelpflanze neigt allerdings dazu, andere Pflanze zu unterdrücken.

Die **Osteospermum-Hybriden**, die Kapmargerite, sind so weit züchterisch bearbeitet worden, daß man sie mit ihren vielen bunten Sorten inzwischen als ansehnliche Beet- und Balkonpflanze einstufen kann. Mit ihren teils kräftigen Farben stellt sie eine echte Bereicherung des Sortimentes dar. Für Ampeln eignet sich besonders die Sorte *Osteospermum ecklonis* 'White Flash'.

Helichrysum petiolare, die Strohblume, wirkt sehr elegant mit ihren schön verzweigten Trieben. Die Blätter sind silbrigweiß behaart.

Helichrysum apiculatum 'Baby Gold' wirkt außerordentlich gut mit ihrem graufilzigen Laub und den gelben Knopfblüten. Die Pflanze eignet sich bestens für Ampeln.

Lamium maculatum, die Zierform der Taubnessel, trägt silbrig überzogene Blätter und weiße Blüten. Die Pflanze bevorzugt Schatten und eignet sich daher ganz besonders für Kombinationen mit Fuchsien.

Diascia vigilis 'Elliots Variety' ist ein zierlicher Rachenblütler mit rosa Blüten. In halbschattiger Lage ergibt die Sorte eine sehr hübsche Hängepflanze.

Convolvulus sabatius, eher bekannt als Blaue Mauritius, entwickelt stahlblaue, trichterförmige Blüten und wächst stark hängend.

Lotus maculatus 'Golden Flash' ist eine schwachwüchsige Hängepflanze mit zierlichem, silbrigem Laub, das an Spargel erinnert. Die Pflanze bildet zahlreiche flammenförmige Blüten in Goldorange-Tönen.

Nemesia fruticans 'Innocence' mit reinweißen Rachenblüten ist ein Kleinod aus Südafrika. Die Sorte blüht sehr sicher und eignet sich für Ampeln und gemischte Blumenkästen.

Sutera diffusus 'Snowflake' bekannt als Bakopa, schmückt sich mit einer Fülle von weißen Blüten. Die Hängepflanze bevorzugt halbschattige Lagen. Die Sorte 'Pink Domino' bringt einen pinkfarbenen Flor.

Herbstdekoration

Im Vergleich zur Vielfalt innerhalb der großen Gruppe der Beet- und Balkonpflanzen erscheint das, was üblicherweise im Herbst für die Wechselbepflanzung angeboten wird, eher dürftig. Neben Massenartikeln wie Erika, *Calluna*, Greiskraut oder Topf-Chrysanthemen ist wenig mehr bekannt. Wegen dem eher langweiligen Angebot ließen viele Balkongärtner ihre Pflanzgefäße im Winter brach liegen. So hat man sich mehr oder weniger daran gewöhnt, in der späten Jahreszeit ohne die geordnete Farbpracht des Sommers auszukommen. Doch die in den vergangenen Jahren unter dem Namen "Herbstzauber" neu eingeführte Pflanzengruppe schafft ganz neue Voraussetzungen für den winterlichen Pflanzenschmuck. Laub und Blüten leuchten in allen Farben des Herbstes. Die Sorten können beliebig untereinander kombiniert und auch zusammen mit Eriken, Heidekraut, Chrysanthemen oder Stiefmütterchen gepflanzt werden. Man kann mit dem Herbstzauber-Sortiment ganze Pflanzgefäße neu gestalten oder auch schon vorhandene Pflanzungen mit einzelnen, ausgesuchten Pflanzen aufwerten. Die Sorten aus dem 'Herbstzauber'-Sortiment wurden besonders für die Pflanzung in Blumenkästen oder anderen Pflanzgefäßen ausgelesen, und immer wieder kommen neue Sorten hinzu. Sie trotzen der Kälte und behalten in der Regel ihr farbenprächtiges Laub den ganzen Winter.

Dies gelingt um so besser, weil jede Sorte eine eigene Ausstrahlung besitzt. So entstehen reizvolle Kontraste durch die sehr unterschiedlichen Blattfarben und -formen. Die einzelnen Pflanzen sind so schön wie die Idee selbst und werden mit Sicherheit noch mehr an Bedeutung gewinnen.

Zusätzlich birgt das Herbstsortiment eine ganze Reihe von Gräsern, wie das Zebragras oder das wunderschön blühende Lampenputzergras. Spätsommerblühende Sorten der Besenheide (*Calluna*) stellen eine weitere Ergänzung dar. Besonders wichtig sind hier die sogenannten Knospenblüher, die es in Blütenfarben von Weiß bis Dunkelrot gibt. Die kleinen, spitz zulaufenden Blütenknospen der Pflanze öffnen sich praktisch nie ganz, dafür überdauern sie selbst strenge Fröste. Sie behalten praktisch den ganzen Winter über ihre Farbe und wirken im Frühjahr, sogar noch nach langen Frostperioden, sehr dekorativ. Andererseits kennt man unter den gelblaubigen Sorten der Sommerheide eine ganze Reihe von Typen, die sich bei Kälteeinbruch nach Rot verfärben. Die Sorte 'Boskoop' ist eine der bekanntesten unter diesen gelblaubigen *Calluna*-Sorten.

Die Herbstzeit ist Erntezeit, und so trägt auch eine ganze Reihe von Kleinsträuchern um diese Jahreszeit Früchte, beispielsweise *Pernettya mucronata*, die Preiselbeere, oder *Gaultheria procumbens*, die Gaultherie. Die rosa, roten und weißen Beeren halten sehr gut an den Pflanzen und sehen ausgesprochen dekorativ aus. Im Laufe des Winters werden sie dann aber von Vögeln abgepickt.

Pflanzen aus dem Sortiment Herbstzauber®

Art und Sorte	Besonderheiten
Acorus gramineus 'Ogon'	Zwergkalmus, hellgelb-grün gestreiftes Blatt
Acorus gramineus 'Variegatus'	fächerförmig wachsendes, weiß gestreiftes Gras
Ajania pacifica 'Silver'n Gold'	olivgrünes Laub mit Silberrand
Ajuga reptans 'Burgundy Glow'	wunderschön panaschierte Blätter
Ajuga reptans 'Catlin's Giant'	metallisch glänzendes Laub, kriechender Wuchs
Ajuga reptans 'Mahagoni'	glänzende, mahagonifarbene Blätter, kriechender Wuchs
Ajuga reptans 'Rainbow'	Blätter leuchten in allen Farben des Herbstes
Bergenia-Hybride 'Bressingham Ruby'	im Winter leuchtend rubinrotes Laub
Carex comans 'Bronze Form'	schlankes, aufrechtes Gras, warmer Bronzeton
Carex hachijoensis 'Evergold'	wintergrüne, nestartig wachsende Segge, Blätter hellgelb mit Grün
Erysimum linifolium 'Variegatum'	rahmgelb panaschierte Blätter, gut frostfest
Euphorbia amygdaloides 'Purpurea'	bei Frost färbt sich die Pflanze intensiv purpur
Fragaria 'Pink Panda'	Ziererdbeere mit rosa Blüten, wintergrün
Fragaria-Hybride 'Red Ruby'	Ziererdbeere mit kräftig roten Blüten
Helichrysum thianshanicum	silberfarben, mit langer, schmaler Belaubung
Lamiastrum galeobdolon 'Hermann's Pride'	neue Form der heimischen Goldnessel
Lavandula angustifolia 'Blue Cushion'	besonders kompakt wachsende Lavendelsorte
Lysimachia nummularia 'Goldilocks'	Pfennigkraut mit kriechend-hängendem Wuchs
Salvia officinalis 'Icterina'	goldgelb panaschierter Küchensalbei
Salvia officinalis 'Purpurascens'	auberginenfarbenes Laub
Salvia officinalis 'Tricolor'	locker wachsender Salbei, dreifarbig
Santolina chamaecyparissus	buschig kugeliger Wuchs, silberblättrig
Teucrium × lucidrys	heimischer Edelgamander, blüht Ende August
Teucrium scorodonia 'Crispum'	große, matt olive Blätter mit schön gewelltem Rand

Wiederentdeckt zur Aufwertung trister Herbstdekorationen wurde der Zierkohl. Dieser rosettenartig wachsende Kohl hat sehr stark gefranste Blätter in den Grundfarben Weiß-Blauviolett, wobei es sehr viele Farbvarianten gibt. Zierkohl behält Form und Farbe bis weit in den Winter. Schlecht verträgt er allerdings den häufigen Wechsel zwischen Gefrieren und Wiederauftauen.

Die sehr harten Früchte des Zierkürbis kennt man in vielen unterschiedlichen Formen und Farben. Man kann sie für wenig Geld im Herbst kaufen, und manch einer hat sie den Sommer über selbst im Garten gezogen. Auf eine kleine freie Stelle im Pflanzgefäß ausgelegt, wirken sie ungemein dekorativ.

Cornus-Arten zeigen im Winter eine gelbe oder rote Rinde. Die Sträucher bilden an ihren Zweigenden häufig leicht verzweigte, kleine Astgabeln. Wenn man sie schneidet, lassen sie sich als Farbtupfer sehr schön in bepflanzten

Gefäßen unterbringen, indem man sie einfach einsteckt. Sie halten bis zum Frühjahr und bringen zusätzliche Farbe. Ebenso kann man mit stark mit Beeren besetzen Zweigen etwa von *Cotoneaster* oder des Feuerdorns verfahren. Amseln entdecken solche Zweige aber ziemlich schnell und picken die Beeren fort – obwohl in unmittelbarer Nähe ein großer beerentragender Strauch steht.

Winterlicher Schmuck

Neben den wenigen winterblühenden Pflanzen, die auf Seite 81 schon genannt wurden, bieten sich viele weitere preiswerte Möglichkeiten, die Gefäße in der vegetationsarmen Zeit zu schmükken. Ein bereits bepflanztes Gefäß läßt sich im Winter mit geringem Aufwand umgestalten, indem man dekorative Pflanzenteile in das Gefäß zusätzlich einsteckt. Die Natur bietet hierzu eine Fülle von Material, man muß nur die Augen aufhalten. (Die oben genannten beerentragenden Zweige stellen nur ein Beispiel dar.) Ein Gefäß mit einer immergrünen Bepflanzung läßt sich mit wenigen Handgriffen in einen Futterkasten für Vögel umfunktionieren, indem man verschiedene Samenstände von Gräsern einfach in die Erde steckt. Dünne Ranken mit den Samen der wilden Clematis schlingt man um die Pflanzen und steckt noch ein paar Zweige der Korkenzieherhasel dazu, an denen Meisenknödel hängen können. Schon hat man einen perfekten und sehr dekorativen Futterkasten, an dem sich nicht nur die Meisen erfreuen. Ebenso hübsch wirken Pflanzgefäße in Verbindung mit kleinen Futterhäuschen.

Eingesteckte Kiefernäste mit Zapfen oder die dicht mit Zapfen besetzten Zweige einer Lärche unterstreichen die winterliche Stimmung. Wer Schwierigkeiten bei der Beschaffung von dekorativen Ästen hat, findet in Gartencentern in der Vorweihnachtszeit ein vielseitiges Angebot. (Es müssen ja nicht unbedingt die mit Parafinschnee behandelten und in Töpfen einbetonierten Tannenspitzen sein, die für eine winterliche oder weihnachtliche Stimmung sorgen sollen.)

Pflanzgefäße, die hauptsächlich oder ausschließlich mit Koniferen bepflanzt sind, können eine Dekoration aus witterungsbeständigem Weihnachtsschmuck erhalten. Nicht zu vergessen sind die beliebten Miniaturlichterketten, die über einen kleinen Transformator mit Schwachstrom versorgt werden. Sie müssen sich aber ausdrücklich für die Verwendung im Freien eignen.

Frühlingsboten

Frühjahrsblumen kann man oft schon im Februar kaufen. Allerdings ist es nicht unbedingt sinnvoll, sie um diese Jahreszeit schon nachts im Freien zu lassen. Die Pflanzen vertragen Nachtfröste kaum, weil sie fast ausschließlich aus Gewächshäusern kommen und an niedrige Temperaturen gar nicht gewöhnt sind, Trotzdem sind sie die Frühlingsboten schlechthin, und die zum Verkauf angebotenen Pflanzen finden regen Absatz – was für ihre Beliebtheit spricht. Vielleicht kann man es so bewerkstelligen, daß das bepflanzte Gefäß nachts an einem frostfreien Ort aufgestellt wird, um die blühenden Schönheiten vor dem Erfrieren zu retten. Die Artenvielfalt ist im Spätwinter noch nicht sonderlich groß, andererseits handelt es sich um besonders populäre Pflanzen.

Was man mit Erde befüllen kann, das läßt sich auch bepflanzen: hier eher zweckmäßig als schön.

Die in der Tabelle genannten Pflanzen lassen sich sehr gut mit vorgetriebenen Zwiebelblumen kombinieren, die man auch um diese Jahreszeit kaufen kann. Mit der zunehmenden Tageslänge und Tageserwärmung vergrößert sich das Angebot an Pflanzen rasch. Nachteilig ist an solchen Pflanzen, daß sie eine relativ kurze Blühphase haben, was – oft auch witterungsbedingt – ein rasches Neupflanzen erfordert.

Kübelpflanzen – Besonderheiten und Raritäten

Die sogenannten Kübelpflanzen stammen vorwiegend aus dem Mittelmeerraum, aus subtropischen oder gar tropischen Klimazonen. Traditionelle Beispiele sind die Zitrusarten wie Orangenbaum oder Zitrone. Kübelpflanzen vermitteln

Blumen für die Frühjahrsbepflanzung

botanischer Name	deutscher Name	Höhe in cm	Blütenfarbe, Besonderh.
Viola-Wittrockiana-Hybriden	Stiefmütterchen	20	viele Sorten in unterschiedlichsten Farben und mehrfarbigen Farbkombinationen
Viola cornuta	Hornveilchen	10 - 15	klein- und großblütige Sorten, in vielen Farben, auch mehrfarbig
Bellis perennis	Maßliebchen	10 - 20	Weiß, Rosa und Rot, zum Teil groß- und pomponblütig
Primula vulgaris	Frühlingsprimel	10 - 15	Blütenfarben sehr variabel: kräftige und Pastelltöne
Primula denticulata	Kugelprimel	15 - 30	Purpur, Lila und Weiß, mehrjährige Staude
Cheiranthus cheiri	Goldlack	20 - 30	Orange, Goldgelb, Rotbraun, zweijährige Pflanze

dadurch ihrem Besitzer eine Idee südlicher Gartenimpressionen, oder sie verlängern die Eindrücke des vergangenen Urlaubs. Es handelt sich um Pflanzen, deren Haltung und Pflege weitgehend auf ein Gefäß angewiesen sind. Ab dem Frühjahr – sobald die Witterung es zuläßt – bis zum Herbst stehen die Pflanzen im Freien. Aber die meisten als Kübelpflanzen gehaltenen Arten sind in unserem Klima nicht winterhart. Sie stellen die Halter daher vor das Problem der Überwinterung, denn die Pflanzen wünschen in aller Regel kühle, frostfreie und möglichst helle Räume. Pauschale Angaben zur Pflege und Überwinterung lassen sich nicht geben, die individuelle Behandlung einzelner Pflanzen ist recht unterschiedlich. (Nähere Informationen liefert die sehr umfangreiche Fachliteratur zu diesem Thema.) Kübelpflanzen kann man in unterschiedliche Sortimente einteilen, die sich wie folgt darstellen.

1. Zum grünen Sortiment zählen beispielsweise Buchs (*Buxus sempervirens* und die Sorte 'Rotundifolia') und Lorbeer oder der Liguster mit seinen verschiedenen Formen und Farben. Zu den Grünpflanzen gehören außerdem die Bambus- und *Euonymus*-Arten sowie die Palmen.

2. Blühendes Sortiment. Die bekannteste blühende Kübelpflanze ist wohl der Oleander. Großen Bekanntheitsgrad haben inzwischen die *Asclepias*- und *Solanum*-Arten, *Callistemon salynus, Viburnum tinus*, die verschiedenen *Citrus*-Arten, *Anisodontea capensis, Bougainvillea* und viele andere erreicht.

3. Stämmchen werden aus unterschiedlichen Nadel- oder Laubholzarten gezogen. Am meisten verbreitet sind die *Juniperus*- oder *Ligustrum*-Arten.

4. Sonderformen stellen die zu Figuren geschnittenen oder in besonderen Formen gezogenen Pflanzen dar. Hierfür eignen sich besonders der Buchsbaum, die Ligusterarten, Zypressen, Wacholder und Stechpalme (*Ilex*-Arten). Einfache Formen sind Kugeln oder Pyramiden, aufwendiger sind dann schon Spiralformen, wie man sie etwa aus Zypressen formt. Die zum Teil sehr ausgefallenen Formen sind sehr teuer, und sie benötigen, um ihre Form zu halten, einen regelmäßigen Schnitt.

Die Tabelle charakterisiert die bekanntesten Kübelpflanzen.

Die Töpfe aus Südostasien sind mit einer künstlichen antiken Patina versehen; sie wirken sehr dekorativ zu den Rosenstämmchen.

Die interessantesten Kübelpflanzen

botanischer Name	deutscher Name	Besonderheiten				
		Blüte	Blatt	Frucht	Pflanze	Winterh.
Abutilon-Hybriden	Schönmalve	☑	☑			–
Acacia dealbata	Silberakazie	☑			☑	–
Acacia retinodes	Akazie	☑	☑	☑	☑	–
Agapanthus africanus	Schmucklilie	☑				–
Agapanthus praecox	Schmucklilie	☑				–
Agave americana	Agave, „Hundertjährige Aloe“		☑		☑	–
Albizia julibrissin	Schlafbaum	☑	☑			–
Albizia lophanta		☑	☑		☑	–
Aloë ferox	Aloe	☑	☑		☑	–
Aloë vera	Aloe	☑	☑		☑	–
Alyogyne huegelii	Seideneibisch	☑				–
Anigozanthos-Hybriden	Känguruhblume	☑				–
Anisodontea capensis	Echtes Lieschen	☑			☑	–
Araucaria araucana	Araukarie		☑		☑	+
Arbutus unedo	Erdbeerbaum	☑	☑	☑	☑	+
Asclepias curassavica	Seidenpflanze	☑			☑	–
Asclepias fruticosa	Blasenfrucht			☑		–
Aucuba japonica	Aukube		☑		☑	+
Beaucarnea recurvata	Elefantenfuß				☑	–
Bignonia capreolata	Kreuzrebe	☑				–
Bougainvillea-Hybriden	Drillingsblume	☑				–
Caesalpinia pulcherrima	Brasilienholz	☑				–
Caesalpinia gilliesii	Paradiesvogelbusch	☑				–
Calliandra haematocephalus	Puderquastenbusch	☑				–
Calliandra tweedii	Flammenstrauch	☑				–
Callistemon salignus	Flaschenputzer	☑			☑	–
Camellia-Japonica-Hybriden	Kamelie	☑	☑		☑	+
Canna-Indica-Hybriden	Indisches Blumenrohr	☑			☑	–
Cassia corymbos	Gewürzrinde	☑				–

Die interessantesten Kübelpflanzen (Fortsetzung)

botanischer Name	deutscher Name	Besonderheiten Blüte	Blatt	Frucht	Pflanze	Winterh.
Cassia didymobotrya	Kerzenstrauch	☑				–
Cassia laevigata	Gewürzrinde	☑				–
Cestrum aurantiacum	Hammerstrauch	☑			☑	–
Cestrum elegans	Hammerstrauch	☑			☑	–
Chamaerops humilis	Zwergpalme		☑		☑	+
Choisya ternata	Orangenblume	☑				–
Chorisia speciosa	Florettseidenbaum	☑				–
Cistus albidus	Zistrose	☑			☑	–
Citrus deliciosa	Mandarine	☑		☑		–
Citrus limon	Zitrone	☑		☑		–
× *Citrofortunella microcarpa*	Calamondine	☑		☑		–
Citrus sinensis	Orange	☑		☑		–
Clianthus puniceus	Papageienschnabel	☑			☑	–
Cordyline australis	Keulenlilie		☑		☑	–
Crinum × powellii	Hakenlilie	☑				+
Cycas revoluta	Sagopalme		☑		☑	–
Cycas rumphii	Sagopalme		☑		☑	–
Datura (Brugmansia) arborea	Engelstrompete	☑				–
Datura (Brugmansia) aurea	Engelstrompete	☑				–
Datura (Brugmansia) sanguinea	Engelstrompete	☑				–
Datura (Brugmansia) suaveolens	Engelstrompete	☑				–
Diospyros kaki	Kakipflaume			☑		–
Dodonaea viscosa	Felsenweide		☑	☑		–
Dracaena draco	Drachenbaum		☑		☑	–
Echium candicans	Natterkopf	☑			☑	–
Elaeagnus pungens	Ölweide		☑		☑	+
Ensete ventricosum	Zierbanane		☑		☑	–
Eriobotrya japonica	Japanische Mispel	☑	☑	☑	☑	–
Erythrina crista-galli	Korallenstrauch	☑			☑	–

Die interessantesten Kübelpflanzen (Fortsetzung)

botanischer Name	deutscher Name	Besonderheiten				
		Blüte	Blatt	Frucht	Pflanze	Winterh.
Eucalyptus gunnii	Eukalyptus		☑			+
Euonymus japonica	Spindelstrauch		☑		☑	+
Ficus carica	Echter Feigenbaum		☑	☑	☑	+
Fortunella margarita	Kumquat	☑		☑	☑	–
Fremontodendron californicum, F. mexicanum	Flanellstrauch					–
Gardenia jasminoides	Gardenie	☑	☑		☑	–
Grevillea robusta	Australische Silbereiche		☑		☑	–
Hebe-Andersonii-Hybriden	Strauchveronika	☑	☑		☑	–
Hibiscus rosa-sinensis	Chinesischer Roseneibisch	☑			☑	–
Hibiscus syriacus	Roseneibisch	☑				–
Jacaranda mimosifolia	Jacarandabaum		☑		☑	–
Jasminum officinale	Echter Jasmin	☑			☑	–
Lagerstroemia speciosa	Kreppmyrte, „Bang-Lang“	☑				–
Laurus nobilis	Lorbeerbaum		☑		☑	–
Lavatera olbia	Strauchmalve	☑				–
Leptospermun scoparium	Südseemyrte	☑			☑	–
Magnolia grandiflora	Magnolie	☑	☑			+
Myrtus communis	Brautmyrte	☑	☑		☑	–
Nandina domestica	Himmelsbambus		☑	☑	☑	–
Nerium oleander	Oleander	☑	☑		☑	–
Olea europaea	Ölbaum		☑		☑	+
Passiflora caerulea	Passionsblume	☑				–
Passiflora racemosa	Passionsblume	☑				–
Persea americana	Avocadobirne		☑			–
Phoenix canariensis	Kanarische Dattelpalme		☑		☑	–
Phoenix roebelenii	Zwerg-Dattelpalme		☑		☑	–
Phormium tenax	Neuseeländer Flachs		☑		☑	–
Pistacia lentiscus	Mastixstrauch		☑		☑	–
Pittosporum tenuifolium	Klebsame	☑	☑		☑	–

Die interessantesten Kübelpflanzen (Fortsetzung)

botanischer Name	deutscher Name	Besonderheiten				
		Blüte	Blatt	Frucht	Pflanze	Winterh.
Pittosporum tobira	Klebsame	☑	☑		☑	–
Plumbago auriculata	Bleiwurz				☑	–
Podocarpus andinus	Steineibe		☑		☑	–
Prunus lusitanica	Portugiesische Lorbeerkirsche		☑		☑	–
Punica granatum	Granatapfelbaum	☑	☑	☑	☑	–
Rhapis excelsa	Steckenpalme		☑		☑	–
Rhapis humilis	Ladypalme		☑	☑	☑	–
Ricinus communis	Wunderbaum	☑	☑	☑	☑	–
Rosmarinus officinalis	Rosmarin	☑	☑		☑	–
Solandra guttata	Goldbecher	☑				–
Solanum jasminoides	Nachtschatten	☑			☑	–
Solanum rantonnetii	Kartoffelstrauch	☑			☑	–
Sparmannia africana	Zimmerlinde	☑	☑		☑	–
Strelitzia reginae	Strelitzie					–
Thunbergia alata	Schwarzäugige Susanne	☑			☑	–
Thunbergia grandiflora	Himmelsblume	☑			☑	–
Tibouchina urvilleana	Prinzessinnenblume	☑	☑		☑	–
Trachelospermum jasminoides	Sternjasmin	☑			☑	–
Viburnum tinus	Zwergschneeball	☑	☑		☑	+–
Washingtonia filifera	Priesterpalme		☑		☑	–
Yucca aloifolia	Palmlilie	☑	☑		☑	+
Yucca elephantipes	Palmlilie	☑	☑		☑	–

Materialien für Pflanzgefäße

Vermutlich gibt es kaum einen Werkstoff, aus dem man nicht in irgendeiner Art und Weise ein Pflanzgefäß herstellen könnte. Die Wahl des Materials ist eine Frage des Geschmacks, der Ästhetik und letztlich auch der Zweckmäßigkeit. Seit Jahrtausenden kennt der Mensch den Werkstoff Ton, den er bearbeitete und brannte, um Gefäße herzustellen. Die Technik der Tonverarbeitung wurde im Laufe vieler Jahrhunderte ganz allmählich verbessert durch die Verwendung von Zusatzstoffen, durch neue Brenntechniken und unterschiedliche Glasuren. Gefäße aus diesem wunderbaren Werkstoff sind in erster Linie schön und erst an zweiter Stelle zweckmäßig. Neben dem Ton werden im folgenden weitere Materialien vorgestellt, die sich zur Herstellung von Pflanzgefäßen eignen, so zum Beispiel Naturstein, Beton, Holz, Kunststoffe, Recyclingmaterial oder Zellulose.

Die Eignung eines Pflanzgefäßes steht und fällt mit der Winterfestigkeit. Materialien, die diese Eigenschaft besitzen, gibt es ausreichend. Oft liegt es an der falschen Behandlung des Pflanzgefäßes, wenn es unter dem Einfluß der winterlichen Witterung zu Bruch geht oder teilweise zerstört wird. So wird selbst ein Eisenkessel im Winter platzen, wenn Wasser in ihm gefriert. Davor schützen nur ein Abzugsloch im Gefäßboden und eine Dränageschicht am Grund des Gefäßes. Die oftmals sehr plan gearbeiteten Böden von Pflanzgefäßen sollten außerdem nie direkt auf dem Boden aufliegen, sondern auf kleinen Abstandshaltern stehen.

Ton und Terrakotta

Ton ist ein Gemenge aus unterschiedlichen Tonmineralien. Die wichtigsten Formen sind das Kaolinit, Montmorillonit und Bentonit. Alle Formen beinhalten unterschiedliche Mengen an Quarz, Glimmer und verschiedenen mineralischen Stoffen, wie zum Beispiel Eisen. Entstanden sind sie durch chemische Verwitterung ehemaliger feldspathaltiger Gesteine in ruhenden Gewässern. Durch Verunreinigungen ist Ton grau bis schwärzlich gefärbt, bei hohem Mineralgehalt wirkt er aber auch rot.

Ferner kennt man gebänderte Tonarten, die man in unterschiedlichen Farbvarianten auf engsten Raum finden kann. Bei diesem sogenannten Bänderton handelt es sich um Ablagerungen in ehemaligen Gletscherabflüssen. Die Bänderungen sind häufig unterschiedlich stark. Helle Ablagerungen stammen aus dem Sommer, bei den dunkleren Schichten handelt es sich um Winterablagerungen. Mit einer Teilchengröße von unter 20 µm (!) ist dieses Sedimentgestein äußerst fein.

Die Zusammensetzung und das Mischungsverhältnis von Eisenoxid, Kalk oder pflanzlichen Zerfallsprodukten bestimmen die Qualität eines Tones.

Tonerden unterschiedlicher Fundorte oder Herkunftsländer weisen sehr unterschiedliche Merkmale auf. Die richtige Verarbeitung des Rohstoffes beruht häufig auf jahrelanger Erfahrung und läßt sich kaum auf Materialien anderer Fundorte übertragen. So gibt es beispielsweise Tongruben, aus deren Material sich Gefäße mit über 1 m Durchmesser fertigen lassen, während Tone aus anderen Gruben den gewaltigen Spannungen beim Brennen nicht standhalten würden. Ton bildet den Rohstoff für die gesamte keramische Industrie. Die reinste Form ist das Kaolin. Es wird zur Herstellung von Porzellan und Steingut verwendet.

An dieser Stelle bietet es sich an, einige Fachbegriffe, die im engen Zusammenhang mit dem Werkstoff Ton stehen, näher zu erläutern.

Tonwaren sind aus Ton oder Kaolin gefertigte Artikel, teils unter Zuhilfenahme von Magerungsmitteln oder anderen Zusätzen. Die geformten und dann getrockneten Gegenstände werden bei unterschiedlichen Temperaturen gebrannt, um einen bestimmten Härtegrad, Farbton oder Klang zu erzielen. Der Brennvorgang kann bis zum Sintern reichen. Je nach Material unterscheidet man Grobware oder Geschirrware (Feinkeramik). Der Brennvorgang bewirkt eine glasige bis poröse Struktur. Durch Verwendung unterschiedlicher Glasuren erreicht man ein deckendes oder auch durchscheinendes Dekor.

Der Begriff **Terrakotta** kommt aus dem Italienischen und bedeutet soviel wie "gebrannte Erde". Als Terrakotta bezeichnet man alle aus Ton gefertigten unglasierten Gegenstände oder Gefäße. Sie können je nach Herkunft des Tones sehr unterschiedlich gefärbt sein. Die Qualität der einzelnen Gegenstände

Die Schnecken- und Muschel-Muster auf der Oberfläche dieses Topfes aus Asien verleihen diesem nicht frostfesten Terrakottagefäß einen ganz besonderen Reiz.

unterliegt großen Schwankungen. Bestimmte Herkünfte, also die Tongrube, aus der der Ton stammt, stellen Qualitätsmerkmale dar.

Das Ausgangsmaterial ist ein zumeist mausgrauer, schmelzbarer Ton, der sich beim Brennvorgang rot färbt. Vor dem Brennvorgang müssen die geformten Gegenstände über mehrere Wochen an der Luft trocknen und werden dann erst bei etwa 930 °C gebrannt. Hierbei gibt der Ton physikalisch und chemisch gebundenes Wasser ab, wodurch das Gefäß bis zu 10 Prozent an Volumen verliert.

Das bunte Dekor auf diesen asiatischen Töpfen ist nicht ganz witterungsbeständig. Töpfe dieser Art verwendet man besser auf überdachten Terrassen.

An besonders dicken Stellen, an denen beim Brennen nicht ausreichend Wasser verdunsten konnte, entstehen so leicht Brand- oder Spannungsrisse. Diese Risse sind harmlos, denn sie verändern sich nicht. Weiter überprüfen kann man dies, indem man an das Gefäß klopft. Hat es seinen vollen Klang und "scheppert" nicht, so ist es in Ordnung.

Während des Brennvorgangs kristallisieren die Tonteilchen zu einer sehr festen Struktur. Gebrannter Ton ist in der Lage, Wasser aufzusaugen, kann aber in Wasser nicht mehr gelöst werden. Auf die Fähigkeit verschiedener gebrannter Tonarten, Wasser zu absorbieren, beruht die unterschiedlich ausgeprägte Winterfestigkeit. Je größer die Anzahl der Vakuolen (Hohlräume), desto größer ist die Möglichkeit, Wasser aufzunehmen. Bei Frost besteht dann die Gefahr, daß sich das gefrierende Wasser ausdehnt (um etwa 9 Prozent) und das Terrakotta-Gefäß zum Platzen bringt. Durch Beimischung dichter Zuschlagstoffe wie Sand oder dichtgebrannter Schamotte und dem Zusatz von bis zu 5 Prozent Sintermehl erreicht man weitgehend geschlossene Poren und somit weitgehend frostfeste Ware. Dies ist allerdings nur bei hochwertigen Tonarten sinnvoll, die ohnehin einen Korngrößenanteil von 0,01 bis 0,038 mm haben.

Die Gefahr, daß es zur Frostsprengung kommt, ist bei handgefertigter Terrakotta-Ware gering. Sie erhält aufgrund ihres hohen Mineralstoffanteils eine olivgraue bis ascheweiße Einfärbung nach dem Brennvorgang. Diese ungleichmäßige Ausbildung auf der Oberfläche ist bei jedem Gefäß einzigartig. Aus diesem Grund ist es kaum möglich, zwei völlig identische oder farblich gleiche Gefäße zu erwerben.

Die berühmteste, handgefertigte Terrakotta stammt aus Impruneta in Italien, einem kleinen Dorf südlich von Florenz in der Toskana. Die Qualität der hier gefundenen Tonerden erlangte schon im Mittelalter Berühmtheit. So bestand der Baumeister Brunelleschi nachweislich darauf, daß Dachziegel aus Ton aus Impruneta gefertigt wurden. Die so typische rot-graue bis oliv-weiße Einfärbung, sowie die beim Brand oxidierenden Fingerabdrücke der Töpfer sind ein unverkennbares Markenzeichen dieser Terrakotta. Wegen ihrer Haltbarkeit überdauert diese Terrakotta spielend mehrere Generationen.

Steingut wird auch als Irdengut bezeichnet. Es handelt sich dabei um Tonwaren, gefertigt aus porösem, saugfähigem Ton mit meist dunklem Bruch, den man als Feldspatsilikat oder auch als Kalksilikat bezeichnet. Dieses Material verwendet man gerne zur Fertigung von Fayencen bei niedrigen Brenntemperaturen. Durch Zusätze von Kaolin läßt sich das Steingutmaterial härten.

Steinzeug, auch als Sinterware bezeichnet, sind Tonwaren, die man aus sehr dichtem, nicht saugfähigem, kristallinem, hellem Bruch gewinnt. Sie werden bei sehr hohen Temperaturen, gelegentlich auch mehrfach, gebrannt.

Bei Temperaturen von 1200 °C sintert der Ton. (Unter dem Begriff Sintern versteht man das Zusammenbacken feinkörniger, pulveriger oder keramischer Stoffe.) Steinzeug ist, bedingt durch sein Ausgangsmaterial und die hohe Brenntemperatur, auch ohne besondere Glasur von vornherein wasserdicht.

Schamotte hat als Baustoff vor allem im Ofenbau Bedeutung. Durch seine Eigenschaft, sehr unterschiedliche Temperaturen gut zu vertragen, wird er mittlerweile zunehmend für sogenannte Gartenkeramik verwendet. Schamotte ist eine sehr scharf gebrannte Mischung aus schon gebranntem und dann gemahlenem Ton, zusammen mit ungebranntem Ton. Diese Mischung, bei hohen Temperaturen gebrannt, erzeugt einen dickwandigen, sehr haltbaren Scherben. (Scherben ist ein gültiger Fachbegriff für die Gesamtheit von gebrannten Tongefäßen.) Schamotte gibt es in unterschiedlichen Körnungen von fein (0 bis 2 mm) bis mittel (0 bis 4 mm). Hauptsächlich wird basische Schamotte verwendet.

Majolika sind Gefäße und Gegenstände einer Töpferkunst, die von der Insel Mallorca stammt. Es handelt sich hierbei um Fayencen (siehe unten) und Prunkgefäße aus dem 16. Jahrhundert. Der Name Majolika wird inzwischen für glasierte Tonwaren unterschiedlichster Herkünfte verwendet und hat dabei wenig gemeinsam mit dem antiken Begriff. Echte Majolika ist ein naturfarbener Scherben, versehen mit einer deckenden Zinnglasur. Im Gegensatz zur Fayence ist diese Glasur eingefärbt.

Fayencen sind Tonwaren aus naturfarbenem Ton, mit einer gebrannten Malerei auf undurchsichtiger, weißer Zinn- oder Bleiglasur. Echte Fayencen sind in die ungebrannte Glasur bemalt (Inglasurmalerei), Aufglasurfayence wird mit Schmelzfarben auf die Glasur gemalt und mit einem dritten Brand versehen. Die aus Italien stammende Keramikkunst ist schon sehr alt. Federführend waren die Städte Faenza, Urbino und Gubbio. Erst im 16. Jahrhundert fand die Fayence in Deutschland Eingang, und dies zunächst in Nürnberg. Im 17. und 18.

Jahrhundert wurden Fayencen in zahlreichen weiteren Orten hergestellt.

Auch in den Niederlanden wurden Fayencen geschaffen. Hier besonders in der Ortschaft Delft, die Weltruhm durch die Nachbildungen alter ostasiatischer Vorbilder erlangte.

So entstehen Gefäße aus Tonerde

Bei handgeformten Terrakottagefäßen wird die Form häufig noch aus einzelnen Tonsträngen aufgebaut, daher rührt die Bezeichnung Aufbaukeramik. Der Ton wird hierzu zunächst aufgearbeitet, das heißt, er wird von Steinen oder anderen Verunreinigungen befreit und durch Beigabe von Wasser in die gewünschte Plastizität gebracht. Die einzelnen Stränge werden dann aufeinandergelegt und sehr sorgsam miteinander verstrichen. Wichtig ist es hierbei, daß es zu keinen Lufteinschlüssen kommt, denn diese würden beim Brennen aufplatzen und das Gefäß wertlos machen. Mit Hilfe dieser Technik lassen sich Gefäße mit über einem Meter Durchmesser herstellen, was bei anderen Techniken nicht immer möglich ist.

Unabhängig von der späteren Verarbeitungstechnik stellt die Aufbereitung des Tons einen der wichtigsten Arbeitsabläufe dar. Hier ist sehr viel Sorgfalt erforderlich, die sich letztlich auch bezahlt macht. Besonderes Augenmerk wird auf mineralische Verunreinigungen gelegt. Sehr unangenehme Folgen haben zum Beispiel kleine Kalzium-Einschlüsse. Sind sie in der Wandung eines Gefäßes eingeschlossen, dehnen sie sich beim Brennvorgang so stark aus, daß an dieser Stelle ein Stück des gebrannten Tons abplatzt. Der Kalziumrest verbleibt an der Stelle und ist als pudriger weißer Kern leicht zu erkennen. Das Gefäß muß, je nach Lage des Einschlusses, nicht zwangsläufig wertlos sein, doch ist mit Sicherheit die Optik gestört. Die "Sprengkraft" eines solchen Kalkeinschlusses ist so stark, daß es selbst bei härteren Tonwaren wie Steingut zu Beschädigungen kommt. Selbst bei glasierten Gegenständen lassen sich die Spuren derartiger Einschlüsse immer wieder feststellen.

Fast alle handgefertigte Terrakotta entsteht selbst heutzutage noch in kleinen Familienbetrieben, die mit eigenen traditionellen Gipsformen arbeiten. Hier wird der Ton von Hand mit großer Sorgfalt in die Formen eingearbeitet. In der Gipsform verliert der Ton durch die hohe Saugfähigkeit des Gipses bereits viel Feuchtigkeit.

Nach wenigen Tagen wird die Form entfernt, und der Gegenstand wird nachgearbeitet. Damit das Tonmaterial nicht zu rasch austrocknet, was zu Rissen führen könnte, legen die Töpfer an kritischen Stellen Folien auf. Großgefäße erhalten bei Trocknen eine Art Stützkorsett, um einem Verformen vorzubeugen.

In der traditionellen Terrakotta-Werkstatt bildet der Brennofen das Herzstück. Er besteht aus zwei übereinanderliegenden Kammern aus gemauerten Ziegelsteinen und besitzt eine gewölbte Decke. Im Erdgeschoß befindet sich die Brennkammer, die auf traditionelle Weise mit Reisig und Holz verschiedener Baum- und Straucharten beheizt wird. Hierdurch entstehen unterschiedliche Temperaturen, die dann zu einer speziellen Farbgebung führen. Der Brennvorgang erstreckt sich über etwa eine Woche. Die nach alter Tradition arbeitenden Töpfer vermögen an Hand der Flammenfarbe genauestens die richtige Brenntemperatur einzuschätzen.

Oben: Ein moderner Brennofen für Tonwaren. Die Tongefäße durchlaufen hierbei auf einem Förderband unterschiedliche Brenntemperaturen.
Rechts: Ungenügend aufbereitete Tonmassen beinhalten manchmal kleine Kalkstücke, die nach dem Brennen der Gefäße zu starken Qualitätsverlusten führen können.

Bei der maschinellen Terrakotta-Herstellung kommt dem Arbeitsschritt der Tonaufbereitung noch mehr Bedeutung zu, weil für die Verarbeitung nur absolut homogenes Tonmaterial in Frage kommt. Die Aufbereitung läuft in fünf verschiedenen Schritten ab: Zunächst läuft der Ton aus den Tongruben über Förderbänder in die Grube und wird verflüssigt. Danach durchläuft er eine Zentrifuge, wobei Fremdkörper und mineralische Verunreinigungen entfernt werden. Der noch flüssige Ton wird dann in eine Vakuumpresse gefördert, wo er – gepreßt in Plattenform – langsam entwässert wird. Beim vierten Arbeitsgang werden die Platten zerkleinert, wobei die Tonmasse bestimmte Beimischungen erhält. Art und Menge dieser Beimischungen werden als Betriebsgeheimnisse betrachtet. Als nächstes gelangt die verarbeitungsfähige Tonmasse in eine Maschine, aus der unter immensem Druck ein oder mehrere Tonstränge gepreßt werden. Hierbei durchlaufen sie am Ende eine Schablone, die den Strang sofort in gleichmäßige Portionen einteilt. Die Schablonen sind auswechselbar und werden je nach Art der jeweiligen Produktion ausgetauscht. Die Endform der Tonstücke kann zylindrisch, rechteckig oder auch länglich sein. Für jedes zu formende Stück haben die Tonklumpen ihre eigene Form oder Größe und sind immer so abgestimmt, daß es möglichst wenig Abfall gibt.

Bei der eigentlichen maschinellen Gefäßherstellung kennt man unterschiedliche Methoden. Glatte oder nur mit Rillen verzierte Töpfe werden in rotierenden Stahlformen gefertigt. Hierbei fällt das passende Tonstück in einen zylindrischen Trichter, der hydraulisch hochgehoben wird. Gleichzeitig setzt sich die Stahlform in Bewegung und dreht sich in dem Zylinder. Nach weniger als einer Minute senkt sich der Zylinder, und ein fertig gedrehter Topf steht in der Maschine. Dieser wird von Hand entnommen und auf einem Trockenregal abgestellt. Damit sich Ton und Maschinenteile nicht miteinander verkleben, werden Ton und Maschinenteile mit einen Naturöl (Trennöl) eingesprüht.

Für größere Gefäße mit Applikationen werden vierteilige rotierende Pressen verwendet. Nachdem der Ton in die Form eingefallen ist und die Form sich geschlossen hat, preßt von oben ein rotierendes Werkzeug die Tonmasse in die eigentliche Form. Auch dieser Vorgang dauert nicht einmal eine Minute. Nachdem der Topf von Hand entnommen wurde (bei großen Töpfen bedeutet dies Schwerstarbeit), wird er nachgearbeitet. Hierbei werden Preßnähte entfernt, eventuelle Ungenauigkeiten nachgearbeitet und Ränder mit Hilfe eines Schwammes geglättet.

Quadratische Formen oder Balkonieren werden ganz einfach in Hohlformen gepreßt. Hierbei wird die Tonmasse von Hand in die Hohlform eingelegt, und von oben preßt das Gegenstück unter hohem Druck in die Hohlform. Auch geschieht die Entnahme des fertigen Stückes von Hand, ebenso wie die individuelle Nacharbeitung. Gleichzeitig mit dem Nacharbeiten erfolgt eine sehr sorgfältige Kontrolle. Alle nicht einwandfreien Stücke wandern zurück zur Rohmasse.

Damit sich die noch recht weichen, frisch gepreßten Teile beim Trocknen nicht verziehen, werden bei Balkonkästen ab 60 cm Länge hohle Schienen auf den Rand aufgelegt, die ein Verwinden verhindern.

Aufwendige Gefäße, insbesondere flachere Teile mit eingearbeiteten Dekorationen, werden in nochmals anderen

Derartige traditionelle Terrakottaformen werden vorzugsweise noch in der Toscana gefertigt werden.

Pressen gefertigt. Hierzu wird der Ton in eine sehr heiße Form gelegt. In einem Vakuum drückt die hydraulische Presse in die Form und zieht das Teil mit nach oben. Das Teil klebt nach dem Preßvorgang im oberen Teil der Presse und kann nur entnommen werden, wenn gleichzeitig der Vakuumdruck gelöst wird.

Sonderformen wie Schalen mit Rand, Hohlkörper, Gefäße mit ausgefallenen Rändern usw. werden gegossen. Hierzu wird der Ton nach der schon beschriebenen Aufbereitung erneut verflüssigt und in Gipsformen gegossen. Fertige Gefäße, die nach dieser Methode hergestellt wurden, sind wesentlich dünnwandiger und klingen, wenn man daran klopft, leicht scheppernd. Interessant an dieser Ware ist, daß sie gegenüber normaler Terrakotta sehr schöne, reliefartige Verzierungen und anders geformte Ränder hat.

Bei allen genannten Produktionsverfahren schließt an die Formung ein langsamer Trocknungsvorgang an, wobei sich die Firmen häufig schon die Abwärme der Brennöfen zunutze machen und die zu trocknenden Teile nahe beim Brennofen einlagern.

Vor dem eigentlichen Brennen durchlaufen die Töpfe aber noch Trockenkammern, in denen Temperaturen um 70 °C herrschen.

Für den Brennvorgang kennt man in der industriellen Manufaktur zwei unterschiedliche Methoden. Bei der ersten Methode werden die auf Wagen gestapelten Töpfe innerhalb des riesigen Brennofens immer höher werdenden Temperaturen ausgesetzt – sie erreichen in der Mitte des Ofens etwa 1100 °C. Danach fallen die Temperaturen langsam wieder ab, bis die Ware am Ende soweit abgekühlt ist, daß sie entnommen werden kann. Nach dieser Methode werden vor allem normale Tontöpfe und Jardinieren gebrannt.

Ein neueres Brennverfahren läuft in den sogenannten Glockenöfen ab. Hierzu sind in einer riesigen Halle mehrere große, fast bodenebene, tischartige Felder aufgebaut, die mit Schamottfeldern ausgelegt sind. Auf diese Flächen wird die zu brennende Ware nach System und gegebenenfalls auch nach Bedarf aufgeschichtet. Wenn alles richtig steht, wird der glockenartige Ofen mit Hilfe eines großen, fahrbaren Krans über die vorgetrockneten Töpfe gehoben, und der Brennvorgang kann beginnen. Hierbei erhöht sich die Temperatur langsam und fällt dann allmählich wieder ab.

Gerade im Bereich der industriellen Terrakotta-Herstellung bemüht man sich stets um neue Formen, und die Firmen engagieren sich sehr stark in der Forschung.

Vielen Käufern sind die mineralischen Ausblühungen bei Terrakotten (siehe Seite 180) ein Dorn im Auge. Vor ganz kurzer Zeit hat der drittgrößte Terrakotta-Produzent Europas, der seinen Sitz im Elsaß hat, ein Tauchverfahren entwickelt, das ein Ausblühen der Ware sicher verhindert. Hierzu werden die Gefäße kurz in ein Tauchbad gelegt und dann unter Zuhilfenahme großer Ventilatoren sehr rasch luftgetrocknet. Das Verfahren ist so neu, daß es bisher noch nicht näher beschrieben und auch noch nicht für die Werbung verwendet wurde. Die so behandelten Gefäße verfärben sich durch die Behandlung nicht, sie dunkeln nicht nach und verändern auch nicht ihre Oberflächenstruktur.

Daneben hat sich ein süddeutsches Unternehmen, ursprünglich eine Ziegelei, auf die Fertigung frostsicherer Großgefäße aus Terrakotta spezialisiert. Die Firma garantiert die Frostsicherheit ihrer Gefäße im Winter – eine sachgemäße Behandlung vorausgesetzt. Die Produkte der Firma wurden in einem Forschungs- und Prüfungs-Institut für Steine und Erden in Karlsruhe einem komplizierten Testverfahren unterzogen, wobei in Anlehnung an die DIN 52253 Material der Firma 150mal dem Wechsel zwischen Frost und Tauen ausgesetzt wurde. Die Wasseraufnahme dieser Terrakottaware stellte sich dabei mit nur 7 Prozent als sehr gering heraus, was gleichzeitig eine Erklärung für die Frostsicherheit ist. Hinzu kommen nicht näher bekannte Produktionsgeheimnisse.

Glasierte Tongefäße

Vor allem aus dem asiatischen Raum kommen Gefäße, gefertigt aus reinem Ton und ohne Zusätze von Härtemitteln, die auf der Außenseite glasiert sind. Durch die Glasur kann der gebrannte Ton so gut wie kein Wasser aufnehmen. Daher zeichnen sich Gefäße dieser Art durch eine hervorragende Winterfestigkeit aus, obwohl diese seitens der Hersteller nicht ausdrücklich garantiert wird. Bei qualitativ hochwertigen, glasierten Töpfen wird der Topf nach dem Brennen mit einer Spritzpistole glasiert und in kleineren Öfen ein zweites Mal gebrannt. Die zunächst farblos wirkende Glasur erhält beim Brennen durch Oxidation ihre eigentliche Farbe. Ähnlich verhält es sich mit einfach bemalter Terrakotta ohne Glasuren. Diese Ware wird nach dem Trocknen bemalt und dann zusammen mit der Dekoration gebrannt. Sie ist danach noch als Terrakotta zu bezeichnen, was sich allerdings mehr auf

Oben: Auch diese blauen Wellenrandtöpfe stammen aus Asien, ihre Beschichtung ist nicht absolut witterungsbeständig.
Rechts: Diese interessante Topfform eignet sich vorzugsweise für eine einjährige Bepflanzung, stark eingewurzelte Pflanzen können hier nur schwer wieder entfernt werden.

das Material als auf die Art der Herstellung bezieht. (Traditionell ist Terrakotta immer unglasiert und nicht bemalt.)

Wer sich intensiv mit **Glasuren** befassen will, der muß tief in die Chemie eindringen. Eine Glasur ist ein glasiger Überzug auf keramischen Massen, der sich sehr gut mit Keramik verbindet und unlösbar haftet, weil beide Stoffe chemisch miteinander verwandt sind. Als Voraussetzung müssen Glasur und Keramik in bezug auf ihre Wärmeausdehnung übereinstimmen.

Glasuren haben die Aufgabe, Tongegenstände haltbarer zu machen und sind gleichzeitig Ausdruck einer künstlerischen Oberflächenstruktur. Die wichtigsten Glasurarten sind zum einen die Glattbrandglasur mit niedrigschmelzenden Glasuren, die bei Temperaturen bis zu 1200 °C gebrannt werden. Scharffeuerglasuren oder Hartbrandglasuren gehen über 1200 °C hinaus. Sehr tiefe Glattbrandglasuren enthalten Borsäure oder Alkalien. Glasuren werden in der Regel nach dem vorherrschenden Oxid benannt; die bekanntesten Glasurarten sind Alkaliglasur, Magnesiaglasur, Zinkglasur, Titanglasur. Glasuren, die nach der Farbe des verursachenden Oxids bezeichnet werden, sind zum Beispiel Eisenglasur, Manganglasur, Kobaltglasur, Nickelglasur, Chromglasur usw.

Beim Auftragen beginnen Glasuren gelegentlich zu laufen. Dies wird gerne als Effektglasur oder Laufglasur bezeichnet und ist Ausdruck künstlerischen Schaffens. Bei Steinzeug werden häufig ostasiatische Bezeichnungen übernommen. So kennt man eine Hasenfellglasur, Pfirsichblütenglasur, Temmokuglasur, Ochsenblutglasur, Kuanglasur, Chünglasur oder Seladonglasur. Jedem, der sich intensiver über Glasuren informieren möchte, stehen zahlreiche gute Bücher zu diesem Thema zur Verfügung.

Diese Gefäße kommen aus Thailand, die Form und häufig auch das Dekor entstammen einer sehr traditionsreichen Töpferkunst.

Asiatische Keramik

Im gesamten asiatischen Raum ist man seit Jahrhunderten mit der Fertigung von Keramik vertraut. In Asien wurde schon lange vor unserer Zeitrechnung Keramik hergestellt. Dennoch mag es unvorstellbar klingen, daß Tonwaren aus Fernost importiert und auf dem europäischen Markt verkauft werden. Tatsächlich kommen ganze Schiffsladungen voll Tonware zu uns. Die asiatischen Hersteller arbeiten sehr eng mit den europäischen Importeuren zusammen und stellen sich blitzschnell auf bestimmte Geschmacksrichtungen und aktuelle Trends ein. Trotz der enormen Transportkosten lohnt sich der Import, denn die Pflanzgefäße werden in Asien zu Billigstlöhnen produziert. Die Pflanzgefäße sehen je nach Herkunftsland sehr unterschiedlich aus und lassen sich aufgrund von Form, Farbe und Material sehr leicht voneinander unterscheiden. Selbst die Qualität der einzelnen Gefäßtypen schwankt sehr stark. Fast alle Gefäßtypen werden nach wie vor in Handarbeit gefertigt und auf traditionelle Art gebrannt. Da fallen die Teile oft sehr uneinheitlich aus, wirken aber im einzelnen sehr dekorativ. Häufig weisen bestimmte Merkmale auf die reine Handarbeit hin: Gemeint sind leichte Deformierungen, Fingerabdrücke, unterschiedliche Brandfarben oder Fehler in der Glasur.

Die aus Thailand stammende Keramik wird häufig unter dem Namen Bauernkeramik gehandelt. Sie basiert auf traditionellen Formen, wie sie jahrzehntelang zum Gebrauch im eigenen Land hergestellt wurden. Hierbei wird nach wie vor die Form aus Tonerde von Hand aufgebaut und dann bei 1200 °C im Holzfeuer gebrannt. Eine matte Glasur unterstreicht die Besonderheit dieser Keramik und macht sie gleichzeitig bedingt winterfest. Die Farben reichen von Dunkelbraun bis Olivgrün. Gelegentlich findet man auch Gefäßtypen mit einer sehr asiatisch anmutenden Bemalung. Häufige Motive sind Chrysanthemenblüten und Drachen auf einem gelblich grünen Hintergrund. Neben der farbig glasierten Ware kennt man auch tonfarbene Waren, die mit einer farblosen Glasur überzogen sind.

Immer größere Bedeutung haben Gefäßtypen mit einer erhabenen Musterung in Form von Weinranken, Seerosenblättern, Kordeln oder Doppelränder. Diese Motive und Formen sind also dem europäischen Raum entlehnt. Bemerkenswert an den thailändischen Tonwaren sind die bei fast allen Gefäßen eingesetzten stark gewölbten Böden. Diese sind gleichzeitig mit sehr großen Abzuglöchern versehen, was Staunässe und mangelnden Wasserabzug von vornherein unterbindet.

Aus Gründen der Transportvereinfachung kommen die Gefäße fast ausschließlich als Satz bei uns in Europa an. Das hat den Vorteil, daß man einen bestimmten Topf gleichzeitig in unterschiedlichen Größen kaufen kann. Die sehr sorgfältig verpackten Gefäße werden untereinander mit unterschiedlichsten Materialien wie Kunststoff, Pappe oder Kokosfaserstücke geschützt. Nicht selten besteht solch ein Satz aus bis zu sieben Einzelgefäßen. Lediglich die Nerven und Muskeln desjenigen, der die Sätze auseinanderbaut, werden sehr strapaziert. So fällt eine gewaltige Menge Abfall beim Auspacken eines Seecontainers Thaikotta an. Aus Thailand kommen ebenfalls Steingutgefäße mit Seladonglasuren. Diese klassischen Gefäßtypen haben ihren Ursprung in China. Heute werden sie hauptsächlich im Hochland von Thailand im Umfeld von Chiang Mai hergestellt. Die sehr harte, bei Temperaturen von 1260 °C gebrannte Keramik ist wegen der Zusammensetzung des Tonmaterials und der hohen Brenntemperatur absolut winterfest. Einmalig ist die Glasur, die dieser Keramik auch den Namen verleiht. Es handelt sich hierbei um eine Holzascheglasur, die unter Verwendung von Reisschlamm mit einem besonders hohen Eisengehalt hergestellt wird. Charakteristisch sind die feinen Haarrisse in der Glasur, die sogenannten Craquelé-Risse, und die unterschiedlichen Ausbrennfärbungen bei den einzelnen Gefäßen.

Die Gefäße bestechen durch ihre schlichte, zeitlose Form. Als Übertopf oder als Pflanzgefäß verwendet, eignen sie sich sowohl für den Innenraum als auch für Terrasse oder Balkon. Passend zu diesen Gefäßtypen sind Untersetzer aus dem gleichen Material erhältlich.

Selbst Pflanzgefäße aus China halten bei uns Einzug. Man erkennt sie leicht an ihren sehr typischen, klassisch asiatischen Formen. Bemerkenswert sind die Formen auf eine ganz besondere Art. Fast immer sind sie wesentlich breiter als hoch, und fast immer sind die Gefäße mit kleinen Füßen ausgestattet. Besonders schön sind die sehr unregelmäßigen Glasuren in Dunkelblau, Türkisgrün oder einfachem Braun. Die ebenfalls unter sehr hohen Temperaturen gebrannten Gefäße sind alle winterfest. Kaum ein Gefäßtyp kann in größeren Dimensionen geliefert werden als die chinesische

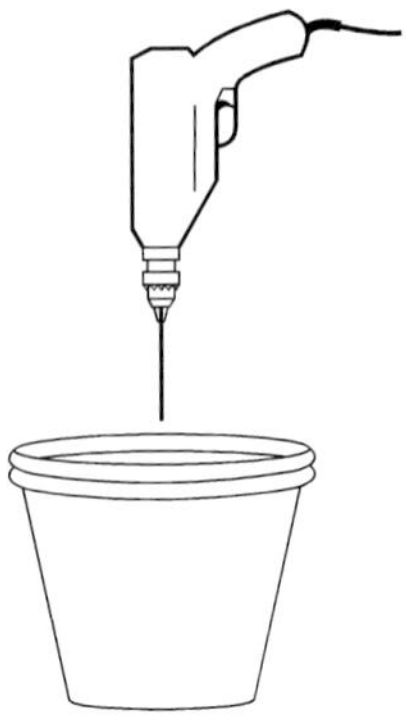

Ein Wasserabzugsloch wird stets von der Innenseite aus in den Gefäßboden gebohrt.

Ware. Durchmesser bis 86 cm sind durchaus als noch normal einzustufen. Interessant ist, daß es praktisch für jeden Gefäßtyp auch einen passenden Unterteller gibt. Eines allerdings haben diese Gefäße alle gemeinsam – sie haben ein sehr hohes Gewicht.

Aus Vietnam kommt eine Keramik, die durch ihre lebhafte, edle grüne Farbe auffällt. Dieser Grünton reicht vom lebhaften Hell-Olivgrün bis zum Türkisblau.

Die Formen entsprechen wiederum chinesischen Formen, sind in ihrer Art aber dennoch als sehr landestypisch zu bezeichnen. Oftmals sind sie mit sehr charakteristischen Mustern und Verzierungen ausgestattet. Vietnamesische Tonwaren werden bei 1250 °C gebrannt und können dank Material und Glasur als winterfest gelten, sofern ein Wasserablauf vorhanden ist. Da man die Gefäße sehr schön als Übertopf verwenden kann, haben sie oftmals kein Abzugloch. Dies kann man nachträglich mit Hilfe einer Bohrmaschine und einem scharfen Vidiabohrer anbringen. Beim Bohren sollte man das Gefäß auf eine Holzplatte stellen und von innen anbohren. Da das Bohren bei derart harten Gefäßen einen sehr hohem Preßdruck erfordert, würde man ansonsten Gefahr laufen, den Gefäßboden zu zerstören. Der schnelldrehende Bohrer ist schon nach kürzester Zeit glühend heiß. Hier kann man Abhilfe schaffen, indem einfach eine kleine Menge Wasser in das Gefäß gegeben wird. Damit wird der teure Bohrer geschont, und der Bohrvorgang wird zusätzlich vereinfacht. (Das Schlagbohrwerk der Bohrmaschine stellt man vorsichtshalber ab.)

Je höher also die Brenntemperatur, desto höher ist hinterher die Qualität (Tabelle). Nicht jedes Tonmineral kann jedoch unter jeder beliebigen Temperatur gebrannt werden. Ausschlaggebend sind die chemische und mineralische Zusammensetzung des Tons. Hinzukommen vielerlei Geheimrezepte der Hersteller keramischer Gegenstände, die nicht preisgegeben werden.

Je geringer die Tonqualität und die Brenntemperatur, desto größer ist die Möglichkeit, Wasser aufzunehmen. Einfache Terrakotta ist zum Beispiel in der Lage, je nach Qualität 12 bis 20 Prozent Wasser aufzunehmen. Steinzeug hingegen nimmt nur 1 bis 2 Prozent Wasser auf.

Einfachere Keramik wird häufig durch Glasuren aufgewertet. Man unterscheidet hier zwischen farbigen und transparenten Glasuren. Manche Gefäßtypen sind nur im Innenteil, andere nur im sichtbaren äußeren Teil und wieder andere ganz glasiert. Eine Glasur ist ein glasartiger oder auch farbiger Überzug, hergestellt oft durch Zusatz von Metalloxiden wie zum Beispiel Magnesium, Titan, Zink. Bei niedrigen Brenntemperaturen wurden früher auch Bleiglasuren

Qualitäten von Keramiken in Abhängigkeit von der Brenntemperatur

Art der Keramik	Rohmaterial	Brenntemperatur
Terrakotta	verschiedene Tonarten	900 - 1000 °C
Majolica und Fayence	heller bis rötlicher Ton	1000 - 1050 °C
einfache Asienware	heller bis rötlicher Ton	900 - 1000 °C
glasierte Asienware	heller Ton	1000 - 1100 °C
Klinkerware	dunkler Ton	1140 - 1200 °C
Steinzeug	heller Ton	1200 - 1250 °C
Porzellan	weißer Ton	1200 - 1350 °C

verwendet. Von derart giftigen Substanzen ist man inzwischen weitgehend abgekommen. Größere Bedeutung haben die vielen mineralischen Stoffe, die in Glasuren verwendet werden. Hier spielt besonders Kieselsäure in Verbindung mit Flußmitteln eine Rolle. Selbstverständlich geben die Hersteller die Zusammensetzung der Glasur nicht bekannt. Es handelt sich dabei um Betriebsgeheimnisse.

Für den Verbraucher ist im Grunde genommen nur entscheidend, daß er sich durch den Kauf eines glasierten Gefäßes für ein qualitativ höherwertiges Gefäß entschieden hat.

Sehr preiswerte und bekannte Terrakottatöpfe, wie zum Beispiel der Campagna oder auch Glockentopf werden häufig mit einer farbigen Kunststoffbeschichtung angeboten. Die Farben unterliegen modischen Schwankungen und sind in allen Farbnuancen von matt bis glänzend zu haben. Im Gegensatz zu einer echten Glasur sind die Gefäße nur an der Außenseite eingefärbt. Innen erkennt man noch deutlich Sprühreste, die vom Einfärben des Randes herrühren. Der Topfboden wird bei dieser Art "Glasur", auch Pulverbeschichtung genannt, praktisch nie mit eingefärbt. Aus diesem Grund saugt der Topfboden große Mengen Wasser auf, das in die Gefäßwandung hochsteigt und sich in den Hohlräumen einlagert. Schon beim geringsten Frost dehnt sich das gefrierende Wasser so stark aus, daß die farbige Beschichtung abplatzt und dabei die äußere Wandung des Gefäßes mit zerstört.

Eine weitere Methode der Gefäßversiegelung ist das Elektro-Spray-Verfahren. Hierbei werden die Keramikgefäße elektrolytisch mit einer Kunststoffhaut überzogen. Wenngleich dies mit Sicherheit nicht gerade die individuellste Methode ist, ein Gefäß zu versiegeln, so verdienen die derart behandelten Gefäße wegen ihrer guten Haltbarkeit Beachtung. Auf der Strecke bleibt der eigene Charakter, der das Reizvolle schön gebrannter Einzelstücke ausmacht.

Besonderheiten asiatischer Keramik

Gerade die Gefäßformen entstammen zum Teil uralter asiatischer Töpferkunst. Asiatische Keramik wird sehr häufig mit verschiedenen Reliefs dekoriert. Blüten, Blätter, Girlanden und manchmal sogar Engel werden auf die Gefäße von Hand aufgeklebt. So dekorativ diese Verzierungen auch sein mögen – häufig stellen sie vorprogrammierte Sollbruchstellen dar. Gefäße mit einem derartigen Dekor sollten im Winter nicht im Freien stehen, weil die Dekorteile gerne von Feuchtigkeit unterwandert werden und dann bei Frosteinwirkung leicht abplatzen. Aus Thailand und von den Philippinen kommen Gefäße mit Drachen- oder Chrysanthemendekor oder mit Tiermotiven. Obwohl typisch für den asiatischen Kulturkreis, treffen sie nicht immer ganz den Geschmack des europäischen Marktes.

Eine weitere Besonderheit besteht darin, daß Tonwaren aus Asien größtenteils in reiner Handarbeit entstanden sind. Kleine Ungenauigkeiten oder Unregelmäßigkeiten sind dadurch unvermeidbar. Andererseits besitzen Gefäße dieser Art eine ganz eigene Ausstrahlung und erwecken eher den Anschein eines Unikats. Ganz typisch für die Asienwaren sind ferner die länderspezifischen Glasuren, die teilweise auf jahrhundertealte Traditionen zurückgehen.

In Asien werden aber auch gerne Gefäßveredelungen durchgeführt, die mit einer echten Glasur wenig gemeinsam haben. Diese Glasuren reagieren empfindlich auf europäische Witterungsverhältnisse und verlieren leicht ihre Farbe. Eine andere Methode, asiatische Keramik zu verschönern oder farblich zu verändern, sind die sogenannten "gewischten Dekorationen". Die hier verwendeten Farben verleihen dem Gegenstand ein antikes Aussehen. Auch hier gibt es qualitativ große Unterschiede. Längst nicht jedes Gefäß ist witterungsbeständig, bei andauernder Feuchtigkeit löst sich gerne die künstliche Patina.

Am haltbarsten sind die sogenannten Carvings, also Schnitzerein oder Gravuren auf den Gefäßoberflächen. In Kombination mit prachtvollen Glasuren entstehen erlesene Stücke. Man denke nur an die herrlichen blauen oder grünen Kübel mit den eingeritzten Bambusdekoren, wie sie aus Malaysia zu uns kommen.

Länderspezifische Besonderheiten

Thailand ist das Hauptexportland asiatischer Keramik. Von hier kommt klassische rotgebrannte Ware (nicht frostsicher) und braune, frostfeste gebrannte Ware. Die Gefäße werden fast ausschließlich in Handarbeit gefertigt. Das Farbfinish ist nicht immer witterungsbeständig. Gelegentlich kommt es zu Verunreinigungen durch Kalkspat.

Malaysia liefert fast ausschließlich Maschinenware. Es handelt sich fast immer um sehr hellen, aber frostsicheren Scherben. Die Gefäße erreichen Durchmesser von höchstens 58 cm. Als problematisch gilt die hohe Belastung durch Kalkspat. Als Standardglasur werden sehr viele verschiedene Salzglasuren eingesetzt. Aufgrund der sehr verschiedenen Brennarten in unterschiedlichen Öfen entstehen unterschiedliche Farbgebungen.

Keramik von den **Philippinen** ist bekannt durch ihren Formenreichtum, die schönen Farben und das perfekte Finish. Nachteilig ist die schlechte Tonqualität, die meist nur mit Sand aufgebessert wird. Zudem werden beschädigte Töpfe gerne nur notdürftig mit Ton "geflickt". Philippinische Keramikware ist nicht frostsicher, und die Töpfe werden nur ganz selten innen und außen glasiert.

Aus **Vietnam** stammen die qualitativ besten Gefäße, die fast ausschließlich in Handarbeit gefertigt werden. Die unglasierten Töpfe im italienischen Terrakottastil sind frostsicher und weisen einen gelblichen Farbton auf. Kalkspat stellt ein nur geringes Problem dar.

Naturstein

Einen ganz besonderen Stellenwert unter den Pflanzgefäße nehmen Natursteintröge ein. Alte Futtertröge aus Naturstein wurden zu Tausenden zerstört, weil sie im Rahmen einer sich umstrukturierenden Landwirtschaft nicht mehr zeitgemäß schienen. Heute gelten Natursteintröge als begehrte Sammlerobjekte. Für einen unbeschädigten Trog, der rund 1 m lang, 40 cm breit und 20 bis 30 cm tief ist, bezahlt man heute gut und gerne 250 bis 300 DM. Für eine Bepflanzung eignen sich am besten die ehemaligen Futtertröge, auch Sautröge genannt. Durch ihren meist flachen Aufbau und der geringen Tiefe eignen sie sich hervorragend zur Aufnahme ganz bestimmter Pflanzengruppen. Die Bepflanzung sollte auf die Gesteinsart und den Aufstellungsort abgestimmt sein.

Der Wunsch nach dem Besitz eines solchen Gefäßes scheitert häufig am Gewicht. Gefäße ab einer bestimmten Ausdehnung lassen sich nur noch mit einem Kran bewegen. Vor einer Aufstellung sind daher unbedingt die statischen Bedingungen zu klären. Die Tabelle zeigt den Zusammenhang zwischen Gefäßgröße und -gewicht.

Wer sich intensiv mit der Beschaffung von Gefäßen aus Natursteinmaterial befaßt, der wird sehr schnell merken, daß dies regional sehr unterschiedlich ist.

Jede Region hat ihr eigenes Steinmaterial und entsprechend sind dann auch solche Gefäße zu haben. Die am häufigsten verwendeten Gesteine für Tröge sind der Sandstein, Kalkstein, Tuffgestein, Granit und Gesteine vulkanischen Ursprungs. Am schönsten wirken die aus Sandstein gefertigten Natursteingefäße. Erhältlich sind sie in grauer bis rötlicher Tönung, gelegentlich sind sie gar marmoriert.

Traumhaft schöne und sehr alte Granitgefäße findet man gelegentlich noch in der Oberpfalz.

Leider sind die Sandsteingefäße besonders bruchgefährdet. Wegen ihrer sehr porösen Struktur brechen sie leicht. Auf der anderen Seite läßt sich Sandstein recht gut bearbeiten, so daß man solch ein Gefäß durchaus bei einem Steinmetz in Auftrag geben kann, gefertigt nach den eigenen Vorstellungen. Wesentlich komplizierter und arbeitsintensiver gestaltet sich die Bearbeitung von Granit, der sich durch seine besondere Härte auszeichnet.

Größe und Gewicht von Natursteintrögen

Länge in cm	Breite in cm	Wandstärke in cm	Tiefe in cm	Gewicht in kg
Granit				
80	30	4	20	63,5
100	35	5	25	150
120	35	5	25	178
200	40	8	30	495
Sandstein				
60	25	4	20	52,5
100	30	5	25	129
150	40	8	25	295

In Gegenden wie der Eifel, wo es noch große Mengen vulkanischer Gesteine, wie zum Beispiel den Bimsstein zu finden gibt, werden häufig Gefäße aus diesem sehr leicht zu bearbeitenden Material gefertigt. Dies spielt aber eher eine regionale Rolle. Nicht zu vergessen sind bei neu gefertigten Natursteingefäßen die unterschiedlichen Gesteinstypen, die aus dem Ausland, teilweise bis aus Südostasien, bei uns zu haben sind. Besonders interessant ist hier die unterschiedlichste Farbgebung der Gesteine. Granit, der bei uns in Europa hauptsächlich in Grautönen bekannt ist, kommt in Vietnam in Grau, Gelb, Rot oder Anthrazit vor. Trotz des langen Transportes – und des sehr hohen Gewichts – sind solche Gefäße oftmals billiger als ein alter Trog aus deutschen Landen.

Im kommunalen Bereich oder auch vor Gebäuden, die eine besondere Akzentuierung fordern, Hotels oder Verwaltungsbauten etwa, werden öfter aus Steinplatten montierte Großgefäße aufgestellt. Die quadratischen, sechs- und achteckigen Gefäße haben keinen Boden und eignen sich daher auch für eine Bepflanzung mit größeren Pflanzen. Die Platten sind gegeneinander verschraubt und mit Silikon verklebt. Häufig sind die Kanten gebrochen. Sehr dekorativ wirken hier die belassenen Strukturen der einzelnen Gesteinsarten. Diese Gefäße lassen sich aber wegen ihres enormen Gewichtes schlecht transportieren, und sie sind sehr teuer. Die Wandstärke kann je nach Gesteinsart stark schwanken. Granit kann, bedingt durch seine Härte, in recht dünne Platten gesägt werden. Mit Wandstärken von 2 bis 3 cm erreicht man bereits eine ausreichende Stabilität.

Ein Selbstbau derartiger Gefäße kommt sicherlich nur mit Hilfe geeigneter Maschinen wie Steinsägen, Fräsen, Bohrmaschinen und Schleifern in Frage. Dies sind Gerätschaften, über die normalerweise nur ein Steinmetz verfügt. Ein quadratisches oder rechteckiges Gefäß läßt sich mit Hilfe von Messingdübeln und Silikon noch relativ einfach zusammensetzen. Wesentlich schwieriger wird es bei sechs- oder achteckigen Gefäßen. Die Kanten müssen dann so angeschnitten werden, daß sie beim Zusammensetzen die gewünschte Form ergeben. Bei einem Sechseck beträgt der Kantenwinkel genau 60 Grad, bei einem Achteck sind es 67,5 Grad.

Der Vollständigkeit halber seien hier noch die bepflanzbaren Steine erwähnt, obwohl es sich dabei nicht um Gefäße

Geeignete Gesteinssorten für die Fertigung von Pflanzgefäßen

Gesteinsart	Farbe	Stärke in cm	Gewicht pro m^2 in kg
Sandstein	rot, gelb und marmoriert	4 - 6	100
Solnhofner Schiefer	beige bis hellgelb	4 - 6	120
Schiefer	blau bis schwarz	4 - 8	110
Quarzit	weiß bis grünlich	4 - 6	70
Granit	weiß bis schwarz u.a.	3 - 4	120
Gneis	violett gebändert	3 - 6	100
Porphyr	rosa bis braun marmoriert	4 - 6	110
Marmor	weiß bis rosa	4 - 6	120

handelt. Zum Bepflanzen eignen sich Tuffsteine, Kalktuffsteine, Lava und Bims. Der sehr kleine Pflanzraum dieser Steine stellt den Pflanzen nur ein geringes Erdvolumen zur Verfügung, daher ist die Pflanzenauswahl auch sehr beschränkt. Die meisten der in Frage kommenden Pflanzenarten haben ihren Ursprung im alpinen Bereich.

Holz

Holz erreicht als Ausgangsmaterial für Pflanzgefäße nicht ganz die Bedeutung von Ton, aber es läßt sich sehr vielseitig einsetzen. Durch das relativ geringe Gewicht können problemlos auch größere Gefäßtypen aus Holz gefertigt werden. Nachteilig wirkt sich lediglich die begrenzte Haltbarkeit aus, die man jedoch durch die Wahl der richtigen Holzart sowie mit Hilfe einer vorsorglichen Imprägnierung beeinflussen kann. Der Baustoff Holz paßt überall hin, er fügt sich in jede Art von Dekoration ein. Pflanzen wachsen in Holzgefäßen sehr gut – vorausgesetzt, das Holz wurde nicht gerade mit pflanzenunverträglichen Imprägnierungsmitteln behandelt. Die hauptsächlich verwendeten Holzarten für Pflanzgefäße sind Kiefer, Fichte, Lärche, Buche und Eiche. Als reines Importholz wäre noch Red Cedar zu erwähnen. Diese Holzart zeichnet sich durch lange Haltbarkeit aus, ohne daß eine zusätzliche Imprägnierung erforderlich ist. Leider ist es auch im Vergleich zu anderen Hölzern wesentlich teuerer.

Schließlich haben tropische Hölzer wie Teak oder andere Edelhölzer eine, allerdings geringe, Bedeutung für die Fertigung von Pflanzgefäßen.

Tropenhölzer finden eher im Innenbereich Verwendung, weil die Gefäße wie ein Möbelstück wirken – und auch so behandelt werden wollen. So werden Edelhölzer gerne zum Verkleiden von Großgefäßen für Hydrokulturen verwendet. Man kann sie praktisch in allen Holzfarben, Typen und Maserungen erhalten.

Eine Imprägnierung beeinflußt die Haltbarkeit heimischer Hölzer wesentlich, zumal wenn sie im Außenbereich verwendet werden. Großgefäße erhalten häufig eine Kesseldruckimprägnierung. Das Holz wird im Vakuum und bei hohem Druck mit salzhaltigen Imprägnierungsmitteln behandelt. Vor geraumer Zeit wurden hierzu noch chromhaltige Präparate verwendet. Hiervon ist

Die sehr schönen und über längere Jahre gepflegten Fuchsien stehen in halbierten Schnapsfässern.

man inzwischen abgekommen und benutzt in erster Linie Borsalzlösungen, die das Holz langanhaltend konservieren. Werden die Hölzer im Anschluß an diese Behandlung sachgerecht etwa sechs Wochen lang trocken gelagert, können die Salze praktisch nicht mehr ausgewaschen werden. Ein zusätzlicher Anstrich mit ölhaltigen Lasuren unterstützt diese Imprägnierung zusätzlich.

Vollkommen abgekommen ist man inzwischen von dem skandalumwitterten Holzimprägnierungsmittel mit dem Wirkstoff Pentachlorphenol. Diese Mittel haben die Eigenschaft, bei Wärme auszugasen, was dann beim Menschen schwere Gesundheitsschäden hervorrufen kann. Von einem Holzschutzmittel erwartet man heutzutage, daß es ungiftig und leicht zu verarbeiten ist, es soll rasch trocknen, wasserabweisend und lösungsmittelfrei sein und eine große Ergiebigkeit haben. Diesen Anforderungen entsprechen die Produkte der unterschiedlichsten Anbieter, nur tut man gut daran, sich dazu genauestens beraten zu lassen.

Holzlasuren gibt es in unterschiedlichen Farben und in verschiedenen Holzfarbtönen. So kann man zum Beispiel aus einem Stück Kiefernholz ein Stück "Teak" zaubern, lediglich die Maserung mag nicht ganz stimmen. Die Ergiebigkeit schwankt von Lasur zu Lasur ziemlich stark und hängt außerdem von der

Beschaffenheit des Untergrundes und der Viskosität ab. Im allgemeinen läßt sich mit einem Liter eine Fläche von 10 bis 16 m² behandeln.

Ganz entscheidend auf die Haltbarkeit von Holz wirkt sich der Zeitpunkt aus, wann es geschlagen wurde. Schon unsere Urahnen wußten, daß Holz aus dem Wintereinschlag – nach sachgemäßer Lagerung – eine wesentlich bessere Haltbarkeit aufweist als Hölzer aus dem Sommereinschlag.

Aus Holz werden die unterschiedlichsten Gefäße gefertigt, angefangen beim einfachen Balkonholzkasten bis hin zum Großgefäß aus Kanthölzern. Eines der wohl klassischsten Holzgefäße stellt der Daubenkübel dar, ein runder Holzkübel, der in reiner Küferarbeit der traditionellen Faßherstellung nachempfunden ist. Eiche und Lärche eignen sich dafür am besten, weil sie sich durch ein besonders geringes Schwindungsverhalten auszeichnen. Damit ist ganz einfach die Eigenschaft des Holzes gemeint, sich bei Trockenheit zusammenzuziehen.

Jeder kennt die runden Holzgefäße, bei denen die senkrecht stehenden Holzlatten, Dauben genannt, von eisernen oder verzinkten Ringen zusammengehalten werden. Stehen solche Gefäße in einfacher Machart zu lange trocken, zieht sich das Holz zusammen, und es kann vorkommen, daß der Kübel auseinanderfällt. Bemerkt man die Gefahr noch rechtzeitig, so legt man das Gefäß am besten ganz unter Wasser. Dadurch saugt sich das Holz wieder voll, und der Kübel hält wieder. Im allgemeinen aber reicht die Bodenfeuchtigkeit aus, um das Holz soweit aufquellen zu lassen, daß es zusammenhält.

Qualitativ hochwertige Holzkübel werden am Boden durch ein Nut-Feder-

Ein mit viel Liebe gepflegtes Holzgartenhäuschen, das ausschließlich Pflanzen beherbergt.

System gehalten, was tatsächlich eine sehr feste Verbindung gewährleistet. Zusätzlich sind die umlaufenden Eisenringe mehrfach angenietet. Dadurch kann es gar nicht zum völligen Auseinanderfallen des Gefäßes kommen. Der obere Eisenring ist sehr häufig mit zwei Tragegriffen versehen. Fehlen diese, so sollte zumindest die Möglichkeit bestehen, Tragegriffe einzuklinken. Ein voll bepflanzter Holzkübel mit einem Durchmesser von 35 cm läßt sich sonst schon sehr schlecht bewegen.

Die Daubenkübel weisen im Boden mehrere Löcher auf, und der eigentliche Boden ist durch die nach unten leicht überstehenden Dauben leicht über die

Standfläche erhöht. Dadurch fließt überschüssiges Wasser ab, und Luft kann ausreichend zirkulieren. Dennoch empfehlen sich flache Untersetzer aus Kunststoff. Sie müssen etwas größer sein als der untere Durchmesser des Gefäßes, und sie sollten Unterlüftungsstege aufweisen. Ein ständig im Wasser stehendes Holzgefäß sieht nämlich rasch unansehnlich aus, und außerdem würde die Haltbarkeit enorm beeinträchtigt.

Die Gefäße werden mit einem oberen Durchmesser von 25 cm bis 60 cm angeboten. Die Form läuft konisch nach unten zu, so daß der Gefäßboden im Vergleich zum Topfrand einen um 5 cm geringeren Durchmesser aufweist. Damit die Proportion gewahrt bleibt, ist der Durchmesser immer größer als die Höhe des Gefäßes.

Für Daubengefäße kann man auch Einsätze aus dünnem Kunststoff kaufen, die sich der Gefäßwandung genau anpassen. Bei einer sachgemäßen Behandlung der Gefäße sind solche Einsätze nicht notwendig. Im Gegenteil: das Holz trocknet leicht zu stark aus – und fällt gegebenenfalls auseinander. Außerdem laufen die Pflanzen Gefahr, durch mangelnde Dränage abzusterben. Sinnvoll ist die Verwendung von Einsätzen nur, wenn man die Gefäße als Hydrokulturen verwenden möchte. Dann aber sollte die Höhe des Gefäßes 23 cm nicht überschreiten, denn alle Großpflanzen für Hydrokultur sitzen in einem Kunststofftopf, der genau 19 cm hoch ist. Setzt man diese Pflanzen tiefer ein, ersticken sie und gehen ein.

Besonders große Holzgefäße werden aus Kanthölzern gefertigt. Man bekommt sie in allen erdenklichen Größen und in quadratischer, rechteckiger oder sechseckiger Form. Es gibt sie mit eingearbeitetem Boden und ebensogut ohne Boden, was letztlich eine Frage des Standortes ist: Bei Gefäßen, die frei auf unbefestigtem Boden stehen, erübrigt sich ein eingebauter Boden. Vielmehr eröffnet sich die Möglichkeit, eine größere Pflanze einzusetzen, die mit ihren Wurzeln in den gewachsenen Boden eindringt.

Auch ein alter Waschzuber aus Holz läßt sich gut bepflanzen, man sollte ihn nur von Zeit zu Zeit mit einem Holzpflegemittel behandeln.

Aus Kanthölzern gefertigte Gefäße gibt es fertig vormontiert zu kaufen oder als Bausätze, die man zu Hause montieren muß. Gerade bei größeren Formaten hat der Bausatz seine Vorteile, zumindest gestaltet sich der Transport einfacher. Die Bausätze bestehen in aller Regel aus Rund- oder Kanthölzern und bei kleineren Gefäßen auch schon mal aus mehr oder weniger starkem Latten- oder Brettermaterial. Sie sind meist an zwei Seiten eingekerbt und müssen dann nur noch zusammengesteckt werden. Durch die Einkerbungen erhalten die Gefäße eine enorme Stabilität und können sich dadurch auch nicht verwinden.

Für die Auflage der Bodenplatte sind fast immer an der Innenseite waagerecht kleine Latten angebracht. Sollten im Boden nicht ausreichend Löcher für die Dränage vorhanden sein, so empfiehlt es sich sehr, einige Löcher nachträglich einzubohren. Als Faustregel rechnet man mit je einem Loch auf 10 cm^2 Grundfläche. Nur wenn ausreichend Dränagelöcher vorhanden sind, kann das überschüssige Wasser ablaufen, womit gleichzeitig verhindert wird, daß der Boden des Gefäßes schon innerhalb von drei Monaten durchfault. Hochwertige Gefäße sind mit umweltfreundlichen Lasuren imprägniert. Häufig sind die Kanten der Hölzer gebrochen oder abgerundet, und stärkere Hölzer weisen oft eine Oberflächenstrukturierung auf.

Große Holzbaufirmen, die sich auf Holzprodukte für den Garten spezialisiert haben und zu deren Produktpalette eben auch Pflanzgefäße aller Art gehören, führen für die Pflanzkästen oftmals recht funktionelle Kunststoffeinsätze mit einer Langzeitbewässerung im Angebot. Wie ein Langzeitbewässerungssystem funktioniert, wird auf Seite 170 näher beschrieben.

Balkonkästen aus Holz stellen eine sinnvolle Alternative für alle dar, die Kunststoffkästen an ihrem Balkon ablehnen. Eine direkte Bepflanzung der Kästen ist mit Sicherheit eher problematisch. Schließlich verlangt der kurzlebige Sommerflor nach einer intensiven Pflege, und das häufige Gießen ist der Haltbarkeit von Holzkästen nicht gerade förderlich. Ferner mag es nicht ganz einfach sein, an fertige Holzkästen heranzukommen. Käuflich erwerben kann man sie wohl nur in wenigen Regionen, zum Beispiel im Alpenraum, wo man Holzkästen noch häufig verwendet.

Andererseits kann man sich mit etwas Geschick solche Kästen selbst bauen. Dies hat gleichzeitig den Vorteil, daß man nicht an Normmaße gebunden ist. Gute Fachgeschäfte und Gartencenter bieten häufig Holzkästen als Montagesatz an, in die man später einen fertig bepflanzten Kunststoff-Blumenkasten einsetzen kann. Eine zierende Holzumrandung bietet den Vorteil, daß sie wenig wiegt, man benötigt keine besondere Aufhängung, und der Kasten wird lange halten, weil er nicht direkt bepflanzt wird. Holzumrandungen erhält man für alle gängigen Blumenkastengrößen von 40 bis 100 cm Länge. Aufwendigere, verspieltere Balkonkasten-Umrandungen sind an den Ecken mit kleinen Pfosten ausgestattet, auf dessen Spitze eine kleine Holzkugel sitzt. Die kleinen Gitter, als Lattenroste geformt, sind häufig abgerundet und weisen unterschiedliche Höhen auf. Sie sind dem ostfriesischen Zaunelement, das weit über seine Grenzen als "Landhausstil" bezeichnet wird, nachempfunden. Holzumrandungen gibt es nicht nur in den Farben Weiß und Naturfarben, sondern auch in den Modefarben Mattblau und Dunkelgrün.

Passend zu den Holzumrandungen werden im gleichen Stil gefertigte Standgefäße angeboten. Es gibt sie in unterschiedlichen Größen, und sie sind fast immer mit Pflanzwannen aus Kunststoff ausgestattet.

Besonders interessant wirken große hölzerne Pflanzgefäße, an denen ein Rankgitter montiert ist. Es gibt sie ange-

Rankgitter dienen im privaten wie im öffentlichen Bereich als Sichtschutz und Abgrenzung.

fangen bei einer Breite von 40 cm bis hin zu stattlichen 140 cm Breite. Die angebrachten Rankgitter haben im allgemeinen eine Höhe von etwa 2 m, die Breite der Pflanzgefäße beträgt 40 bis 50 cm bei einer Höhe von etwa 35 cm. Die "mobilen Pflanzwände" lassen sich sehr schön mit einjährigen Kletterpflanzen, garniert von Sommerblumen, beranken. Sie eignen sich dadurch hervorragend als Sichtschutz oder Raumteiler auf Terrasse und Balkon. Wieder kommt es darauf an, daß im Kastenboden ausreichend Dränagelöcher vorhanden sind, und der Gefäßboden darf nicht direkt auf der Standfläche aufsitzen. Soll die mobile Pflanzwand direkt auf gewachsenem Boden, etwa auf dem angrenzenden Rasen einer Terrasse, stehen, so stellt man die Standbeine besser auf kleine Betonfundamente oder einfach auf Platten, um zu verhindern, daß die Standbeine ständiger Nässe ausgesetzt werden und dadurch schneller faulen. Das muß allerdings vor dem Einfüllen des Substrates und dem Bepflanzen geschehen, denn danach läßt sich so eine mobile Pflanzwand kaum mehr bewegen.

Zur Pflege einer solchen Pflanzwand, die man am besten nur mit Sommerflor besetzt, gehört das rechtzeitige Abräumen der Pflanzen im Herbst. Nach einer gründlichen Reinigung lagert man die Wand an einem trockenen, kühlen Ort ein. Schäden an der Lasur bessert man im Lauf der Wintermonate aus.

In ländlichen Gebieten sieht man immer wieder Holzgefäße, die aus Naturstämmen gefertigt sind. Sie stellen fast ausschließlich Eigenprodukte ihrer Besitzer dar, denn auf dem freien Markt werden Pflanzgefäße dieser Art nicht angeboten. In mühseliger Kleinarbeit, zuerst mit Hilfe einer Motorsäge und zuletzt mit Stechbeitel und Hammer, werden Stämme aller Größen allmählich in ein Pflanzgefäß umgewandelt. Ganz zum Stolz der Besitzer. Je knorriger das Holz ist, desto interessanter sehen Holztröge aus. Am besten eignet sich Kiefernholz, weil es recht gut zu bearbeiten ist, und durch die vielen Äste lassen sich die interessantesten Formen ausbilden. Stellt man es geschickt genug an, so können Äste die Beine für das Pflanzgefäß ergeben. Die Breite und Tiefe der eigentlichen Aushöhlung hängt vom Stammdurchmesser ab, sie sollte aber mindestens 20 cm betragen.

Um ein Reißen der Stirnseiten zu verhindern, ist es zweckmäßig, Welleisenbleche diagonal zu den gefährdeten Bereichen einzuschlagen. Diese etwa 20 cm x 2 cm großen Bleche kann man im Eisenfachhandel kaufen. Man schlägt sie einfach mit dem Hammer in das Holz.

Ganz besonders fäulnisgefährdet ist natürlich das Holz unten in der Pflanzmulde. Hier hilft nur ein durchdringendes Tränken mit einem guten Holzimprägnierungsmittel. Da offenes, faseriges Holz einen besonderen Angriffspunkt für holzzersetzende Pilze und Bakterien bietet, ist ein regelmäßiger Schutz mit geeigneten Mitteln geradezu unabdingbar. Die häufig recht flachen Pflanzzonen sollte man nur mit Sommerflor bestücken. Damit sich im Winter nicht unnötig Wasser in der Aushöhlung sammelt, dreht man den Holzstamm nach dem Abräumen am besten um. Dränagelöcher wirken sich in einem Holzstamm eher nachteilig aus: Die ständige Feuchtigkeit im Stamminnern würde nur zu einem rascheren Zerfall des Holzes führen. Aber trotz aller Vorsichtsmaßnahmen haben solche Stämme nur eine begrenzte Lebensdauer. Wichtig wäre es, jährlich – noch vor der Behandlung mit einem Holzschutzmittel – die im Verlauf der Pflanzsaison abgestorbene Holzmasse aus der Aushöhlung zu entfernen. Das geht so oft, bis schließlich nur noch das Splintholz übrig bleibt.

Holzgefäße, selbst gebaut

Holzgefäße selbst zu bauen ist nur dann sinnvoll, wenn man ein bestimmtes Maß benötigt, das man so nicht fertig kaufen kann. Baumärkte und Holzhandlungen bieten vormontierte Holztröge relativ preiswert an. Der Selbstbau eines solchen Gefäßes wird also in den seltensten Fällen billiger. Für den Selbstbau braucht man etwas technisches Geschick, passendes Material und Werkzeug sowie Zeit.

Werkzeug und Material

Kanthölzer erhält man im Baumarkt in allen nur erdenklichen Stärken. Für den Bau eines Pflanzcontainers wählt man am besten 6 x 8 oder 8 x 10 cm starke Kanthölzer, die man in unterschiedlichen Längen kaufen kann.

Die Hölzer sollte man sich sehr genau ansehen, sehr oft sind sie leicht verdreht oder in sich verworfen. Dies testet man am einfachsten, indem man das eine Ende auf den Boden legt, das andere hochhebt und sich dann durch Drehen des Holzes alle vier Kanten genau betrachtet.

In welcher Länge man die Kanthölzer ersteht, hängt von der Größe des Pflanzcontainers ab. Da man die Hölzer in vielen verschiedenen Längen erhalten kann, bedeutet es ein reines Rechenexempel, will man möglichst wenig Abfall haben. Mit 2 m langen Kanthölzern (ein durchaus übliches Maß) kann man einen Container mit einer Kantenlänge von 150 cm und einer Breite von 50 cm bauen und hat dabei überhaupt keinen Abfall. Es ist am einfachsten, wenn man sich gleich gehobeltes Holz kauft. Dies kostet zwar mehr, dafür spart man sich viel Arbeit.

Soll der Pflanzcontainer 40 cm hoch werden, so benötigt man bei einer Kantholzstärke von 8 x 6 cm zehn Hölzer à 2 m Länge.

Man beginnt zunächst damit, alle Kanthölzer auf eine Länge zu bringen, und achtet gleichzeitig darauf, daß alle Endkanten einen geraden Schnitt aufweisen. Die 2 m langen Kanthölzer befestigt man nun auf zwei Arbeitsböcken oder einem Tisch und beginnt damit, die

Werkzeug und Material für den Bau eines Pflanzcontainers aus Kanthölzern

Als Material werden benötigt:

Kanthölzer	Spanplatten-Schrauben (Kreuzschlitz)
Dachlatten	Holzlasur
	Flachpinsel

Erforderliche Werkzeuge:

Stichsäge	elektrischer Schrauber
Stechbeitel, 2 cm breit	Bohrmaschine
Hammer	Anlegewinkel
Meterstab	Bleistift
Hobel	Raspel und grobe Feile
2 Schraubzwingen	2 Arbeitsböcke

scharfen Kanten der Hölzer mit einem Hobel zu brechen. Mit einer kleinen elektrischen Fräse geht das noch besser und schneller. Nun schneidet man die 2 m langen Hölzer auf eine Länge von 150 cm zu und achtet dabei auf eine sehr saubere Schnittkante, die man zuvor mit einem Winkel angerissen hat.

Der nächste Arbeitsgang ist der schwierigste. Die Hölzer müssen an den Kanten um jeweils die halbe Holzstärke eingesägt werden. Die Zeichnung verdeutlicht diesen Arbeitsvorgang.

Noch vor dem eigentlichen Zusammenbau sollte man das Holz mit einem Holzschutzmittel imprägnieren. Saugfähige Hölzer streicht man besser zweimal, besonders an den Schnittkanten. Danach folgt eine Zwangspause, bis das Holz endgültig trocken ist. Das dauert im allgemeinen vier bis acht Stunden, je nach Präparat.

Setzt man die einzelnen Teile mit den ausgesägten Teilen zusammen, so bilden sich einzelne, glatte Rahmen. Mit einem 3-mm-Bohrer bohrt man nun die aufeinandergesetzten Hölzer an und befestigt sie mit einer 7 cm langen Spanplattenschraube. Ein elektrischer Schrauber leistet dabei gute Dienste.

Sind alle fünf Rahmen fertig, setzt man sie aufeinander und verschraubt sie miteinander. Vorbohren ist unerläßlich, damit das Holz nicht reißt. Am Bodenteil befestigt man, wie für einen zweiten Rahmen, im Innenteil einen Rand aus Dachlatten. Auf diesem Rand liegt später die Bodenplatte auf.

Eine andere Bauweise besteht darin, daß man die Hölzer an einer bestimmten Länge U-förmig einklinkt und zwar ebenfalls um die halbe Holzstärke. Es ist unerläßlich, sich diese Stellen vorher genau auf dem Holz anzureißen. Diese Markierungen werden dann vorsichtig eingesägt, und den verbleibenden "Klotz" entfernt man vorsichtig mit einem Stechbeitel. Dabei heißt es sehr vorsichtig vorzugehen, denn sonst bricht das Endstück mit ab. Sind alle Hölzer ausgeklinkt, werden sie gestrichen, um sie dann zusammenzusetzen. Die einzelnen Rahmenteile werden wie zuvor beschrieben zusammengeschraubt.

Die Bodenplatte fertigt man aus wasserabweisenden Hartfaserplatten, die unter dem Namen Spanofen F-0 gehandelt werden. Diese Platten halten ausreichend lange, wenn sie mit Dränagelöchern versehen sind und der Kasten selbst über ein Dränagesystem verfügt.

Holzgefäße für den Innenbereich

Gute Fachgeschäfte bieten in ihren Hydrokultur-Abteilungen Großgefäße an, die mit edlen Holzdekoren versehen sind. Es gibt sie in Standardgrößen und Sondermaßen, und es werden wunderschöne Einzelformen angeboten, die sich variabel kombinieren lassen. Ein auswechselbarer Kunststoffeinsatz in genormter Höhe erlaubt wahlweise eine Hydrokultur-Bepflanzung oder eine Bestückung mit Pflanzen in Erdkultur. In solider handwerklicher Qualität aus Eschenholz verarbeitet, entstehen so funktionelle "Möbelstücke" in zeitlos schlichtem Design.

Die Gefäße besitzen Füße, hinter denen eine Gleitrolle eingebaut ist. Dies verhindert Abdrücke im Teppichboden und mühsames Hochheben entfällt, weil das Gefäß auf den Rollen gleitet.

Die gängigsten Formen dieser Gefäße sind: Quadrat 50 x 50 cm oder 60 x 60 cm, Sechseck 70 cm Seitenlänge, Achteck 60 cm Seitenlänge, Rechteck 80 x 35 cm oder 120 x 40 cm.

Eschenholz kann, bedingt durch seine feine Maserung, problemlos in andere Holzfarbtöne umgefärbt werden. Je nach Maserung fallen die Farbtöne geringfügig unterschiedlich aus, was jedem einzelnen Gefäß eine gewisse Individualität verleiht. Alle Holzgefäße erhält man in den gängigen Holzfarbtönen wie Eiche hell, Eiche rustikal, Mahagoni, Weiß, Grau und Schwarz. Damit passen sich diese Pflanzgefäße nicht nur in ihrer Form, sondern auch mit ihren Farben an die aktuellen Trends der Wohnraumgestaltung an.

Ganz neu auf dem Markt befindet sich ein sogenannter Indoor-Garten aus Holzbauteilen, der sich abgestimmt auf die jeweiligen Platzverhältnisse ganz nach den eigenen, individuellen Wünschen gestalten läßt. Eine stabile Holzkonstruktion, Knotenpunkte und Patentverbinder ermöglichen vielfältige Konstruktionsmöglichkeiten im Hinblick auf Form und Größe. Der Aufbau ist sehr einfach: Lediglich die Knotenverbinder und Seitenwände müssen zusammengesteckt und mit einem Kreuzschlitzschraubenzieher arretiert werden. Ist die Wunschform aufgebaut, werden nur noch die Bodenplatten eingelegt und die Spezialfolie eingebaut. Das Interessante an diesem Bausatz sind die unzähligen Gestaltungsmöglichkeiten, so daß sich das Pflanzgefäß ganz an das vorhandene Mobiliar anpaßt. Der In-door-Garten kann um Säulen herum gebaut werden, er läßt sich in Ecken einpassen oder bildet eine grüne Insel inmitten einer Wohnlandschaft. Lieferbar sind die Bauteile des Indoor-Gartens in allen gängigen, modernen Holzfarbtönen.

Betonwerkstoffe

Sehr große, teils sehr schwere und sehr lange haltbare Gefäße werden aus Betonwerkstoffen gefertigt. Wenn von Pflanzgefäßen in Verbindung mit Beton die Rede ist, so denken die meisten an Waschbetonkübel, doch Betonwerkstoffe bieten eine ganze Reihe unterschiedlicher Möglichkeiten.

Einer der wichtigsten Baustoffe für Pflanzgefäße ist die Faserzement. Leider ist Faserzement in Verruf geraten, weil ihm jahrelang Asbest als Faserstoff beigemischt wurde. Diese wirklich bedenkliche Beimischung wird jedoch von den Firmen seit Jahren nicht mehr eingesetzt, und man hat sich statt dessen intensiv um nicht gesundheitsschädliche Faserstoffe als Beimischungen bemüht. Die mittlerweile verwendeten Armierungsfasern sind wesentlich größer und geben weder bei der Verarbeitung noch bei dem Gebrauch des fertigen Produktes Anlaß zu gesundheitlichen Bedenken.

Die Faserzement-Produkte bieten den großen Vorteil, daß sie aufgrund der Faserarmierung sehr dünnwandig hergestellt werden können. Hierdurch ergibt sich eine enorme Gewichtsreduzierung gegenüber einem vergleichsweise gleich großen Zementgefäß mit einer Eisenarmierung.

Rechte Seite, großes Foto: Der aus Beton gefertigte Schuh ist eine weit verbreitete Gefäßform. Hübsch bepflanzt kann er sehr originell wirken.
Rechte Seite, kleine Fotos: Qualitativ hochwertige Betongefäße sind aus Marmorsplitt und weißem Zement gefertigt.

Das Material ist während der Herstellung beliebig formbar, was ihm sowohl im privaten als auch im Objektbereich kaum Grenzen setzt. Ein weiterer Vorteil liegt zudem darin, daß sich der Baustoff individuell einfärben läßt, was eine farbliche Abstimmung an sein Umfeld ermöglicht.

Gefäße aus Faserzement sind diffusionsoffen und verbessern somit die Sauerstoffversorgung der Wurzeln. Das Material hat die Eigenschaft, Wasser zu speichern, wodurch ein zu rasches Austrocknen verhindert wird. Durch das relativ geringe Gewicht (Substrat und Pflanzen wiegen sicherlich mehr) kann man eingewachsene Gefäße noch recht gut verrücken oder umstellen. Schließlich und endlich zeigen Faserzement-Gefäße eine relativ hohe Widerstandskraft gegenüber gewaltsamen Einflüssen von außen.

Nachdem der Baustoff Faserzement jahrelang in den Negativ-Schlagzeilen stand, sind die Hersteller heutzutage sehr darauf bedacht, dieses schlechte Image abzubauen. Es verwundert daher nicht, daß man genau erfahren kann, woraus Faserzement hergestellt wird.
Zusammensetzung von Faserzement:
Mit 40 Volumenprozent stellt Portlandzement den Hauptanteil. Dieses Produkt aus der Schweiz wird durch Brennen von Kalkstein und Tonmergel gewonnen.
11 Prozent machen Inertstoffe aus, die zur Optimierung der Produkteigenschaften beigemischt werden. Das kann zum Beispiel Kalksteinmehl sein oder gemahlener und erhärteter gebrauchter Faserzement.

Die eigentliche Armierungsfaser macht 2 Prozent aus. Es handelt sich dabei um eine synthetische, organische Faser mit dem Namen Kuralon. Ähnliche Fasern werden in Schutzgeweben oder Vliesstoffen verwendet.

Der Anteil von 5 Prozent Prozeßfasern wird als Filterfaser zur Herstellung von Faserzement benötigt. Hierbei handelt es sich um Zellstoffasern, wie sie auch bei der Papierindustrie benützt werden.

12 Prozent Wasser dienen zur weiteren Erhärtung des Produktes durch Hydratisierung.

Luft ist mit einem Volumenanteil von 30 Prozent innerhalb von mikroskopisch kleinen Poren vorhanden. Die Poren dienen gleichzeitig als Expansionsräume für gefrierendes Wasser. Hierdurch entsteht ein atmungsaktiver Baustoff mit einer "automatischen" Regulierung der Feuchtigkeit. Trotzdem sind Faserzement-Gefäße wasserdicht.

Schon allein bedingt durch ihre Formenvielfalt lassen sich Gefäße aus Faserzement sehr vielseitig einsetzen. Diese Erkenntnis setzt sich bei Garten- und Landschaftsbauern, Architekten, Städteplanern und Gartenbesitzern immer mehr durch.

Gefäße aus Faserzement findet man inzwischen häufig im städtischen Bereich als sogenanntes mobiles Grün – entlang von Straßen und Plätzen oder vor öffentlichen Gebäuden. Durch ihre Größe und die sehr variablen Kombinationsmöglichkeiten stellen sie nahezu ideale Gefäße für die Aufstellung auf versiegelten Bodenflächen dar. Dies gilt für den öffentlichen wie für den privaten Bereich. Gerade auch auf Terrassen und Balkonen stellen derartige Großgefäße nicht nur einen optischen Schmuck dar, sondern sie übernehmen zugleich eine wichtige Funktion als Sicherungseingrenzung.

Zement wird noch mit vielen weiteren Stoffkombinationen zu attraktiven Pflanzgefäßen verarbeitet. Besonders interessant ist die Verwendung von gemahlenem Kalk in Verbindung mit

Zement und Bindemitteln. Die genauere Rezeptur ist nicht bekannt. Britische Firmen haben sich darauf spezialisiert, Pflanzgefäße aus diesem Material herzustellen. In mühseliger Handarbeit wird die sehr zähflüssige Kalkbetonmasse in Formen gepreßt und langsam getrocknet. Das Resultat sind unglaublich schöne Formen in allen erdenklichen Größen, oft mit herrlichen, traditionellen Mustern versehen. Die Gefäßtypen sind häufig historischen Formen entlehnt, wie sie im Original an den zahlreichen Landsitzen und Schlössern in Großbritannien noch zu finden sind.

Aus Italien und Frankreich stammen Gefäße, die aus der Verbindung von Marmorsplitt mit Zement hervorgehen. Auch hier werden weitgehend klassische Formen hergestellt. Als traditionelle Formen können zum Beispiel auch die Schalen mit Fuß gelten. Sie weisen bisweilen einen sehr großen Durchmesser von mindestens 70 cm auf und bestehen aus zwei Teilen. Dies hat den Vorteil, daß man solch eine Schale noch bewegen kann, zum anderen kann überschüssiges Wasser ablaufen. Trotz der flachen Schalenform ist es wichtig, eine Dränage einzubauen. Die Gefäße sind ansonsten im Winter dem Eisdruck ausgesetzt, was zu ihrer raschen Zerstörung führen kann.

Tradition besitzen auch die Schalen mit Fuß, die höher als ihr eigentlicher Durchmesser sind. Es gibt sie in unterschiedlichsten Formen, mit klassischen Mustern versehen. Aufgestellt werden sie häufig paarweise – etwa rechts und links von Türen bzw. Eingängen. Durch die Beimischungen Marmorsplitt und weißer Zement sind die Gefäße sehr hart. Da beide Baustoffe von sich aus weiß sind, sind die Gefäße durchgefärbt weiß. Damit unterscheiden sei sich von manchen "Billigprodukten", die nur mit einer weißen Außenhaut versehen sind.

Die anfänglich sehr weißen Gefäße wirken neu recht steril und passen sich nur schwer ihrer Umgebung an. Doch schon kurze Zeit nach der Bepflanzung siedeln sich Algen, Flechten und Moose an und verleihen dem Gefäß einen leicht antiken Ausdruck. Wem das nicht gefällt, der muß diese Art von Gefäßen regelmäßig schrubben.

Beton kann durch Vermischung mit frostfesten Naturmaterialien und besonderen Zuschlagstoffen zu handwerklichen Kunstwerken verarbeitet werden. So entstehen kleine "Kunstwerke" – Pflanzgefäße, die zum Teil Werken namhafter Künstler nachempfunden wurden, oder aber sie orientieren sich an antiken Formen. Wer schon einmal einem Steinmetz über die Schulter geschaut hat, weiß, wie schwierig und zeitaufwendig es ist, aus einem Stein eine bestimmte Form zu gestalten. So etwas hat verständlicherweise seinen Preis. Eine sinnvolle und vor allem auch noch finanzierbare Alternative zur echten Steinmetzarbeit sind Gegenstände aus Beton.

Um diesen Nachbildungen einen Hauch von Echtheit zu geben, werden den Betonmischungen Farben beigemischt. Die häufigst verwendeten Farben sind Kalksteingrau und Sandsteinrot, welches mit Eisenoxidfarbe hergestellt wird, oder auch Anthrazit, das dann das Material wie Basalt aussehen läßt.

Trotz der Farbbeimischungen erhalten alle weißen "Betonteile" nach dem Trocknen noch einen Anstrich mit einer Spezialpatina, die nach dem Antrocknen von Hand teilweise wieder abgebürstet wird. Hierdurch erhalten alle Teile ein mehr oder weniger individuelles Aussehen. Bedingt durch Witterungseinflüsse

Florwallsteine sind bestens zur Hangbefestigung geeignet, doch nicht immer wachsen auch alle Pflanzen gut darin.

verändern diese Gegenstände dann sehr rasch ihre Oberfläche und wirken somit noch rustikaler.

Schon bei der Herstellung werden die Pflanzgefäße fast immer schon mit Löchern für einen ungehinderten Wasserabzug versehen. Das nachträgliche Anbringen von Wasserabzugslöchern gestaltet sich naturgemäß recht schwierig. Da diese Löcher produktionsbedingt sehr klein sind (selten ist der Durchmesser größer als 1 cm), muß man Sorge dafür tragen, daß das Loch nicht durch Erde verstopft wird. Abhilfe kann man hier mit einem kleinen Lochblech oder einem Stück unverrottbarem Vlies schaffen, das man über die Wasserabzugsstellen legt.

Pflanzgefäße aus Beton sind praktisch unverwüstlich und zeichnen sich durch eine sehr lange Lebensdauer aus. Solange ein Gefäß einen vernünftigen Wasserablauf hat, kann es auch nicht durch Eisdruck zerstört werden. Problematisch wird es, wenn ein Betongefäß Haarrisse durch mechanische Einwirkungen bekommt. Wenn sich hier später Wasser sammelt, kann bei Frost die Wandung abplatzen.

Die eigentliche Fertigung der Gefäße geschieht in Kautschuk-Negativ-Formen, die als zusätzliche Stütze ein Stahlkorsett aufweisen. In diese Formen wird der flüssige Beton (Betongüteklasse B 35) mit seinen Zuschlagstoffen und Farbstoffen eingefüllt und gerüttelt. Größeren Gefäßen werden leichte Armierungen aus Baustahl beigegeben. Um die Gefäße später leichter aus den Formen entfernen zu können, werden U-förmige Haken im Boden eingebaut. Sie werden nach Fertigstellung des Gefäßes einfach abgeschnitten. Die Trockenphase beträgt rund zwölf Stunden, danach kann man die Form bereits entnehmen. Bis zur eigentlichen Endaushärtung vergehen 28 Tage.

Gefäße, die in Stahlformen gegossen wurden, weisen an den Stellen, an denen die Formen zusammengeschraubt wurden, häufig Preßnähte auf. Diese werden bei qualitativ hochwertigen Gefäßen mit einer Flex nachpoliert und gegebenenfalls zusätzlich patiniert. Sind die Nähte nicht entfernt worden, erwecken die Gefäße gerne den Anschein, als ob sie aus zwei Teilen zusammengesetzt wären: bautechnisch ist dies mit Beton jedoch nicht möglich.

Besonders große und schwere Pflanzkübel aus Beton werden nach wie vor aus Waschbeton gefertigt. Waschbetongefäße werden in dickwandigen Stahlformen gegossen, wobei eine rasch abbindende flüssige Betonmasse in die Formen gefüllt wird. Die gesamte Mischung besteht aus dem Material, das später auch auf der Außenhaut des Gefäßes sichtbar ist. Bei der Fertigung wird zunächst die Innenwand der Glasfaser-LGFK-Form sehr sorgfältig mit einem Waschlack eingestrichen, danach wird die Betonmischung eingefüllt.

Nach zwölf Stunden Abbindungszeit werden die Formen geöffnet, und die Wandungen der Gefäße werden vorsichtig abgespült. Der Waschlack verhindert das Abbinden des Zements im äußersten Bereich der Gefäßwand, wodurch die Struktur und Farbe der Steine in Erscheinung tritt. Man unterscheidet vier verschiedene Arten von Waschlack, die je nach Konzentration die Abbindung unterschiedlich stark vermindern, was sich wiederum auf die Auswaschtiefe auswirkt.

Wenngleich die Verbrauchernachfrage nach dem herkömmlichen Waschbeton inzwischen zurückging, stoßen moderne Waschbetongefäße auf zunehmend positive Resonanz. Obwohl auf die gleiche Art und Weise gefertigt wie die herkömmlichen Waschbetongefäße, wirken moderne Produkte wesentlich gefälliger. Ihre Außenhaut besteht vielmehr aus gefälligen Splittarten in unterschiedlichsten Farben. Zugleich wird der Beton, farblich angepaßt an die Farbe des Splitts, eingefärbt. Die gängisten Splittfarben sind Rot, Gelb, Weiß, Anthrazit, gelegentlich werden auch Farbgemische verwendet. Die Oberflächenstruktur wirkt immer fein und gleichmäßig.

Der klassische Waschbeton als Pflanzgefäß ist weitgehend aus der Mode gekommen.

Mit ihren harmonischen Formen, abgerundeten Ecken und variablen Größen, die sich häufig auch miteinander kombinieren lassen, stellen Waschbetongefäße eine sehr sinnvolle Ergänzung der Pflanzgefäß-Palette dar. Vermutlich werden sie die herkömmlichen grauen Waschbetonkübel mit ihrer Kies-Oberflächen-Struktur bald vollkommen ablösen.

Aus Beton gefertigt werden ebenfalls die neuerdings sehr häufig verwendeten Pflanzringe, die als Abgrenzung oder auch zum Abfangen kleinerer oder auch schon mal größerer Böschungen verwendet werden. Es gibt sie in unterschiedlichen Formen, Größen und Farben. Hergestellt werden sie aus einer Mischung aus Splitt und Beton, die nur einen sehr geringen Anteil Sand enthält. Hierdurch erhalten die Pflanzringe ein poröses Aussehen, sind aber äußerst stabil. Man sollte nie mehr als fünf Lagen übereinander setzen. Erstens sieht es nicht gut aus, zweitens ist die Stabilität unsicher, und Schwierigkeiten mit der Bepflanzung wären vorprogrammiert.

Die Steine weisen in der Rundung einen Durchmesser von 50 cm, in der Kehle von 40 cm auf. Die Höhe beträgt 30 cm, und das Gewicht liegt bei 40 kg pro Stein. Soll eine Mauer entstehen, werden die Ringe jeweils um etwa die Hälfte versetzt aufgebaut. Bei Wallhöhen, die auf mehr als vier Ringreihen aufbauen, sollte die unterste Reihe auf ein frostsicheres Fundament aufgebaut werden. Die hufeisenförmigen Pflanzringe setzt man aus Gründen der besseren Standfestigkeit so zusammen, daß die Kehle jeweils in die Rundung des nächsten Steins greift. Auf diese Weise läßt sich sehr schnell eine variabel begrünbare Mauer im Trockenbauverfahren aufbauen, die dank ihrer porigen Oberflächenstruktur atmungsaktiv ist und somit durchaus als wachstumsfördernd zu bezeichnen ist – eine geeignete Pflanzenauswahl vorausgesetzt. Beim Aufbau werden immer wieder die gleichen Fehler gemacht: Zu häufig sind die Wände zu hoch, es wurde die falsche Erde verwendet, die Pflanzflächen wurden beim Aufbau zu eng geplant, oder es wurden die falschen Pflanzen ausgewählt. Was das Substrat betrifft, macht es keinen Sinn, schlichten "Mutterboden" – was immer man darunter verstehen mag – einzufüllen. Mit geeigneten Substraten setzt sich der Abschnitt ab Seite 151 auseinander, und nähere Informationen zur Pflanzenauswahl finden sich ab Seite 54.

Selbstbau von Torfzement-Gefäßen

Man muß nicht unbedingt den Beruf des Betonbauers erlernt haben, um sich Pflanzgefäße aus einer Mischung von Zement und Torf selber herzustellen. Dieser interessante Baustoff eignet sich ganz besonders gut, um Tröge und Kübel zu fertigen. Der große Vorteil liegt darin, daß man das fertiggestellte Gefäß noch nachbearbeiten kann, was bei reinem Beton nicht möglich ist. Zudem ist das fertige Produkt porös und somit wasserdurchlässig und sehr atmungsaktiv. Durch den Anteil an Torf, der für eine leicht faserige Struktur sorgt, bilden sich sehr rasch Algen und Flechten auf der Oberfläche, was dem Gefäß innerhalb kürzester Zeit einen altgebrauchten Anschein gibt. Gefertigt werden solche Kübel und Tröge in selbstgebauten Holzverschalungen oder anderen Gegenständen, die sich zu einer Verschalung umfunktionieren lassen. Der Phantasie sind hier keine Grenzen gesetzt, solange gewährleistet ist, daß man die Verschalung hinterher auch wieder entfernen kann, ohne den gefertigten Gegenstand dabei zu zerstören.

Für den Bau eines Troges benötigt man Bretter, die möglichst so breit sind, wie der Trog hoch sein soll. Müssen die

Rechte Seite: Die wie zufällig abgestellten Terrakottagefäße ergeben einen reizvollen Blickfang im Kräutergärtchen.

Bretter zusammengesetzt werden, erhält das Gefäß an der Stoßstelle eine Naht, die man nachträglich entfernen muß.

Mit den Brettern baut man sich eine Kiste mit Boden in beliebiger Größe. Der Boden wird mit großen Löchern versehen; etwa alle 20 cm fügt man ein Loch ein. Die Löcher werden mit Styropor oder mit Korken verschlossen. In die Verschalung wird nun ein Styroporblock gelegt, der um die Stärke der späteren Gefäßwandung verschmälert ist. Geht man also von einer außen gemessenen Gefäßbreite von 30 cm aus und einer Länge von 80 cm, bei einer Wandstärke von 5 cm sowie einer Gesamthöhe von 25 cm, so hat der Styroporblock folgende Ausmaße: Länge 70 cm, Breite 20 cm, Höhe 20 cm. Damit die Ecken später nicht rechtwinkelig, sondern rund ausfallen, stellt man schmale Dreieckslatten in die Ecken. Will man den Styroporkern später weiterverwenden, wickelt man ihn in dünne PVC-Folie ein, die man sorgfältig auf dem Block aufklebt.

Die eigentliche Torfzement-Mischung wird erst hergestellt, wenn alle Teile der Schalung zusammengestellt sind. Die Mischung setzt sich zusammen aus 4 Teilen Torf : 3 Teilen weißem Sand und 2 Teilen Zement. Damit die nicht ganz einfach zu verbindenden Teile sich gut mischen, wird ziemlich feucht, jedoch nicht zu flüssig angerührt. Als Torf besorgt man sich einen möglichst faserigen Torf; er macht sich optisch am besten. Unbedingt muß der Torf gut feucht sein, bevor er vermischt wird, denn trockener Torf befeuchtet sich nach dem Mischen nur sehr schwer (Torf hat die Eigenschaft, das Zehnfache seines Eigengewichtes an Wasser aufzunehmen). Zunächst wird der Boden in der Verschalung ausgegossen. Deshalb ist es wichtig, daß die Löcher in dem Verschalungsboden mit ausreichend hohen Stopfen verschlossen sind. Anschließend legt man den eventuell in Folie verpackten Styroporkern ein, und man beginnt mit dem Verfüllen der Wandung. Hier heißt es vorsichtig vorgehen, damit der Block sich immer in der Mitte hält.

Hat man etwa 5 cm hoch eingefüllt, legt man dünne Baustahldrähte rund um den Styroporblock, so daß sie ziemlich genau in der Mitte der Wandung zu liegen kommen. Diese Drähte muß man sich vorher zurechtbiegen und genau anpassen. Für eine Wandhöhe bis 30 cm reichen zwei Lagen Draht. Das Einlegen des Drahtes muß sehr sorgfältig durchgeführt werden. Stahlstücke, die hinterher aus einem Gefäß ragen, sehen nicht nur häßlich aus, sondern stellen obendrein eine Gefahrenquelle dar. Möchte man in puncto Stabilität absolut sicher gehen, so kann man auch in der Senkrechten noch zusätzlichen Baustahl einziehen. Dies ist immer dann nötig, wenn die Wandhöhe 40 cm übersteigen soll. Zuletzt wird das Gemisch vorsichtig in die Schalung gestampft, ohne dabei den Styroporkern zu verschieben. Damit die Schalung vom Eigengewicht der Betonmasse nicht auseinandergedrückt wird, sichert man den oberen Rand mit zwei oder drei Dachlattenstücken, die man auf den oberen Rand nagelt. Damit das Gefäß urtümlich wirkt, braucht man es übrigens nicht unbedingt umlaufend auf gleichmäßige Höhe zu verfüllen.

Damit das nun fertig eingeschalte Gefäß nicht zu schnell trocknet und reißt, wird es regelmäßig mit Wasser besprüht. Nach zwei Tagen Trocknungszeit kann die Schalung entfernt werden. Hierzu

Materialien und Werkzeuge für den Selbstbau eines Torfzement-Troges

Schalbretter	6 bis 8 cm lange Nägel	Korken
Styroporblock	PVC-Folie	Tesaband
Dreieckleisten	Dachlattenstücke	Baustahl
Zement	Fasertorf	Sand
Maurerkelle	Hammer	Säge
Zange	Raspel	Schleifhexe

entfernt man zunächst den Styroporkern und dann ganz vorsichtig die Seitenteile. Dies geht besonders einfach, wenn man extra lange Nägel verwendet hatte, die man nicht ganz eingeschlagen hat.

Das ausgeschalte Gefäß ist wie ein rohes Ei zu behandeln, denn die eigentliche Endhärte tritt erst nach etwa 28 Tagen ein. Ecken, Kanten und unschöne Unebenheiten lassen sich in den ersten Tagen mit groben Feilen oder Raspeln oder mit einer Schleifhexe noch wunderbar nacharbeiten. Dadurch erhält das Gefäß alsbald ein sehr gefälliges Aussehen. Große Vorteile darf man in dem Selbstbau von Gefäßen dieser Art nicht erwarten – aber es ist sicher ein sehr nettes Hobby.

Macht man sich zusätzlich noch die Mühe, sich mit den geeigneten Pflanzenarten auseinanderzusetzen, so erhält man schneller als man denkt eine tolle Sammlung einmaliger, handgefertigter Miniaturgärtchen, die jahrelang Freude bereiten. Die Torfzement-Gefäße zeichnen sich durch eine sehr lange Lebensdauer aus.

Kunststoffe

Was wäre unsere Welt ohne Kunststoff, oft auch abfällig als Plastik bezeichnet. Begonnen hat alles im Jahre 1909 durch einen Herrn Baekerland, der das Bakelit erfunden hat, ein aus Phenol und Formaldehyd gefertigter Kunststoff. Daraus ließen sich erstmals serienmäßig die ersten Gebrauchsgegenstände fertigen. Die Kunststoff-Forschung hat mittlerweile ganz erstaunliche Resultate erzielt und Materialien hervorgebracht, die beispielsweise eine umweltgerechte Entsorgung oder Weiterverarbeitung erlauben.

Kunststoffe werden in komplizierten, chemischen Verfahren gefertigt, die man Polymerisation bezeichnet. Hierbei werden häufig zwei verschiedene Monomere (dies sind Einzelbestandteile eines Kunststoff-Rohprodukts) miteinander polymerisiert. (Man spricht hier von Mischpolymerisierung.) Diese so entstandenen Produkte befinden sich zunächst in einem hornartigen Zustand und lassen sich thermoplastisch weiterverarbeiten. Durch Zusatz von Weichmachern werden sie in einen elastischen bis zäh-lederartigen Zustand versetzt.

Der bekannteste Kunststoff ist das Polyvinylchlorid (PVC). Gleichzeitig gilt es auch als der am meisten umstrittene Kunststoff überhaupt, denn es ist schon in der Herstellung äußerst umweltschädlich, es zersetzt sich nicht und kann nicht wiederverwendet werden. Bedingt durch diese sehr negativen Eigenschaften hat das PVC in den letzten Jahren zunehmend seine Vorherrschaft am Markt verloren, und umweltfreundlichere Kunststoffe konnten sich mehr und mehr

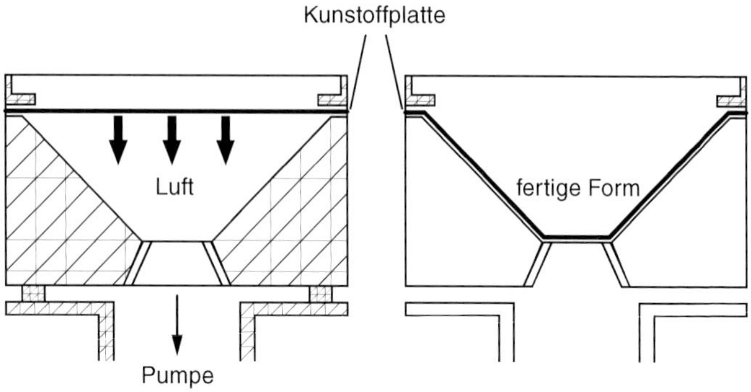

Vakuumformung von Kunststoffgefäßen (siehe Text).

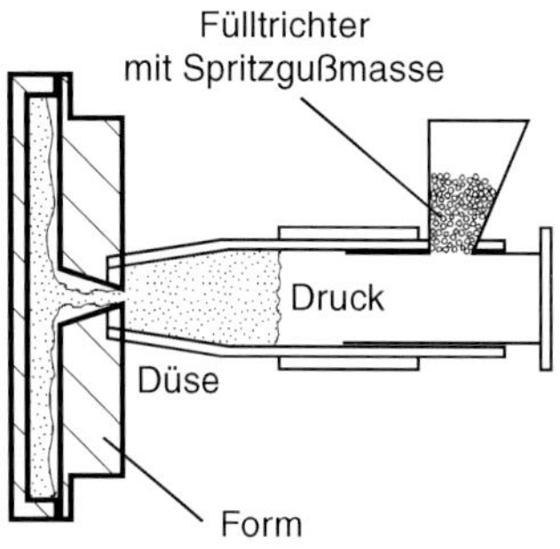

Spritzgußverfahren für die Herstellung von Kunststoffgefäßen (siehe Text).

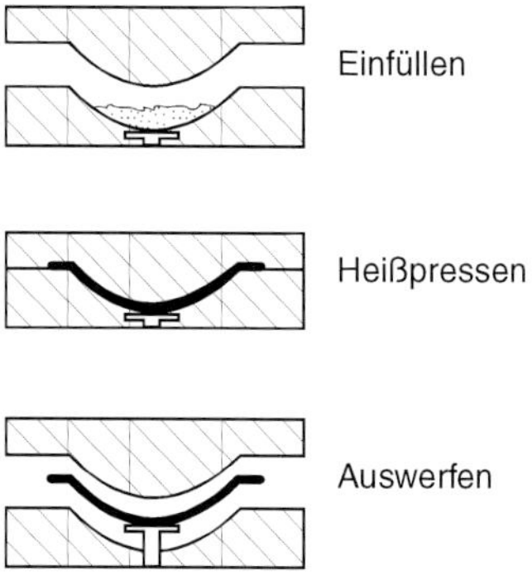

Formpreßverfahren für die Herstellung von Kunststoffgefäßen (siehe Text).

durchsetzen. Dies betrifft in erster Linie auch den Markt der Kunststofftöpfe, die heute mit ihrer ungeheuren Vielfalt einen nicht zu unterschätzenden Anteil innerhalb des Marktsektors der Pflanzgefäße einnehmen.

Nahezu vom Markt verschwunden sind auch die geschäumten Kunststoffe. Vor noch nicht allzulanger Zeit fertigte man daraus recht interessante Pflanzgefäße, die als Holzkübelimitate weitverbreitet waren. Da bei der Herstellung dieser Kunststoffe große Mengen Fluorkohlenwasserstoffe (mehr bekannt als FCKW) freigesetzt wurden, ist man von der Produktion, zumindest in Deutschland, abgekommen.

Polypropylen (PP), Polystyrol (PS) und Polyethylen (PE) sind Kunststoffe, die aus "natürlichen" Rohstoffen auf der Basis von Kohlenstoff und Wasserstoffverbindungen hergestellt werden. Sie werden chemisch weiterverarbeitet und sind recyclingfähig. Das weitaus preiswertere PVC wird weiterhin seine Verwendung im Erwerbsgartenbau für geraume Zeit finden, bis es wohl eines Tages durch umweltfreundlichere, neu entwickelte Kunststoffe abgelöst wird.

Bei der Kunststoffverarbeitung unterscheidet man verschiedene Verfahren, je nach Höhe von Wärme und Druck. Die Werkstücke werden ohne Spannung geformt, gegossen oder gepreßt.

Bei den sogenannten Duroplasten fließt das Rohprodukt in warmer Umgebung und bildet die Form unter Druck aus. Schon während des Preßvorganges härtet der Gegenstand ab und kann als fertiger Gegenstand aus der Presse entnommen werden. Thermoplaste müssen dagegen erst vollkommen auskühlen, bevor man sie aus der Form nehmen kann.

Der Kunststoff-Spritzguß stellt das wichtigste Massenproduktionsverfahren für Thermoplaste dar. Hierbei wird das gekörnte Rohmaterial portionsweise aufgeschmolzen und unter Druck in die kalte Form gespritzt. Es erstarrt sofort in der vorgegebenen Form. Nach kurzer Zeit stößt die Maschine das Teil aus, und der Vorgang wiederholt sich.

Große Teile, wie Kästen oder auch Schalen, werden häufig durch Vakuumformung gefertigt. Bei diesem Verfahren werden vorgewärmte Platten luftdicht auf den Rand der Form aufgesetzt. Gleichzeitig wird die Luft aus dem Zwischenraum abgesaugt. Der äußere Luftdruck zieht dabei die Platte in die Form.

Unabhängig von der Fertigungsmethode bildet die jeweilige Form den Dreh- und Angelpunkt der Produktion. Die Entwicklung und Herstellung solch einer Form verschlingt Unsummen und ist daher nur gerechtfertigt, wenn sich größere Mengen einer entwickelten Form produzieren und absetzen lassen.

Es versteht sich von selbst, daß wir im Rahmen dieses Buches nicht näher auf die Chemie der Kunststoffe und deren Weiterverarbeitung eingehen können.

In den letzten Jahren haben sich nicht nur die Kunststoffe selbst verändert, sondern vielmehr auch deren eigentliche Verarbeitung. Anpassungen an zeitgemäße Formen und Farben sind ebenso selbstverständlich geworden wie edle Oberflächenvergütungen.

Eine große Palette der unterschiedlichsten Gefäße wird aus Kunststoffen gefertigt, mehr als von jedem anderen Baustoff. Aus Kunststoff läßt sich heute jedes beliebige Gefäß in jeder erdenklichen Größe herstellen – vom kleinen Plastiktopf mit einer Größe von wenigen Zentimetern bis zum Großcontainer von mehr als 190 cm Durchmesser. Hinzu kommen die zahllosen Kopien anderer Werkstoffe, die man heutzutage aus Kunststoffen fertigen kann. Es gibt Gefäße aus Kunststoff, die wie Stein, Metall, Beton oder auch Terrakotta wirken. Manchmal muß man solch einen Gegenstand erst hochheben, um festzustellen, daß man einer Täuschung erlegen ist.

Wie bereits erwähnt, tut man den Pflanzgefäßen aus Kunststoffen unrecht, wenn man sie schlicht als Plastikkübel bezeichnet. Kunststoffgefäße sind vielseitig und bieten eine Reihe von Vorteilen:

- Alle aus Kunststoff gefertigten Gefäßtypen sind leichter als vergleichbare aus anderem Material.
- Kunststoffgefäße werden, egal zu welcher Größe, immer preiswerter sein als Gefäße aus anderen Werkstoffen.
- Sie sind wasserdicht, sofern der Boden keine Wasserabzugslöcher enthält.
- Moderne Kunststoffgefäße sind lichtecht und UV-stabil.
- Je nach Art des Kunststoffes sind sie bruch- und kratzfest.

- Sie verrotten nicht.
- Beläge an den Außenseiten kommen nicht vor.

Alle namhaften Firmen der kunststoffverarbeitenden Industrie sind dazu übergegangen, die Art der verwendeten Kunststoffe auf ihren Produkten zu kennzeichnen. Wenngleich man diese Hinweise nicht immer auf dem Produkt selbst finden wird, ergibt sich die Möglichkeit, beim Händler nachzufragen. Manche dieser Firmen sind inzwischen sogar bereit, ausgediente Produkte zurückzunehmen und sie einer geregelten Entsorgung zuzuführen.

Kunststoffgefäße finden ihre Verwendung sowohl im Innenraum als auch im Außenbereich. Für beide Bereiche haben sich ganz bestimmte Formen bewährt und durchgesetzt. Zimmerpflanzen werden heutzutage mit ganz wenigen Ausnahmen nur noch in Kunststofftöpfen angeboten. Sicher zum Leidwesen vieler Verbraucher, die den Tontopf immer noch bevorzugen. Für den Erwerbsgartenbau bedeutete die Erfindung des Kunststofftopfes geradezu einen Segen. Er ist billig, spart enorm Platz bei der Lagerhaltung, er ist leicht, was den innerbetrieblichen Transport ungemein erleichtert, und er ist hygienisch. Für eine Pflanze im Kunststofftopf findet man übrigens immer einen passenden Übertopf, was für einen Tontopf nicht zutrifft.

Sicher bietet ein Tontopf eine bessere Verdunstung und Belüftung, doch die anderen Vorteile sprechen für den Kunststofftopf. Skeptiker behaupten, daß Pflanzen in Plastiktöpfen schneller vergossen werden, als solche in Tontöpfen. Dazu meinte einmal ein Gärtner: "Jeder Blumentopf ist so gut, wie man selbst gießen kann."

Pflanzgefäße aus Kunststoff

Balkonkästen sind vermutlich mit die wichtigsten Pflanzgefäße aus Kunststoff. Man erhält sie in unterschiedlichen Qualitäten, die sich auf die Haltbarkeit und die Materialstärke sowie auf das aufgearbeitete Dekor beziehen. Balkonkästen gibt es in den Farben Braun, Grün, Weiß, Terrakotta und gelegentlich auch in Holzdekor oder Steinfarben. Die Standardlängen betragen 40, 60, 80 oder 100 cm. Gelegentlich erhält man auch diverse Zwischenmaße. Die Breiten sind auch weitgehend standardisiert auf 15 bis 16 cm und bei großvolumigen Kästen auf 20 cm. Eine Besonderheit stellen dann noch die Bewässerungskästen dar, die sich zunehmender Beliebtheit erfreuen. Näheres hierzu kann im Abschnitt »Die Wasserversorgung« nachgelesen werden. Die Haltbarkeit eines Blumenkastens hängt unmittelbar vom verwendeten Material ab. Billigkästen, die man bei einer Länge von 100 cm schon für weniger als 5 DM kaufen kann, haben eine Haltbarkeit von rund zwei Jahren, danach werden sie bereits brüchig.

Es empfiehlt sich also in jedem Fall, sich für hochwertigere Blumenkästen zu entscheiden, die wesentlich länger halten. Blumenkästen aus Kunststoff haben selten offene Abzugslöcher, vielmehr sind diese nur angezeichnet bzw. vorgestanzt. Vor dem Bepflanzen muß man sie also unbedingt öffnen. Hierzu stellt man den Kasten plan auf den Boden, oder noch besser auf eine brettartige Unterlage. Mit Hilfe eines Schraubenzie-

Stein- oder Betongefäße wirken erst so richtig, wenn sich eine natürliche Patinaschicht aus Algen und Moosen auf der Wandung bildet.

hers wird von der Innenseite des Kastens, unter gleichzeitigem Druck und einer Drehbewegung, das Abzugsloch geöffnet. Die Abzugslöcher dürfen nicht von der Außenseite her geöffnet werden – der Kastenboden würde unweigerlich brechen. Bei vielen Kästen stehen auf der Innenseite mehrere 1 bis 2 cm hohen Noppen, die man ebenfalls als Abzugslöcher verwenden kann. Werden nur diese geöffnet, bleibt immer eine Restmenge Wasser auf dem Boden des Blumenkastens.

Töpfe und Container spielen nicht nur im Erwerbsgartenbau eine Rolle, sondern auch im privaten Bereich. Töpfe dieser Art haben den bewährten Tontopf mit all seinen Vor- und Nachteilen inzwischen weitgehend abgelöst. Mit verschiedenen Formen, speziellen Dekors und Oberflächenbehandlungen eignen sie sich speziell entweder für den Innen- oder für den Außenbereich. Die Böden von Kunststofftöpfen sind sehr unterschiedlich präpariert.Von seitlich angebrachten Abzugslöchern bis hin zum Siebboden findet man verschiedene Öffnungen vor, die einen geregelten Wasserabzug gewährleisten sollen. Bei größeren Töpfen und Containern sind häufig Abzugskanäle im Boden eingeprägt, die zusätzlich für einen problemlosen Wasserabzug sorgen.

In Baumschulen haben Kunststoffcontainer schon seit Jahren Einzug gehalten – und in den letzten Jahren zunehmend an Bedeutung gewonnen. Die sogenannte Container-Kultur hat eine wesentlich erweiterte Pflanzsaison ermöglicht, so daß sich die Vermarktung von Baumschulware mittlerweile nahezu rund um das Jahr erstreckt. Wurde dieser Service der Baumschulen anfangs nur sehr zögerlich angenommen, so hat sich inzwischen längst herumgesprochen, daß man eine Pflanze aus dem Container das ganze Jahr über pflanzen kann. Im Grunde genommen endet die Pflanzsaison erst dann, wenn es 30 cm tief gefroren hat. Die meisten der großen, doppelwandigen Gefäße verfügen über eine enorme Stabilität und werden für Großpflanzen verwendet, wie man sie schon mal in großen Einkaufszentren oder Empfangshallen sehen kann. Die Farben der Töpfe, die im Innenbereich Verwendung finden, unterliegen meist der RAL-Farbskala. Die Farbtöne dieser internationalen Farbtafel besitzen allgemeine Gültigkeit, selbst bei vollkommen anderen Produkten. Zum Beispiel ist die RAL-Farbe 7035 (lichtgrau) auf dem Topf XY genau identisch mit der RAL-Farbe 7035 auf Bilderrahmen aus dem Hause A.

Neben den normalen Töpfen, Containern und Großcontainern werden aus Kunststoffen auch noch sogenannte Schmuckcontainer gefertigt, die sich durch ihre besondere Form oder einem schönen Dekor von einem normalen "Plastiktopf" abheben. Hiermit sind eckige, quadratische oder auch etagenförmige Gefäße gemeint, die hauptsächlich im Innenbereich ihre Verwendung finden. Die Oberflächen solcher Gefäße sind fast immer hochglanzpoliert, oder sie verfügen über eine interessante Oberflächenstruktur.

Sehr stark an Bedeutung zugenommen haben Terrakotta-Imitationen aus Kunststoff. Darin werden hauptsächlich subtropische Pflanzen wie Oleander, Granatapfel, Buchs, *Callistemon* oder auch Zitrusgewächse angeboten. Die Gefäße sehen der echten Terrakotta so täuschend ähnlich, daß man erst beim näheren Betrachten merkt, daß man es mit Kunststoff zu tun hat. Und die wesentlich stärkere Wanddichte eines echten Terrakotta-Gefäßes täuscht der stark nach innen gewölbte Rand vor.

Neben der vorzüglich getroffenen Farbe verstärken die klassischen Formen wie Campagna, Dopobordio oder Cylindertopf den guten Eindruck. Ganz neu auf dem Markt befinden sich die Girlandentöpfe, die ein klassisches, italienisches Terrakotta-Muster aufgreifen. Die matt gehaltenen Oberflächen wirken wie Terrakotta, bergen aber alle positiven Eigenschaften eines Kunststoffgefäßes in sich. Als größten Vorteil jedoch kann man derartige Gefäße an Standorten plazieren, die ein Terrakotta-Gefäß – wegen mangelnder Frostbeständigkeit – im Winter nicht aushalten würde.

Ganz besonders hochwertige Terrakotta-Imitationen werden zusätzlich mit bunten Randdekoren versehen. Es kann sich um einfache bunte Bordüren handeln, oder aber um klassische Muster vergangener Kulturen. Besonders aktuell sind derzeit Inka- oder Indianermuster. Gefäße dieser Art finden wiederum im Innen- und Außenbereich Verwendung.

Schalen aus Kunststoff haben schon vor Jahren Einzug auf dem Markt gehalten und sind inzwischen nicht mehr wegzudenken. Besondere Bedeutung haben sie im Frühjahr und Herbst, insbesondere für die saisonale Grabgestaltung. Die Hauptfarben sind Braun, Weiß, Terrakotta und Steinfarben. Der Durchmesser der Schalen beginnt bei 15 cm und endet – bis auf Ausnahmen – bei 50 cm.

Die Außenseite der Schalen variiert von glatt über geriffelt bis hin zum Wellrandmuster. Von der Tiefe her erlauben die modernen Schalen, die übrigens fast ausnahmslos konisch zulaufen, eine Bepflanzung mit normal großen Saisonpflanzen. Ähnlich wie bei Kunststofftöpfen sind auch hier die Löcher für eine ausreichende Dränage fast immer schon vorgestanzt.

Eine Besonderheit unter den Schalen bilden die sogenannten Grabschaleneinsätze. Es handelt sich hier um Kunststoffeinsätze für hochwertige Schalen aus Bronzeguß, die man heutzutage zur Sicherung vor Diebstahl auf den Grabplatten befestigt. Damit man diese Schalen nicht immer mühsam von den Grabplatten abschrauben muß, verwendet man diese Einsätze. Es gibt sie in genormten Größen, passend zu den bestimmten Schalen und am selben Einkaufsort wie die kostbare Bronzeschale. Der mit Griffmulden versehene Einsatz läßt sich problemlos und jederzeit aus der Hauptschale heben. Bepflanzt ist er – in der Schale versenkt – nicht zu sehen.

Wenngleich Schalen in erster Linie als Grabschmuck Bedeutung haben, so werden sie aber auch in anderen Bereichen eingesetzt. Besondere Wirkung erzielen bepflanzte Schalen auf Mauervorsprüngen, Hauseingängen oder Mauerpfosten. Dank ihres Materials stellen sie ein hervorragendes Gefäß für eine Ganzjahresdekoration dar. Auch bei den Schalen hat natürlich das neuartige Terrakotta-Design Einzug gehalten.

Ampeln sind das ideale Pflanzgefäß für hängende Pflanzen. Man erhält sie in unterschiedlichen Größen, die bei einem Durchmesser von etwa 20 cm beginnen und bei rund 50 cm enden. Wesentlich größere Gefäße erscheinen nicht sinnvoll, weil das hängende Gefäß unter dem Gewicht des Substrates und der Pflanzen verformt würde. Recht zweckmäßig sind die Ampeltöpfe, in deren

Topf-Rudbeckien blühen auch in der Ampel unermüdlich, sofern sie regelmäßig gedüngt werden.

Rand eine Hängevorrichtung eingesteckt oder eingeklinkt werden kann. Die dreiteilige Hängevorrichtung endet in einem Hängebügel, der als Aufhänger für die Ampel dient. An der Ampelunterseite befindet sich ein integrierter Untersetzer, der ein ständiges Tropfen nach dem Gießen verhindern soll. Als Wasserspeicher eignet er sich nicht, weil er zu klein ist. Ampeltöpfe aus Kunststoff werden in den Farben Weiß, Braun, Steingrau und Terrakotta angeboten. Gelegentlich findet man sie in Moosgrün, Blau und in anderen gerade aktuellen Farben.

Ampeln mit größeren Durchmessern besitzen als Hängevorrichtung eine Kordel aus Kunstfaser oder aber eine Kette. Beides gewährleistet einen besseren Halt, denn das Gewicht einer vollbepflanzten Schale nach dem Gießen ist nicht zu unterschätzen.

Ampeltöpfe werden gerne in Hauseingänge, an Balkondecken oder Pergolapfosten gehängt. Beim Aufhängen sollte man die Höhe bedenken: Nichts ist ärgerlicher, als sich ständig mit dem Kopf an einer Ampel zu stoßen. Hängt man sie andererseits zu hoch auf, bereitet die Pflege unter Umständen Schwierigkeiten. An eine ausreichende Sicherung ist unbedingt zu denken. Vom Wind bewegte Ampeln machen sich sehr gerne selbständig. Fällt eine bepflanzte Ampel aus 2 m Höhe auf den Boden, zerbricht sie mit Sicherheit. Verwendet man zum Aufhängen offene Haken, so sollte man diese zusätzlich mit Draht am Ampelbügel sichern. Besser sind geschlossene Rundhaken, in die man die Ampel einhängt.

Bedingt durch ihren Standort, sind Ampeln häufig Wind und Wetter ausgesetzt. Für eine zeitweilige Bepflanzung mit Sommerflor eignen sie sich durchaus. Für die Herbst- und Winterbepflanzung erscheinen sie jedoch weniger gut geeignet, weil die Pflanzen den ungünstigen Witterungsverhältnissen zu stark ausgesetzt wären und die Ampeln dagegen nur unzureichenden Schutz bieten.

Wandgefäße aus Kunststoff sind weniger bekannt als solche aus Terrakotta. Trotzdem findet man sie gelegentlich vor, häufig handelt es sich dann um Kopien von Formen aus anderen Materialien. Bedingt durch ihre meist geringe Größe eignen sie sich in erster Linie für eine saisonale Bepflanzung mit Sommerblumen.

Spindeln aus Kunststoff waren eine Zeitlang sehr weit verbreitet. Inzwischen hat sich dieser Trend etwas gelegt, nur in manchen Gegenden trifft man sie noch sehr häufig an. Die Gefäße setzen sich aus zwei spitzkegelig verlaufenden

Eine interessante Variante einer Wandampel.

Formen zusammen, die an den schmalsten Stellen miteinander verbunden sind. Modernere Formen sind wie eine große Schale geformt, die auf einem Fuß steht. Der Fuß ist dabei im Vergleich zur Schale etwas höher. Der Fuß verfügt über eine Platte, die es erlaubt, Schale und Fuß miteinander zu verschrauben. Damit sich Schale und Fuß nicht verwinden können und um einen festen Sitz zu gewährleisten, ist häufig ein Zapfen im Fuß eingebaut, der in die Schale ragt.

Spindeln werden in sehr unterschiedlicher Qualität angeboten, was ausschließlich einer Frage des Preises bedeutet. Eine Spindel mit einem Durchmesser von 40 cm und einer Höhe von 60 cm kann man bereits für weniger als 10 DM erstehen, nur darf man dann keine Ansprüche stellen. Hochwertiger Kunststoff, der gleichzeitig auch noch stabil genug ist, um ein Verwinden der Gefäße zu verhindern, hat seinen Preis. Die Oberflächen von Spindeln sind – ähnlich wie bei den Schalen – sehr häufig strukturiert und verleihen dem Gefäß damit ein gefälligeres Aussehen. Im wesentlichen werden Spindeln in den Farben Steingrau bis Betonfarben, Terrakotta, Weiß und Braun angeboten.

Recyclingmaterial

Recycling-Kunststoffe bestehen aus unterschiedlichen Kunststoffmaterialien, die geschreddert und danach mechanisch sowie chemisch aufbereitet werden. Unter Beimischung von frischen Kunststoffrohstoffen kann dann ein neuer Kunststoff hergestellt werden. Alte Kunststoffprodukte gelangen also auf diese Weise zu einer Wiederverwendung.

Recycling-Kunststoffe werden in erster Linie zu Paletten, Verpackungen, Kompostern und anderen Verbrauchsgütern weiterverarbeitet. Für die Herstellung von Gefäßen hat Recycling-Kunststoff keine allzugroße Bedeutung. Die Gründe dafür sind naheliegend. Gegenstände aus Recycling-Kunststoff sind dickwandig und schwerer als vergleichbare Stücke aus neuen Kunststoffen. Außerdem fehlen noch weitere Vorteile, die andere Kunststoffe auszeichnen. Lediglich als Ausgangsmaterial für Pflanzschalen haben Recycling-Kunststoffe eine gewisse Bedeutung erlangt. In erster Linie werden Pflanzschalen in den altbekannten Formen produziert. Die sehr preiswerten Schalen zeichnen sich durch eine recht gute Haltbarkeit aus. Erhältlich sind sie mit Seitenlängen von 20 bis 50 cm und in den Farben Dunkelbraun, Hellbraun, Beige und Aschgrau.

Neue Kunststoff-Gegenstände haben je nach Kunststoffart immer einen gewissen Eigengeruch, der bisweilen auch unangenehm ist. Recycling-Kunststoffe riechen brandig bis geräuchert, was sich aber nach geraumer Zeit verliert. Negative Einwirkungen auf den Pflanzenwuchs, auch bei größerer Hitze, sind bei Gefäßen aus Recycling-Kunststoff bisher nicht bekannt geworden.

Torf-Zellulose-Gefäße

Im größeren Stil haben sich Gefäße aus Torf-Zellulose leider bei uns nie durchgesetzt, dennoch stellen sie eine sehr sinnvolle Bereicherung auf dem breiten Markt der Pflanzgefäße dar. Für den umweltbewußten Verbraucher, der Kunststoffe ablehnt, bieten sie eine Alternative. Die aus Weißtorf und Zellulose gefertigten Pflanzgefäße sind zu 100 Prozent kompostierbar und lassen sich somit einem problemlosen Kreislauf der Natur zuführen.

Zunächst einmal kennt man Anzuchtgefäße aus diesem Material. Es gibt sie rund, eckig oder in Stripform. Nach dem Befüllen mit Kultursubstraten werden Jungpflanzen einpikiert, die bis zum Umtopfen oder Auspflanzen heranwachsen. Das Umsetzen gelingt ohne jeglichen Umtopfschock. Die Wurzeln haben bis dahin häufig die dünne Wand des Torftopfes durchwachsen, so daß die Pflanzen sofort weiterwachsen und sich schnell entwickeln. Ganz billig ist diese Methode nicht, sie birgt aber den Vorteil, daß die jungen Pflanzen rascher heranwachsen.

Ein romantischer Topfgarten – die unaufgeräumte Ordnung wirkt hier sehr reizvoll.

Nach dem Umtopfen oder Auspflanzen zersetzen sich die dünnwandigen Töpfe sehr schnell im Boden.

Weniger bekannt sind Balkonkästen, Schalen und Töpfe aus Torf-Zellulose. Die Wandungen sind hier jedoch bedeutend dicker als bei den Anzuchtgefäßen, was eine wesentlich längere Haltbarkeit bedingt. Bei den kleinen Töpfen beträgt sie wenige Wochen, Großgefäße hingegen halten für zwei bis drei Kulturperioden (zwei bis drei Frühjahrsbepflanzungen). Durch die beständige Nässe beginnen sie dann, sich allmählich aufzulösen und können ganz einfach – zusammen mit den Pflanzen – kompostiert werden. Die Haltbarkeit läßt sich ganz wesentlich verlängern, wenn man diese Art von Gefäßen möglichst wenig bewegt. Sind sie erst einmal bepflanzt, erweisen sie sich im feuchten Zustand als äußerst zerbrechlich.

Neben der Kompostierbarkeit bieten Torf-Zellulose-Gefäße noch weitere sehr wichtige Vorteile: Durch die lockere Struktur des Materials sind sie sehr atmungsaktiv und so wasserdurchlässig, daß man auf eine Dränage und Wasserabzugslöcher im Boden verzichten kann.

Die Oberfläche dieser Gefäße ist rauh und hat die Farbe von Torf. Durch Wassereinwirkung wird die Farbe dunkler. Als Nachteil hat es sich herausgestellt, daß das Gefäß selbst große Mengen Wasser aufnimmt und dieses sogar dem Pflanzsubstrat entzieht. Dies kann sich negativ auf die Bepflanzung auswirken, und zwar besonders wenn sie gerade frisch angelegt wurde.

Bisher erlangten derartige Gefäße nur eine geringe Popularität. Das mag an der Fremdartigkeit des Materials liegen und auch an dem höheren Preis, der vielen für einen Gegenstand von nur begrenzter Haltbarkeit nicht gerechtfertigt erscheint. Doch gilt es zu bedenken, daß Plastiktöpfe und Pflanzcontainer jährlich zu Millionen aus wertvollen Rohstoffen produziert werden, um nach Gebrauch eine sehr aufwendige und kostspielige Entsorgung in Anspruch zu nehmen. Dieses Wegwerf-Prinzip muß langsam in Frage gestellt werden.

Immer häufiger werden für die Anzucht von Beet- und Balkonpflanzen sogenannte Recycling-Töpfe aus Papier eingesetzt. Der Käufer setzt die Pflanzen, ohne den Topf aus Altpapier zu entfernen, direkt in seinen Balkonkasten oder in das Pflanzbeet. Zugleich darf er oder sie sich darüber freuen, einen Beitrag für den Umweltschutz geleistet zu haben. Denn Papiertöpfe verrotten innerhalb einer Kulturperiode. Für ihre Herstellung werden keinerlei chemische Zusätze verwendet. Die recht zweckmäßigen Anzuchtgefäße aus Papier finden allmählich Anklang, und sie werden mit Sicherheit eines Tages den billigen, aber eben gar nicht umweltfreundlichen PVC-Topf völlig ersetzen. Dieses neue Verfahren hat allerdings noch seine Anfangsschwierigkeiten zu überwinden. Viele Kunden sehen noch nicht den Sinn der Methode ein, oder es treten kulturtechnische Schwierigkeiten auf. Die kultivierten Pflanzen verhalten sich in diesen neuartigen Töpfen in der Tat anders, Bewässerung und Düngung müssen gegenüber üblichen Kulturverfahren geändert werden. Eine alte gärtnerische Regel besagt, daß sich die Kulturmaßnahmen dem jeweiligen Kulturgefäß (sprich dem Topf) anzupassen haben. Sicher war das nicht anders bei der Umstellung vom Ton- zum Kunststofftopf.

Moderne Container-Baumschulen beginnen ebenfalls mit der Verwendung von Töpfen und Containern aus Altpapier. Da diese Branche – wie schon berichtet – noch immer Überzeugungsarbeit zu leisten hat, was das ganzjährige Pflanzen von Baumschulware im Topf betrifft, hat sich der "Umwelttopf" noch nicht durchgesetzt. Er ist in den gängigen Größen mit einem Volumen von 2, 3 und 5 Litern lieferbar und hat eine Haltbarkeit von rund einem Jahr. Um die Haltbarkeit und Festigkeit zu verbessern, wird das Material zu Wellpappe geformt und mit natürlichen Substanzen stabilisiert.

Ist die Pflanze bis zu diesem Zeitpunkt nicht verkauft, sollte sie in einen herkömmlichen Container gesetzt werden. Leider siedeln sich zellulosezersetzende Pilze gern an der Außenseite der "Umweltcontainer" an. Andererseits stellt dies ein deutliches Zeichen für ein Recyclinggefäß aus gesunden Ausgangsprodukten dar. Warum dieser Containertyp noch nicht sehr bekannt ist, beruht wohl auf zwei Gründen: Zum einen bedeutet es einen erhöhten Arbeitsaufwand, wenn eine nicht verkaufte Pflanze am Ende der Saison umgetopft werden muß, zum anderen sehen die Töpfe durch den Pilzbefall nach einiger Zeit wirklich sehr unansehnlich aus. Schließlich sind Papier-Töpfe ungeeignet, wenn sie aus kulturtechnischen Gründen im bepflanzten Zustand häufig bewegt werden müssen. Es ist daher fraglich, ob es über kurz oder lang zu einer vollkommenen Umstellung auf Recycling-Töpfe kommen kann.

Alte Stücke, neu gesehen

Man könnte auch sagen: "Was sich mit Erde befüllen läßt, kann man auch bepflanzen". Geht man einmal aufmerksam durch Wohnviertel mit Vorgärten, so fallen die eigenwilligsten Gegenstände oder Gerätschaften auf, die mit buntem Sommerflor bepflanzt wurden: alte Wäschetrommeln, Mülleimer, gußeiserne Kochtöpfe, alte Eimer, Milchkannen, Zinkwannen, Wäschezuber, Boiler, Schubkarren, alte Bauernwagen. In Industriegebieten findet man häufig ausgemusterte Maschinen oder Geräteteile, die sozusagen als bepflanztes Denkmal umfunktioniert wurden. Besonders augenfällig ist dies in Gebieten, in denen Bergbau betrieben wird oder wurde. Häufig kann man hier Loren oder Teile einer alten Förderbandanlage bewundern, die sehr liebevoll restauriert und bepflanzt wurden.

Vor einigen Jahren boomte der Import alter, kupferner Küchengerätschaften aus Anatolien, Pakistan und Indien, die bei uns als dekorative Pflanzbehälter Verwendung fanden. Dieser Trend hat sich inzwischen etwas gelegt, was sicherlich weniger an der Nachfrage als an der Tatsache liegen mag, daß der Nachschub ausbleibt. Mit zunehmender Blüte der Geschäfte wurde allerdings die Qualität der teilweise nur notdürftig reparierten Gefäße immer schlechter.

Die Importeure dieser Gegenstände kaufen die Gefäße und Gegenstände nach Gewicht ein und zeichnen sie dann einzeln mit Preisangaben aus. Sicherlich ist nicht jedes Gefäß eine wirkliche alte Handarbeit, viele Teile sind auf alt getrimmt. Kaufen kann man derartige Gegenstände in Möbelmärkten, Teppichgeschäften und in Gartencentern.

Nicht jeder ist mit diesen Gefäßen glücklich geworden, nachdem er sie mit Erde befüllt und bepflanzt hat. Allzuoft starben die Pflanzen innerhalb kürzester Zeit ab. Die alten Kupfergefäße bestehen nämlich aus reinem Kupfer, oder sie sind an der Innenseite mit Zink beschichtet. Beide Metalle oxidieren sofort, wenn sie mit Feuchtigkeit und Sauerstoff in Berührung kommen. Diese Oxide wirken toxisch auf alle Pflanzen.

Dieser alte Kupferkessel diente früher in Vorderasien einmal als Kochtopf.

Es gibt allerdings mehrere einfache Möglichkeiten, diese Metallgefäße so umzugestalten, daß sie sich auch als Pflanzgefäß bewähren. Der einfachste Weg besteht einfach darin, das Gefäß mit einer dünnen Folie auszukleiden, sozusagen als Trennschicht zwischen

Große Weidenkörbe sind wunderbare Pflanzgefäße, in denen Pflanzen gut wachsen können. Leider faulen die Körbe nach längerem Gebrauch.

Gefäßwandung und Erde. Mit etwas Geschick muß die Folie dann im oberen Rand in der Erde unsichtbar versteckt werden. Die Innenwandung kann auch mit einem einfachen Lack versiegelt werden. Mehrfaches Streichen bewirkt eine Versiegelung, die die Oxidation der Metalle verhindert.

Säuren und Düngerlösungen greifen diese Beschichtung allerdings mit der Zeit an, so daß man sie gelegentlich erneuern muß. Am haltbarsten ist eine Beschichtung aus Polyesterharz. Nachdem sie lange genug austrocknen und ausgasen konnte, stellt die Polyester-Beschichtung den dauerhaftesten Schutz dar. Auf ein Dränageloch im Gefäß verzichtet man besser und fügt stattdessen zuunterst im Gefäß eine Schicht Blähton ein. Schließlich kommt es nurmehr auf ein vorsichtiges Gießen an, damit die Pflanzen nicht zu naß stehen und unter Umständen unter Staunässe leiden.

Die genannten Versiegelungsmethoden empfehlen sich nicht nur für die "antiken" Kupfergefäße, sondern ebenso auch bei allen anderen Metallen, die leicht oxidieren.

Manch einem sind die alten, liebgewordenen Stücke, die man geerbt oder auf einem Flohmarkt erstanden hat, zu schade, um mit Erde befüllt zu werden. Wem eine Bestückung mit Pflanzen respektive Blumen nun aber dringend vorschwebt, findet vielleicht in einem Trockenblumenstrauß eine hübsche Alternative. Geschickte Floristen zaubern mit Hilfe von Trockenblumen wunderschöne Arrangements, abgestimmt in Stil und Farbe auf das "alte Stück" und die Wohnumgebung.

Besonderheiten unter den Pflanzgefäßen

In Städten, die noch Wert auf Blumenschmuck legen oder die noch das Geld dafür haben, sieht man gelegentlich große blühende Säulen, Pyramiden oder anderes großvolumiges "mobiles Grün", welches das Straßenbild wohltuend verschönert. Nicht selten erreicht die Pflanzenmasse eine Höhe von 2 bis 2,5 m und eine entsprechende Breite.

Manchmal haben die Rankgerüste die Form eines bestimmten Symbols. Dabei kann es sich um Abkürzungen von Firmennamen oder um bestimmte Zeichen handeln, gelegentlich findet sich die Nachbildung von Tieren. Gebaut sind diese Körper aus großen Baustahlmatten, die zu einer bestimmten Form zusammengeschweißt werden. Dieser Körper wird dann auf eine Platte gebaut, die aus einem siebartigen Boden besteht. Damit solch ein Gegenstand auch noch transportfähig bleibt, befinden sich im unteren Bereich Füße, die ein Unterfahren mit einem Gabelstapler erlauben. Anders läßt sich das zentnerschwere Gerät später nicht mehr transportieren.

Ein dünnes Geotexvlies kleidet die Innenseite der Form aus Baustahlmatten aus. Es wird sorgsam verspannt und befestigt. Zu Befüllen wird eine leichte, stark torfhaltige Erde verwendet. Das Substrat sollte ein geringes Volumengewicht und ein hohes Wasseraufnahmevermögen aufweisen. (Näheres dazu auf Seite 158.)

Wenn der Pflanzkörper mit Substrat gefüllt und an Ort und Stelle transportiert wurde, schneidet man die einzelnen Felder des Geotexvlieses mit einem Rasierklingenmesser kreuzweise auf. Die so entstandenen Öffnungen bilden ideale Pflanzlöcher, die jeweils eine Pflanze aufnehmen können, ohne daß dabei die Erde herausfällt. Bei der Bepflanzung beginnt man von unten und arbeitet nach oben, dadurch ergibt sich ein dachziegelartiger Aufbau. Verwenden kann man fast jede Pflanze. Nur sollte man bei Kombinationen verschiedener Arten darauf achten, daß die Pflanzen in etwa die gleichen Ansprüche stellen. Jedoch haben sich für die Art von Pflangefäßen einheitliche Bepflanzungen mit hängenden Geranien am besten bewährt. Bei besonders hohen Pflanzkörpern empfiehlt es sich, ein Bewässerungsrohr mit einzubauen. Dieses Rohr reicht von oben bis unten auf den Boden und besitzt in Abständen von etwa 5 cm Bohrungen, die für eine genauere Wasserverteilung sorgen. Bei einem Pflanzkörper von 2 m Höhe reicht ein 5 bis 6 cm starkes Plastikrohr mit einer ausreichenden Anzahl an Löchern. Wo auf das Bewässerungsrohr verzichtet wurde, sehen die oben eingesetzten Pflanzen sehr gut aus, die Mitte wirkt kümmerlich, während die untersten Pflanzen wieder üppig gedeihen. Dies ist ausschließlich eine Frage der Wasserversorgung. Von außen lassen sich eben senkrechte Pflanzebenen – und um solche handelt es sich meist – kaum mit Wasser versorgen.

Im privaten Bereich spielen derartige Pflanzkörper nur eine sehr untergeordnete Rolle, weil sie einfach zu groß und schwer sind. Und genau darin liegt die Schwierigkeit, denn die prachtvolle Wirkung beruht ganz allein auf der Größe und der Masse an blühenden Pflanzen.

Sicherungstechnik und Zubehör

Das Absichern von Pflanzgefäßen hat zwei wesentliche, aber auch sehr unterschiedliche Gründe. Zum einen will man verhindern, daß ein Pflanzgefäß umfällt oder aber von einem Geländer oder einer Fensterbank abstürzt. Zum anderen bedeutet die Sicherung zugleich einen gewissen Schutz vor Diebstahl. – Man bedenke: Die vielen, liebevoll zusammengestellten Pflanzgefäße, die ungesichert am Hauseingang, direkt an der Straße stehen, wecken tatsächlich bisweilen Begehrlichkeiten.

Diebstahlsicherung

Dübelbefestigung. Größere Schalen können, unabhängig vom Material, mit Hilfe von Messingdübeln direkt auf einem Mauervorsprung, an der Treppe oder jedem anderen Standort befestigt werden. Die Messingdübel bekommt man im Eisenfachhandel in fast jeder Größe, ihr Einbau ist praktisch problemlos. Man benötigt lediglich eine Schlagbohrmaschine und einen Satz Vidiabohrer. Je nach Stärke des Dübels ist es ratsam, mit einem kleineren Bohrer vorzubohren. Zur eigentlichen Befestigung verwendet man sogenannte Maschinenschrauben, die auch in Messing erhältlich sind. Dann sind sie zwar teuerer, aber Messingschrauben beugen späteren Rostflecken vor, die bei einer Eisenschraube zwangsläufig entstehen. Die Schraube wird durch eines der Abzugslöcher des Gefäßes geführt und mit dem Dübel auf dem Standort verschraubt. Damit nicht der gesamte Druck der Verschraubung auf dem Gefäßboden lastet, sollte man unterhalb des Schraubenkopfes eine möglichst große Unterlegscheibe einfügen (Abbildung).

Bei Gefäßen, die am Boden einen Rand aufweisen oder Füße besitzen, kommt auch eine umgekehrte **Verschraubung** in Frage. Hierzu werden nicht rostende Gewindestangen in den Standplatz eingelassen, die dann durch das Gefäß geführt und miteinander verschraubt werden. Die Gewindestangen selbst werden an den vorgebohrten Plätzen mit schnellbindendem Zement oder mit Schwefelkies eingegossen.

Verankerung von Großgefäßen im Boden mit Hilfe einer Gewindestange.

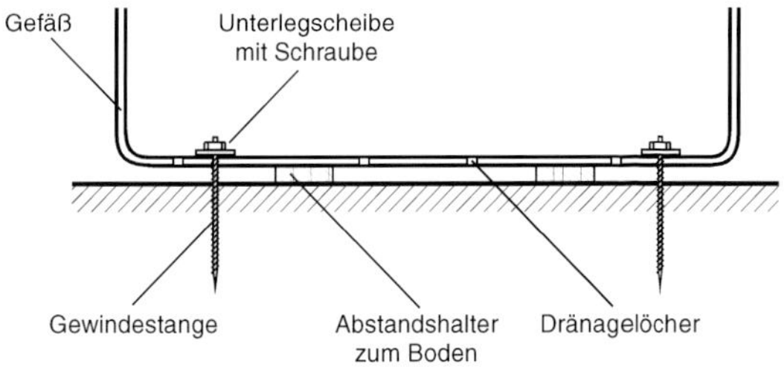

Balkonkastenhalter

Ganz besonders wichtig ist die Halterungstechnik an einem Balkon. Überhängende Kästen sind besonders windgefährdet, was eine ganz besondere Absicherung erfordert. Das Angebot umfaßt zahlreiche Systeme, was durchaus seinen Sinn hat, denn nicht jeder Balkon hat die gleichen Aufhängemöglichkeiten. Die Farben der Halter sind den gängigsten Balkonkastenfarben Grün, Braun und Weiß angepaßt. Bei den Standardhaltern unterscheidet man zwischen einer leichten und einer schweren Ausführung. Für Bewässerungskästen und Eternitkästen sind unbedingt die breiteren und schwereren Spezialhalter zu benutzen. Ein normaler Kastenhalter würde dem wesentlich höheren Gewicht nicht standhalten. Balkonkastenhalter, die sich mehrfach verstellen lassen, sind besonders zu empfehlen. Diese Halter im Bereich der Balkonbrüstung können von 3 bis 14 cm Breite verstellt werden. Für den Kasten kann die Breite von 10,5 bis 21 cm variieren, bei einer Kastenhöhe von 17 cm.

Für Mauern gibt es einen Spezialhalter in H-Form, er kann stufenlos für Kasten und Mauer gleichzeitig eingestellt werden. Außerdem gibt es einen besonderen Halter für Fensterbänke, der mit Flügelschrauben an der Fensterbank befestigt wird. Der Halter ist so konzipiert, daß er das Gefälle einer Fensterbank ausgleichen kann, so daß der Blumenkasten waagerecht steht. Dies sieht nicht nur sehr viel besser aus, es erleichtert auch die Pflege und vor allem das Gießen.

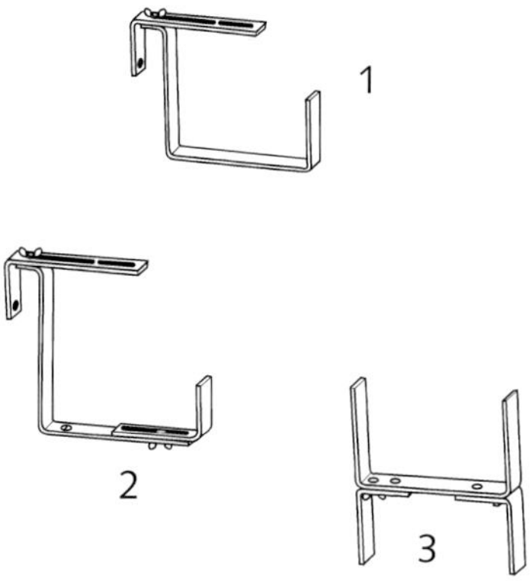

Verschiedene Ausführungen von Balkonkastenhaltern.
1 verstellbar nur für die Breite der Balkonbrüstung
2 verstellbar für die Breite von Balkonbrüstung und Kasten
3 Halter für Mauern

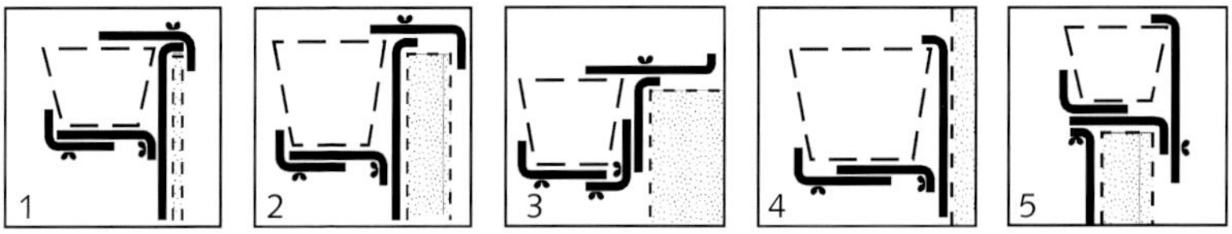

In drei Dimensionen verstellbarer Balkonkastenhalter mit Regulierschraube für das seitliche Abstützen.
1 und 2 auf verschiedene Breiten eingestellte Auflagestütze
3 Befestigung an einer Fensterbank
4 zum Montieren an eine senkrechte Wand
5 zum Aufsetzen auf Mauern und Brüstungen bis 10 cm Breite

Schließlich sei noch ein Spezialhalter erwähnt, der an Gitterstäben befestigt werden kann. Mit Hilfe einer vierfachen Verschraubung kann man Blumenkästen bis zu einer Breite von 19 cm rutschfest an Gittern befestigen. Damit eröffnet sich die Möglichkeit, ein unschönes Gitter mit Blütenschmuck zu kaschieren. Bei den Blumenkastenhaltern wird stets ein Paar pro Kasten benötigt. Um einen guten Sitz der Kästen zu gewährleisten, sollte der Halter jeweils im Bereich des äußeren Kastendrittels angebracht werden.

Für Holzkästen, die eine Breite von über 20 cm aufweisen, empfiehlt es sich, bei einem Schlosser Spezialanfertigungen in Auftrag zu geben. Es reicht dafür ein Bandeisen von 5 mm Stärke aus, das in der entsprechenden Kastenbreite mit dem passenden Wandhalter zusammengeschweißt wird. Auch Eigenkonstruktionen sollten vor der Lackierung verzinkt werden, wie dies bei der Herstellung der Standardhalter geschieht. Durch die ständige Feuchtigkeit und unter dem Einfluß der (salzhaltigen) Düngerlösungen würden die Halter ansonsten sehr schnell rosten und unansehnlich wirken.

Die Abbildungen verdeutlichen die einzelnen Typen und Möglichkeiten für die Aufhängung von Blumenkästen im einzelnen.

Umsturzsicherung

Freistehende Pflanzen in Containern sind sehr windgefährdet und fallen unter Umständen schon bei nur leichter Windbewegung um. Dies führt rasch zu Schäden an den Pflanzen, zum Bruch von Zweigen oder ganzen Blütenästen. Besonders ärgerlich wird es, wenn nach wiederholtem Umkippen das Pflanzgefäß zerbricht. Verschiedene, zum Teil sehr einfach durchzuführende Methoden verhindern, daß Pflanzen umfallen. Am einfachsten lassen sich die Gefäße sichern, wenn sie auf einer Rasenfläche oder auf gewachsenem Gartenboden stehen.

Im Gartenbaubetrieb werden Pflanzgefäße oftmals ganz einfach gesichert, indem man einen Stock durch den Topf bis in das darunterliegende Erdreich schlägt. Eine weitere sehr einfache Methode besteht darin, daß man drei Baustahlstäbe, die am oberen Ende so gekröpft sind, daß sie auf den Rand des Pflanzcontainers passen, in den Boden schlägt und somit den Container sichert. Man sollte wirklich immer drei Stäbe verwenden, denn der Wind würde die Pflanze sonst aushebeln und unter Umständen den Container zerstören. Bei einer Kübelhöhe von 35 cm sollten die Stäbe mindestens eine Länge von 60 cm haben. Da Baustahl sehr rasch rostet, die Halterungen anderseits sehr lange benötigt werden, empfiehlt sich ein Streichen oder noch besser ein Verzinken der Stäbe.

Wer statt dessen Holz bevorzugt, schlägt zur Sicherung von Pflanzcontainern drei Kanthölzer mit der Stärke 3 bis 4 cm in den Boden und klemmt den Container dazwischen. Pflanzcontainer, die seitlich Griffe aufweisen, können mit Seilen oder Drähten auf die Art abgesichert werden, so wie man ein Zelt mit Heringen befestigt.

Auf Standplätzen mit befestigtem Untergrund (Platten, Pflaster oder Beton) gestaltet sich die Sicherung im Pflanzcontainern schon erheblich schwieriger.

Die berühmte, handgefertigte Impruneta-Terrakotta aus der Toscana wirkt auch ohne üppige Bepflanzung sehr dekorativ.

Zunächst einmal bietet sich ein Anbinden an vorhandene Mauern an. Hierzu muß eine Öse oder ein Haken in der Wand befestigt werden, die dann über ein Seil oder eine Kette die Pflanze sichern. Bei Hochstämmchen ist unbedingt darauf zu achten, daß das Seil oder die Kette die Rinde der Pflanze nicht beschädigen kann. Eine kleine Bandage aus nicht zu auffälligem Material tut hier sicherlich gute Dienste.

Containerbaumschulen haben seit eh und je mit dem Problem Windsturz zu kämpfen. Für sie wurden spezielle Kunststoffhalterungen entwickelt, die die Standfläche von Baumschulcontainern vergrößern, wodurch die Pflanzen weniger windsturzgefährdet sind.

Zubehör

Eine ganze Reihe von Produkten steht mittlerweile zur Verfügung, die darauf abzielen, Pflanzgefäße einfacher zu handhaben oder auch, um den Blumenschmuck noch prächtiger wirken zu lassen.

Im Angebot sind die sogenannten **Balkonkastenleitern,** hergestellt aus verzinktem Eisen. Auf dieser Leiter können übereinander fünf Balkonkästen untergebracht werden. Diese Leiter erscheint besonders sinnvoll auf kleinen Balkonen oder Terrassen, weil auf engstem Raum große Mengen an Blumen Platz finden. Allerdings muß man sich die Bepflanzung vorher genau überlegen, denn die Kästen sitzen nach dem Aufbau sehr knapp übereinander.

Für Ampeln, die auf Seite 129f. schon näher beschrieben wurden, stehen zweckmäßige **Ampelhalterungen** zur Verfügung. Die aus Kunststoff, Holz oder Metall gefertigten Halterungen werden an einer Wand festgemacht (Dübel oder Schrauben gehören fast immer zum Lieferprogramm). Das obere Ende ist meistens mit einer Öse versehen, die genau für die Aufhängevorrichtung der Ampel paßt. Die bepflanzten Ampeln werden eingehängt und lassen sich leicht auswechseln.

Durch Temperaturschwankungen bildet sich unter Übertöpfen häufig Kondenswasser, das zu sehr unliebsamen Überraschungen auf Holzmobiliar führen kann. Um dieses zu umgehen, kann man sich kleine **Filzscheiben** kaufen und diese unter die Übertöpfe kleben. Man verwendet immer vier Stück für einen Topf. Die Scheiben sind etwa so groß wie ein 50-Pfennig-Stück, und sie sind mit einer selbstklebenden Beschichtung versehen. Schon der kleine Abstand zwischen Topf und Standfläche verhindert die Kondenswasserbildung, weil Luft zirkulieren kann. Außerdem verhindern die Filzplättchen ein Verkratzen der Holzoberfläche, falls der Übertopf einmal hin- und hergeschoben wird. Größere Pflanzgefäße aus Terrakotta stellt man am besten auf **Terrakotta-Füßchen**. Sie sollen gewährleisten, daß überschüssiges Wasser ablaufen und daß Luft zirkulieren kann. Je nach Topfgröße benötigt man drei oder vier solcher Füßchen, die man durch ihren wellenartigen Aufbau einmal höher oder auch niedriger aufstellen kann. Durch ihren besonderen Aufbau sind sie praktisch für jeden Terrakottatopf verwendbar. Der Einsatz solcher Füßchen erscheint nicht nur sinnvoll, sondern er bedeutet gleichzeitig eine Aufwertung des Gefäßes.

Terrakottagefäße haben sehr häufig einen sehr plan gedrehten Boden. Bedingt durch das hohe Gewicht saugen sich die Töpfe je nach Beschaffenheit der Standfläche quasi am Boden an. Dem wirken die Füßchen entgegen. Für fast jedes industriell gefertigte Pflanzgefäß kann man einen **Untersetzer** erhalten. In mehrstöckigen Wohnanlagen sind Untersetzer für die Blumenkästen unverzichtbar, sofern die Kästen außerhalb des Balkongeländers hängen. Sie fangen den größten Teil des überschüssigen Gießwassers auf und verhindern somit, daß es zu Streit zwischen den Hausbewohnern wegen tropfendem Wasser kommt. Die Untersetzer kauft man am besten gleich zusammen mit den Kästen – und vor allem vom gleichen Hersteller –, nur so geht man sicher, daß sie passen und ihren Zweck erfüllen. Balkonkasten-Untersetzer erhält man in den passenden Farben und Größen des jeweiligen Kastens. In ihrer Größe sind sie so abgestimmt, daß sie zusammen mit dem Kasten noch in den Kastenhalter noch passen. Für Töpfe und Kübel aus Kunststoff erhält man Untersetzer in jeder beliebigen Größe, die bis 60 cm reichen. Qualitätsuntersetzer weisen in der Innenfläche Abstandshalter auf, meist in Form von sternförmig angeordneten, kleinen Stegen, die ein direktes Aufsitzen des Gefäßes verhindern. Damit Untersetzer und Pflanzgefäß in bezug auf Farbe, Musterung und Größe zusammenpassen, sollte man dieses sinnvolle Zubehör immer vom gleichen Hersteller kaufen. (Die Verkaufsstellen bieten stets beides an.)

Rechts oben: Schöne Schmiedeeisenarbeit, die als Halterung für einen Blumenkasten aus Kupfer dient.
Rechts Mitte: Schlichte, bunte Metallspiralen werten diese Bepflanzung in dem Terrakotta-Kasten auf.
Rechts unten: Terrakotta-Füßchen sind nicht nur sehr dekorativ, sie sind ebenso zweckmäßig.

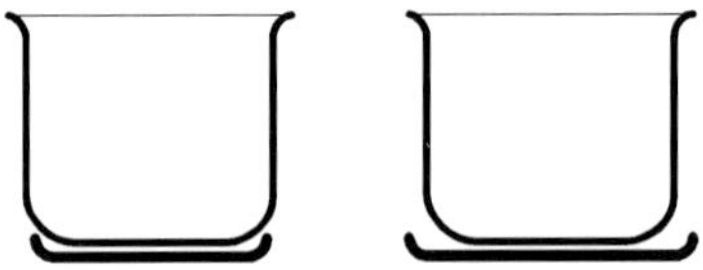

Untersetzer sollten nicht zu knapp ausfallen.

Grundsätzlich muß der verwendete Untersetzer ein wenig größer sein als der Boden-Durchmesser des Topfes. Der Topf muß sich frei auf dem Untersetzer bewegen lassen. Ist dies nicht möglich, hat man keine Kontrolle über das eventuell überschüssige Wasser, und es findet keine Luftzirkulation statt. Schließlich sei betont, daß ein Untersetzer keine Billiglösung für Langzeitbewässerung darstellt. Er dient lediglich dazu, überschüssiges Gießwasser aufzufangen, was man dann möglichst rasch entfernen sollte. Die wenigsten Pflanzen vertragen einen permanent nassen Fuß, im Gegenteil beginnt bei Staunässe das Wurzelwerk rasch zu faulen und stirbt ab, was in schweren Fällen den Verlust der Pflanze nach sich zieht.

Untersetzer mit Rollen stellen unter Umständen eine sehr sinnvolle Ergänzung dar, vor allem dann, wenn schwere Einzelpflanzen bewegt werden müssen. Das kann bei bestimmten Standorten öfter notwendig sein, vor Ladeneingängen zum Beispiel täglich. Untersetzer mit Rollen werden aus den unterschiedlichsten Materialien gefertigt: aus Kunststoff oder Eisen, und es gibt farbige Holzuntersetzer aus witterungsbeständigem Buchenholz. Je nach Größe des Untersetzers steht er auf vier bis sechs verdeckten Rollen. Die Tragfähigkeit von hölzernen Lattenrostuntersetzern beträgt gut 100 kg.

Bei großen Holzgefäßen, die aus einzelnen Daubenhölzern zusammengesetzt sind (siehe Seite 107f.), findet man häufig Aussparungen unter den Metallringen, in die ein **Tragegriff** eingeklinkt werden kann. Obwohl man den Griff nur dann benötigt, wenn das Gefäß bewegt werden soll, wirkt der Pflanzkübel zusammen mit den beiden Griffen insgesamt schöner. Außerdem sind die einklinkbaren Griffe wesentlich stabiler und größer als jene, die an Holzgefäßen manchmal von vornherein befestigt sind.

Eine ganz besondere Stellung gebührt **schmiedeeisernen Halterungen** für Balkonkästen oder Schalen, die an Wänden, Brüstungen oder Hauseingängen befestigt werden. Gefertigt werden sie aus Vierkantstahl, der an unterschiedlichen Stellen gedreht und zusammengeschweißt wird. Häufig entstehen dabei kunstvolle Blüten, Knoten, Spitzen und andere dekorative Muster. So dekorativ schmiedeeiserne Halterungen auch wirken – sie passen – je nach Gegend und Stil des Hauses – nicht überall hin. Relativ häufig findet man Schmiedeeisernes in Süddeutschland, wo zahlreiche Handwerksbetriebe das alte Handwerk noch beherrschen und nach traditionellen Mustern hervorragende Arbeiten fertigen.

Zum Schutz vor allzu raschem Verrosten werden schmiedeeiserne Gegenstände fast immer feuerverzinkt. Die weitere Behandlung mit einer schwarzen Farbe sorgt für eine lange Haltbarkeit des Prunkstückes. Ganz gelegentlich findet man auch mal eloxierte oder kupferbrünierte Teile vor.

Leider ergibt sich oft nur eine recht kleine Standfläche für das Pflanzgefäß. Daher sollte man bereits beim Kauf einer schmiedeeisernen Arbeit darauf achten, daß die seitlichen Öffnungen weit genug sind, um bequem an das Pflanzgefäß zu kommen – und zwar ohne alles abschrauben zu müssen. Manchmal werden für die Befestigung nur einfache Schrauben mitgegeben. Besser besorgt man sich im Eisenfachhandel zusätzliche Schrauben mit einem Zierkopf.

Die in reiner Handarbeit gefertigten Dinge haben natürlich ihren Preis. Wer weniger dafür ausgeben möchte, kann sich auch für einfachere maschinell gefertigte Ausfertigungen entscheiden.

Als Hochstämmchen erzogene Sommerblumen erfreuen sich immer größerer Beliebtheit. Damit die Freude auch ungetrübt bleibt, sind die mehr oder weniger hohen Pflanzen mit einer **Rankvorrichtung** versehen, um ein vorschnelles Abbrechen zu verhindern. Eine gut gepflegte Pflanze verdeckt schon nach kürzester Zeit den Pflanzenhalter. Dieser erfüllt jedoch nur dann seinen Zweck, wenn er tatsächlich bis in den Wurzelballen reicht und dort auch von der Pflanze durchwurzelt wird. Dies erfordert eine spezielle Konstruktion im unteren Bereich. Die Güte eines Pflanzenhalters kommt spätestens dann zum Tragen, wenn man das Hochstämmchen in ein anderes Gefäß umsetzen will. Besteht die Rankhilfe nur aus einzelnen Stäben, ergeben sich zwangsläufig Probleme mit der Handhabung. Eine stabile, fest verwurzelte Rankhilfe ist aber besonders nötig bei Pflanzen, deren natürliche Wuchsform stark vom streng aufrechten Wuchs eines Hochstämmchens abweicht. Gemeint sind hier Pflanzen wie Fächerblume, *Bidens ferulifolia* oder Weihrauch. Erst durch das Aufbinden von Trieben an der Rankhilfe wirken sie wie ein Stämmchen. Für normale Hochstämmchen reicht ein grüner, kunststoffummantelter Eisenstab oder ein Bambusstecken.

Rankende Pflanzen müssen gelegentlich mit **Bindematerial** neu angebunden werden. Neben Bast oder Kunstbast eignet sich hier besonders ein mit Schaumstoff ummantelter Draht, den man auf kleinen Rollen kaufen kann. Der Schaumstoff verhindert, daß der Draht in die Triebe einschneidet und zu Verletzungen führt.

Durch ständiges Gießen kommt es bei Gefäßen zu einer allmählichen Verkrustung und Verdichtung der Substratoberfläche. Der Handel bietet **Kleingeräte** zum Auflockern der Erdoberfläche an. In Miniaturform erhält man beispielsweise Hacke, Spaten und Rechen.

Für den Innenbereich haben sogenannte **Postamente** eine Bedeutung. Sicherlich passen sie nicht überall hin, doch an einem geeigneten Standort wirken sie sehr dekorativ. Allerdings unterliegen Form und überhaupt der Gebrauch von Postamenten zeitlich begrenzten Trendrichtungen. Postamente gibt es aus unterschiedlichsten Materialien. Besonders schöne und wertvolle Stücke, die mehrere hundert Mark kosten können, sind aus Porzellan gefertigt. Häufig sind sie mit wertvollen Glasuren oder Golddekorationen verziert. Die aus einer Säule und einem Übertopf bestehenden Postamente wirken auch ohne Pflanze schon durch ihre Größe. Durch eine passende, möglichst leicht überhängende Pflanze kommt so ein Raumschmuck erst recht zur Geltung.

Accessoires für Pflanzgefäße unterliegen modischen Schwankungen, und stets sind sie auch eine Frage des persönlichen Geschmacks. Gemeint sind in erster Hinsicht alle auf Stecken, Stangen und Drähten befestigte Gegenstände, die man zusätzlich zu einer Bepflanzung in einem Pflanzgefäß unterbringen kann.

Buntes Accessoir bietet der Fachhandel an – dem Geschmack und der Fantasie sind auch hier keinerlei Grenzen gesetzt.

Besonderer Beliebtheit erfreuen sich Tierfiguren aus Ton oder Porzellan, Blumenmotive, Glaskugeln, Windräder, Fahnen und Bänder oder Motive aus Ton wie Sonne, Mond und Stern. Ganz allgemein gesprochen stellen Ton, Blech, Glas, Holz und natürlich auch Kunststoff die wichtigsten verwendeten Materialien für Accessoires dar.

Wer solche "Pflanzenstecker" in überhängenden Balkonkästen verwendet, muß sich regelmäßig von der ordnungsgemäßen Befestigung überzeugen. Die meist kopflastigen Gegenstände kippen leicht und können vom Balkon herunterfallen.

Besonders weite Verbreitung fanden in den letzten Jahren Rosenkugeln aus Glas. Es gibt sie in vielen Farben und unterschiedlichen Größen. Die Rosenkugeln haben einen Hals aus Glas, in den ein Holzstab eingesteckt wird. Durch ständige Bodenfeuchtigkeit kann dieser Holzstab so stark aufquellen, daß dadurch die Kugel platzen kann. Dem läßt sich nur entgegenwirken, indem ein breiter Gummiring über den Holzstab geschoben wird.

Die Nachfrage nach Accessoires ist inzwischen so groß, daß sich ein eigener Industriezweig auf die Fertigung solcher Produkte spezialisiert hat. Sicher wird damit auch eine gewisse Sammelleidenschaft angestachelt, die sich oft auf ganz bestimmte Motive bezieht. Motive sowie Materialien und Art der Ausführungen sind sehr starken modischen Schwankungen unterworfen.

Kaufen kann man sich dieses modische Zubehör in Kaufhäusern, beim Versandhandel, in Blumengeschäften und Gartencentern. Und noch etwas: Wem so etwas nicht gefällt, der muß ja nicht mitmachen.

Umtopfen und Eintopfen

Ein Umtopfen wird immer dann notwendig, wenn der Wurzelraum zu eng wird. Pflanzen, die dauerhaft in Pflanzgefäßen stehen, müssen daher immer wieder umgetopft werden. Ein Umtopfen steht an, sobald die Wurzeln einer Pflanze den Erdballen ganz durchwachsen haben, wenn also kein Raum mehr für weitere Wurzelbildung bleibt. Pflanzen mit derart durchwurzelten Ballen fangen an zu kränkeln, da das verbliebene Substrat keine Nährstoffreserven mehr birgt, außerdem sinkt die Wasserspeicherkapazität drastisch ab. Letztlich dringt nur noch sehr wenig Luft an die Wurzeln.

Steht eine Pflanze sehr lange im gleichen Topf und im selben Substrat, so verändert sich mit der Zeit das Gefüge des Substrates. Verantwortlich sind hierfür Mikroorganismen, die das organische Material des Substrates abbauen. Daher neigen besonders humusreiche Substrate zu einer besonders raschen Veränderung. (Aus diesem Grund verwendet man bei Dauerbepflanzungen viel häufiger Substrate mit einem höherem Mineralstoffanteil und besonderen Zuschlagsstoffen.) Durch die Zersetzung zerfällt das Porengefüge innerhalb eines Substrates, was eine mangelnde Belüftung zur Folge hat. Hierdurch beginnen die Pflanzenwurzeln, vor allem in Verbindung mit einer hohen Bodenfeuchtigkeit, zu faulen. In der Folge ist die Pflanze nicht mehr in der Lage, Wasser aufzunehmen. Als erste Reaktion beginnt die Pflanze zu welken. Diese von Pflanzenfreunden häufig mißgedeutete Reaktion der Pflanze führt meistens dazu, daß noch mehr gegossen wird, was natürlich falsch ist.

Daß das Porenvolumen eines Substrates nicht mehr richtig funktioniert, zeigt sich schon recht gut auf der Substratoberfläche. Bei einem normalen Gießvorgang verschwindet das Wasser mehr oder weniger sofort im Topf oder Wurzelballen. Überschußmengen treten nach unten aus. Bei einem nicht intakten Porenverhältnis bleibt das Gießwasser unverhältnismäßig lange auf der Substratoberfläche oder dem Gießrand stehen. Dies könnte auch ein Hinweis darauf sein, das der Topf keine Wasserabzugslöcher aufweist. Beim regelmäßigen Gießen fällt so etwas auf.

Ein regelmäßiges Umtopfen der Pflanzen ist auch deshalb notwendig, weil das Substrat mit der Zeit versalzt. Versalzungen entstehen weniger durch Düngemittel als vielmehr durch im Trinkwasser gelöste Ionen wie Kalzium, Magnesium, Nitrat, Sulfate, Eisen und Chlorid. In der freien Natur werden diese Salze ausgewaschen, im Topf, Pflanzgefäß oder Container verbleiben sie. Die Pflanzen reagieren auf diese Salze nur ganz allmählich, es kommt zu schleichenden Schädigungen. Sie äußern sich beispielsweise in Form von unerklärlichen braunen Blatträndern, die einreißen und sich nach oben wölben, oder auf den Blättern treten Flecken auf, im Extremfall welken ganze Pflanzen, wobei natürlich jede Pflanze anders reagiert.

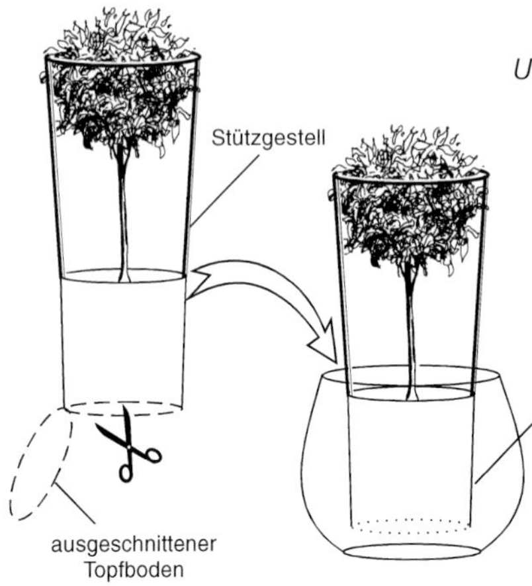

Umsetzen einer Pflanze mit Stützgestell.

Hohe Salzkonzentrationen im Gießwasser lassen sich an Terrakotta-Gefäßen recht gut ablesen: sie erscheinen als kristalliner Belag an der Außenseite des Gefäßes. Wie groß der neue Topf für die Pflanze sein soll, läßt sich nicht pauschal beantworten. Ein neues Pflanzgefäß sollte je nach Pflanze einen um 3 bis 10 cm größeren Durchmesser als der vorausgegangene Topf haben. Es kommt jedoch darauf an, wie kräftig eine Pflanze wächst und wie lange sie in dem Gefäß stehen soll. Erst an dritter Stelle sollten dann die rein optischen Erwägungen stehen. Der neue Topf darf weder zu klein noch zu groß bemessen sein. Wählt man eine zu geringe Größe, wird man bald wieder umsetzen müssen. Bei zu groß bemessenen Töpfen entsteht schnell zuviel Nässe, was zu einer Versauerung des Substrates führt, noch bevor die Pflanze im Topf eingewurzelt ist.

Beim eigentlichen Einpflanzen kommt es natürlich auf eine fachgerechte Zusammenstellung von Arten und Sorten an. Je größer ein Pflanzgefäß ist, desto schwieriger gestaltet sich dieses. Bei Pflanzgefäßen mit mehreren, unterschiedlich großen Pflanzen beginnt man mit dem Einpflanzen der größten Pflanze. Zunächst wird der Wurzelballen aus dem Topf genommen, was nicht so einfach ist, wenn er vollkommen durchwurzelt ist oder wenn die Wurzeln gar durch die Abzugslöcher durchgewurzelt sind. Um den Wurzelballen nicht zu zerstören, ist es in so einem Fall das Beste, den alten Topf zu zerschneiden oder zu zerschlagen. (Dies natürlich nur, wenn es der Wert des Topfes erlaubt.) Noch ein Trick sei verraten: Durch starkes Gießen löst sich ein Wurzelballen aus einem Keramiktopf leichter. Umgekehrt löst sich ein trocken gewordener Ballen aus einem Kunststofftopf leichter.

Grundsätzlich entfernt man die obere Substratschicht, weil sich hier häufig Algen und Moose angesiedelt haben, die sich hemmend auf das Wachstum der Pflanzen auswirken können. Hier leistet ein altes Messer gute Dienste, ebenso wie die scharfe Kante eines Fugenkratzers.

Sehr stark durchwurzelte Ballen sollte man ganz vorsichtig mit Hilfe einer alten Gabel "auflockern", ohne den Ballen dabei zu zerstören. Das Auflockern ist wichtig, um die Wurzelneubildung anzuregen. Unterbleibt diese Maßnahme, bildet die an die frühere Topfform gewöhnte Pflanze kaum neue Wurzeln und wächst schlecht weiter. Dies läßt sich besonders bei *Erica* oder *Calluna* beobachten, die sehr zum Verfilzen des Wurzelballens neigen. Hier bewährt sich übrigens ein leichtes Einschneiden der Wurzelballen mit einer Schere.

Vor dem Pflanzen ist unbedingt die Durchfeuchtung des Ballens zu überprüfen. Einen trockenen Ballen sollte man besser nicht umpflanzen. Er wäre in der neuen Substratumgebung kaum in der Lage, ausreichend Wasser aufzunehmen. Ist er so trocken, daß er durch normales Gießen nicht feucht genug wird, taucht man ihn in ein wassergefülltes Gefäß, und zwar so lange, bis er genügend Wasser aufgenommen hat. Der Tauchvorgang kann beendet werden, wenn keine Luftblasen mehr aufsteigen.

Die so vorbereiteten Pflanzen können nun umgesetzt werden. Nach dem Einbringen einer Dränageschicht auf dem Boden des Pflanzgefäßes (Näheres dazu im folgenden Abschnitt), füllt man das neue Pflanzgefäß mit Substrat auf.

Die Füllung erfolgt je nach Gefäßgröße lagenweise und wird zwischendurch immer wieder – nicht zu fest – angedrückt. Aufgefüllt wird zunächst nur so weit, wie der tiefste Erdballen aufzusitzen hat. Unter Wahrung eines Gießrandes von 2 bis 3 cm Tiefe wird die erste Pflanze in die neue Erde eingefüttert. Bei tiefen Ballen, wie es bei einem größeren Zierstrauch der Fall sein kann, stopft man die Erde mit Hilfe eines Besenstiels oder mit einem kurzen Rundholz vorsichtig nach. Hierdurch beugt man Hohlräumen im Erdreich vor, die nicht ausreichend mit Wasser versorgt werden. Später sind diese dafür verantwortlich, wenn Pflanzen plötzlich absacken. Erst jetzt füllt man weiter auf und setzt die restlichen Pflanzen nach dem gleichen Prinzip.

Die Pflanzballen, befreit von Algen, Moosen und eventuell ausgesamten Unkräutern, sollen in ihren neuen Pflanzgefäßen so tief sitzen, daß sie gerade noch mit neuer Erde bedeckt sind. Sitzen die Pflanzen zu tief, kann es vorkommen, daß sie am Wurzelhals abfaulen. Bei großen Pflanzgefäßen kann man die Substratoberfläche zur Mitte des Gefäßes leicht ansteigen lassen. Nach mehreren Gießvorgängen sackt diese Überhöhung meist ab. Große Bedeutung hat der Gießrand. Er ist – unabhängig von der Gefäßgröße – stets zu berücksichtigen. Er besagt nichts anderes, als daß die Substratoberfläche etwa 2 cm unterhalb des eigentlichen Gefäßrandes liegt und dafür zusätzlich von oben angedrückt wird. Er verhindert, daß bei jedem Gießen Erde über den Rand des Gefäßes gespült wird.

Sollte beim Umtopfen oder aufgrund der Neugestaltung eines Topfes der Wurzelballen einer Pflanze höher als das neue Gefäß liegen, so läßt sich das Wurzelvolumen durch Beschneiden zurücknehmen. Hier sollte man allerdings immer nur Wurzeln, die im oberen Bereich liegen, leicht entfernen, nicht die Wurzeln, die sich am Boden des Gefäßes gebildet haben. Auf alle Fälle sollte die Pflanze nicht tiefer eingetopft werden, als sie ursprünglich in ihrem alten Gefäß saß. Ein Rückschnitt an der Wurzel sollte möglichst mit dem Rückschnitt der Pflanze einhergehen. Schließlich ist durch das reduzierte Wurzelwerk die Wasserzufuhr vermindert, während die oberirdischen Pflanzenorgane weiterhin in gleichem Umfang Wasser verdunsten. Ein Rückschnitt, der die Blattmasse reduziert, bringt Wasseraufnahme und Transpiration wieder ins Gleichgewicht.

Die Dränage

Unabhängig davon, wie groß ein Pflanzgefäß ist oder aus welchem Material es besteht – eine Dränage sollte es immer haben. Ein einfaches Loch im Gefäßboden reicht noch lange nicht, es würde allmählich verschlämmen und verstopfen, Staunässe wäre die Folge. Ständiges Gießen schwemmt nämlich die feinen Bestandteile eines jeden Substrates allmählich aus, was zu einer langsamen Verschlämmung und somit Verdichtung im unteren Gefäßteil führt. Aus diesem Grund ist es so wichtig, eine fachgerechte Dränage einzubauen. Das einfache Belegen des Abzugsloches mit alten Tonscherben stellte eine althergebrachte, aber inzwischen antiquierte Methode dar, die letztlich auch nicht sehr effektiv ist. Außerdem läuft man dabei Gefahr, sich mit den Scherben gebrauchter Tontöpfe Krankheitskeime einzuschleppen.

Eine gute Dränage besteht immer aus neuen, also mit Sicherheit nicht verunreinigten Materialien. Sehr gut eignet sich Blähton, der normalerweise in der Hydrokultur verwendet wird. Je nach Gefäßgröße verwendet man eine 2 bis 5 cm starke Schüttung der Körnung 8 bis 16 mm. Manchmal findet man in Großgefäßen vorgefertigte Löcher im Boden vor, die so groß sind, daß der Blähton durch das Abzugsloch fallen würde. Dies kann man verhindern, indem man einen kleinen Ton- oder Plastiktopf umgekehrt auf das Loch stellt und erst dann den Blähton einfüllt. Noch besser wäre eine kleine Siebplatte aus nichtoxidierendem Material.

Über die Blähtonschicht muß nun unbedingt ein Trennvlies gelegt werden, das die gesamte Fläche abdeckt. Ohne solch ein Vlies verschlämmt die Blähtonschicht innerhalb kürzester Zeit durch ausgewaschene Feinanteile des Substrates und verdichtet den Gefäßboden zu einer festen Platte, der keinen Wasserabzug mehr zuläßt. Das Trennvlies kann bei einem kleinen Gefäß durchaus aus einer ausgedienten Damenstrumpfhose bestehen. Geeigneter sind jedoch Geotexvliese, wie sie im Teichbau verwendet werden. Preiswerter und fast ebensogut sind sogenannte Acrylvliese, die als Frostschutzvlies im Garten Verwendung finden. Dieses Vlies ist allerdings so dünn, daß man es in doppelter Lage einbringen muß. Was man letztlich verwendet, ist

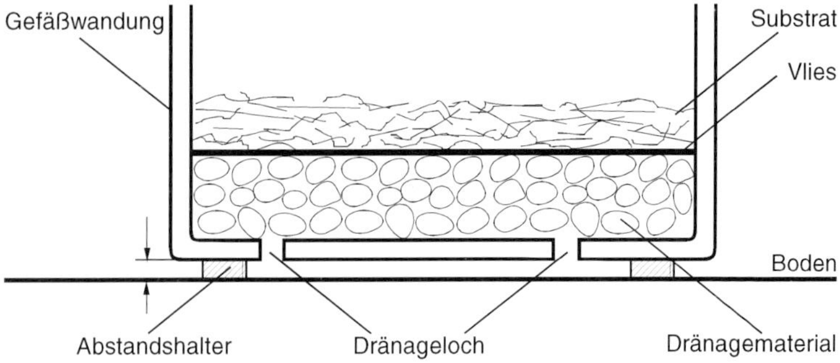

Wasserabzugsloch und Dränageschicht sorgen für eine ausgeglichene Wasserführung im Pflanzgefäß.

fast egal, sofern das Material absolut wasserdurchlässig ist und nicht verrotten kann. Gleichzeitig soll diese Trennung so fein sein, daß die Feinteile des Pflanzsubstrates nicht durchgespült werden können. Ungeeignet sind daher Teppichbodenreste, Folien, Pappen und Papier oder Dachpappe.

Bei großen Betongefäßen, wie man sie häufig als Abgrenzung von Balkonbalustraden sieht, ist in der Bodenfläche in der Regel ein leichtes Gefälle eingebaut. An der tiefsten Stelle wird ein kleines, nach außen führendes Röhrchen eingebaut, das den Wasserabzug gewährleistet. Funktionieren kann dies aber nur, wenn zuvor eine Dränage nach soeben beschriebenem Muster eingebaut wurde.

Unabhängig von ihrem Material haben Pflanzgefäße fast immer einen sehr planen Boden. Hinzu kommt das oft hohe Gewicht, was sich aus Gefäß, Substrat und Pflanzen aufsummiert. Hierdurch kann es passieren, daß trotz Dränage der Wasserabzug nicht wie gewünscht funktioniert. Hier läßt sich ganz leicht Abhilfe schaffen, indem man kleine Plattenreste von Kacheln oder einfach Lattenreste unter die Gefäße legt. Sie brauchen nicht besonders hoch sein und stören auch die Optik nicht, aber sie führen sofort zum Erfolg. Im Zusammenhang mit dem Zubehör wurde schon auf die Terrakotta-Füßchen hingewiesen, die sich für den gleichen Zweck bestens eignen.

Diese "Abstandshalter" gewährleisten gleichzeitig eine bessere Belüftung der Gefäße. Substrat und Gefäß trocknen, beispielsweise nach langanhaltendem Regen, rascher ab.

Anforderungen an das Substrat

- großes Porenvolumen
- günstige Gliederung des Porenvolumens in Grob-, Mittel- und Feinporen
- niedriges Volumengewicht
- gutes Wasserspeicherungsvermögen und gute Wasserleitung an die Pflanzen
- ausreichende Nährstoffbevorratung und geregelte Nährstoffweitergabe
- hoher Gehalt an schwer zersetzlicher organischer Substanz
- angepaßter pH-Wert je nach Verwendungszweck

Grundsätzliches zum Substrat

Das Wort Substrat ist ein aus dem Lateinischen abgeleiteter Begriff und bedeutet soviel wie Grundlage, Unterlage oder Nährboden. Es ist eine feinere Umschreibung für das Wort Erde und speziell für die Vielfalt von Erdmischungen, die im Gartenbau für die unterschiedlichsten Kulturen und Kulturverfahren eingesetzt werden. Den Hauptbestandteil der meisten Mischungen bildet nach wie vor Torf. Ein Substrat läßt sich speziell auf die Ansprüche einer bestimmten Pflanze oder für einen bestimmten Verwendungszweck zusammenstellen. Entsprechend groß ist die Palette gärtnerischer Substratmischungen. In bezug auf die Topf- bzw. Containerkultur gilt es in erster Linie zu unterscheiden, ob ein Substrat nur eine Pflanzsaison verwendet wird, oder ob es eine Dauerbepflanzung aufnehmen soll.

Substrate mit diesen Merkmalen, die durch eine Reihe der unterschiedlichsten Zuschlagstoffe erst ein Qualitätssubstrat auszeichnen, sind im Fachhandel erhältlich. Man erhält sie in 80-Liter-Säcken und bei Großabnahme natürlich auch lose. (Näheres dazu im Abschnitt Fertigerden.) Selbstverständlich kann man auch die einzelnen Bestandteile lose kaufen, so daß der Herstellung eigener Mischungen nichts im Wege steht.

Gleich, ob fertig gekauft oder selbst hergestellt, das Substrat muß folgenden Ansprüchen genügen:

- Die Erdmischung sollte sich durch hohe Strukturstabilität auszeichnen, damit über einen langen Zeitraum eine ausgewogene Wasser- und Luftführung gewährleistet ist.
- Die Substrate sollten ein hohes Nährstoffabsorptions-Vermögen aufweisen und gleichzeitig die Nährstoffe in pflanzenverfügbarer Form allmählich freisetzen.
- Letztlich muß ein Substrat über ein gutes Pufferungsvermögen verfügen. Darunter versteht man die Widerstandskraft eines Substrates gegen die rasche Veränderung des pH-Wertes.

Der pH-Wert

Der pH-Wert drückt den Zustand eines Substrates hinsichtlich seines Säure- oder Basengehaltes aus. Er hängt dadurch eng mit dem Kalkgehalt zusammen – ist aber damit nicht gleichbedeutend. Vom pH-Wert hängt unmittelbar die Verfügbarkeit der Nährstoffe im Boden ab. Bodensäure entsteht durch die Tätigkeit von Mikroorganismen und die Zersetzung von organischen Stoffen. Physiologisch sauer wirken außerdem bestimmte Düngemittel wie Kali und schwefelsaures Ammoniak. Einer Bodenversäuerung wirken basische Stoffe wie zum Beispiel Kalk entgegen.

Der pH-Wert ist die Maßzahl für die Wasserstoffionen in der Bodenlösung (pH = lat. pondus Hydrogenus). pH 7 bedeutet, daß die Konzentration an Wasserstoffionen 10–7 = 0,0000007 g pro Liter beträgt. Dieser Wert entspricht einem Gleichgewicht zwischen H^+- und OH^--Ionen, gleichbedeutend mit dem Neutralpunkt. Natürliche Böden schwanken zwischen saurem und alkalischem Bereich. Das pH-Optimum für unsere Kulturpflanzen liegt zwischen schwach sauer (pH 5) bis leicht alkalisch (pH 7,5).

pH-Wert von Substraten:

3,5 bis 4,5 sehr stark sauer
4,5 bis 5,5 stark sauer bis sauer
5,5 bis 6,5 sauer bis schwach sauer
6,5 bis 7,2 schwach sauer bis neutral
7,2 bis 7,7 schwach alkalisch bis gut alkalisch
7,7 bis 8,4 stark alkalisch

Messen kann man den pH-Wert von Substraten mit den unterschiedlichsten Methoden. Die sicherste ist das Einschicken einer Bodenprobe an ein Labor. Oder man gießt eine kleine Menge Substrat mit destilliertem Wasser auf, filtert den sehr dünnen Brei durch einen Kaffeefilter und mißt das Filtrat mit Lackmuspapier, das man in Apotheken erhält. Neben komplizierten elektronischen Meßgeräten gibt es im Handel auch einfachere und preiswerte Geräte, mit denen sich der pH-Wert ermitteln läßt. Bei der Messung mit diesen elektronischen Geräten kommt es auf einen erdfeuchten Zustand des Substrates an. (Bei trockenen Substraten fällt die Messung sehr ungenau aus.) Zu trockene Erde befeuchtet man mit destilliertem Wasser, Leitungswasser würde den Meßwert völlig verfälschen.

Die einzelnen Pflanzenarten stellen sehr unterschiedliche Ansprüche an den pH-Wert, was bei der Zusammenstellung von Gefäßbepflanzungen berücksichtigt werden muß. Pflanzen, die auf saure Verhältnisse angewiesen sind, können also nicht mit Arten zusammenstehen, die alkalische Böden bevorzugen. Bekanntlich benötigen die sogenannten Moorbeetpflanzen – Rhododendren (Azaleen) und *Calluna*, Erika und andere – eine saure Bodenreaktion. Schwach saure Substrate bevorzugen beispielsweise Koniferen. Im neutralen bis schwach alkalischen Bereich liegt das pH-Optimum vieler, wenn nicht sogar der meisten Stauden und Gehölze. Manchen pH-Meßgeräten liegen übrigens Pflanzenlisten bei, aus denen man den optimalen Bereich für die jeweilige Art ablesen kann.

Möglichkeiten der pH-Wert-Veränderung

Bevor sie zum Einsatz kommen, müssen selbstgemischte Substrate auf einen geeigneten pH-Wert eingestellt werden. Dafür bieten sich verschiedene Methoden und Verfahren an.

Durch die Zugabe von 3 bis 4 kg Kalk pro m^3 läßt sich der pH-Wert eines Substrates um etwa eine Einheit anheben. Man verwendet dann kohlensauren Kalk oder Algenkalk, die beide die gleiche chemische Zusammensetzung ($CaCO_3$) aufweisen. Sie enthalten zudem Magnesium, Kieselsäure und Spurenelemente. Beide Kalkarten wirken langsam. Im Vergleich dazu sind Kreidekalk und Hütten- oder Löschkalk (CaO) schneller wirkende Kalkarten.

Sicher läßt sich der pH-Wert nicht einfach durch bedenkenlose Zugabe von Kalk so weit verändern, wie er benötigt wird. Die Ausgangsbasis stellt stets ein abgestimmtes Substrat mit dem geeigneten Annäherungswert dar, der durch Zugabe von dosierten Kalkmengen nur noch leicht verändert wird. Erforderlich werden im Verlauf der Kultur regelmäßige Erhaltungskalkungen. Dies läßt sich in Gefäßen vor allem mit Hilfe von CaO bewerkstelligen, weil sich diese Kalkform sehr gut in Wasser löst.

Eine Senkung des pH-Wertes ist ebensogut möglich. Am einfachsten geschieht dies mit Torf und hier vor allem mit Schwarztorf. Ferner erreicht man eine pH-Absenkung durch Düngung mit Kali (K_2O), schwefelsaurem Ammoniak und Aluminium in flüssiger Düngerform. Aber allzu krasse Veränderungen sind wiederum nicht möglich.

Selbstgemischte Substrate

Die beste Erde ist für Pflanzen gerade noch gut genug! Würde dieser alte Leitsatz öfter berücksichtigt, dann hätten viel weniger Personen Kummer mit ihren Pflanzen. Für viele scheint ein Substrat, oder nennen wir es Erde, eine Nebensächlichkeit oder eine Notwendigkeit zu seien, in der man Pflanzen aufbewahrt. Leider ist dem ganz und gar nicht so. Eigenmischungen sollte man daher stets nach bewährter Rezeptur zusammenstellen.

Ungeeignete Bestandteile für selbstgemischte Topferden

- alte verbrauchte Blumenerden
- reine Gartenerden, unabhängig von ihrer Qualität
- industrielle Komposte, mit Klärschlamm versetzt
- zu frischer Gartenkompost
- Dungarten, unabhängig von ihrem Zersetzungsgrad
- Billigerden undefinierbarer Herkunft

Häufig verwenden Hobbygärtner für Eigenmischungen große Teile Kompost, der mit Torf und häufig auch mit bloßer Gartenerde vermischt wird. Daraus resultiert zweifellos eine sehr preiswerte Mischung, aber sie verfügt über praktisch keine der gewünschten Eigenschaften, die ein Qualitätssubstrat auszeichnen. Zudem schleppt man sich auf diese Weise zwangsläufig große Mengen an Krankheitserregern und Unkrautsamen mit ein. Auf einer so intensiven und häufig nur sehr kurzlebigen Kultur, die eine Saisonbepflanzung im Gefäß darstellt, wirkt sich so etwas sehr rasch negativ aus. Wenn also Substrate selbst gemischt werden, dann bitte nur unter Ausschluß der im Kasten erwähnten Materialien.

Die Eigenherstellung von Erdmischungen lohnt im Grunde nur für den, der wirklich große Mengen benötigt. Und außerdem hängt es davon ab, wofür man das Substrat benötigt.

Bestandteile gärtnerischer Erden

Weißtorf ist junger Hochmoortorf mit gutem Porenvolumen und hoher Wasserspeicherkapazität mit gleichzeitig hoher Luftkapazität. Nachteilig ist seine schlechte Strukturstabilität. Die Struktur bricht nach höchstens einer Kulturperiode zusammen.

Bei **Schwarztorf** handelt es sich um stark zersetzten Torf mit einem sehr niedrigen pH-Wert. Er ist kaum strukturstabil und weist eine nur geringe Luftkapazität auf. Als Beimischung in großen Anteilen wirkt er sich eher negativ auf die Substrateigenschaften aus. Dennoch wird er bei speziellen Pflanzen, wie *Rhododendron* (Azaleen), *Calluna*, Erika und Kamelien benötigt.

Ton hat ein sehr gutes Pufferungsvermögen und sorgt für eine ausgeglichene Nährstoffabsorption. Eine Tonbeimischung verbessert die Wasserhaltekraft von Substraten.

Lehm ist ein Gemisch aus unterschiedlichen Bestandteilen. Er kann in seiner Zusammensetzung sehr stark variieren. Hauptbestandteile sind Sand, Schluff und Ton. Durch Lehm wird die Wasserhaltekraft einer Erdmischung nachhaltig gesteigert, bei gleichzeitig verminderter Luftdurchlässigkeit. Lehm ist ein guter Puffer und kann basische Nährstoffe gut binden.

Kompost aus Gartenabfällen ist, sofern er sachgemäß produziert und gut gelagert wurde, eine sehr gute Komponente zum Beimischen in Eigenmischungen. Dies gilt wohlgemerkt nur für Komposte aus reinen Gartenabfällen, sogenannte Industriekomposte sind meist mit sehr hohen Salzkonzentrationen belastet und enthalten nicht selten zusätzliche Schadstoffe.

Rindenkompost steht als Ersatz für Torf. Sein Einsatz trägt also zur Reduzierung des Torfabbaus bei. Setzt man ihn zur Herstellung von Substratmischungen ein, so ist der Grad seiner Zersetzung zu beachten. Stark zersetzter Rindenkompost hat ähnlich negative Eigenschaften wie Schwarztorf, ferner ist der veränderten Nährstoffverfügbarkeit Rechnung zu tragen. Bei zu frischem Rindenkompost besteht die Gefahr, daß Mikroorganismen bei den noch sehr intensiven Abbauvorgängen Stickstoff binden. Anderseits enthält Rindenhumus sehr viel pflanzenverfügbares Kalium.

Zuschlagstoffe sind organische oder mineralische Stoffe, die Erdmischungen zur Verbesserung von Porenvolumen, Wasserhaltekraft oder Lufthaushalt oder auch zur Gewichtsreduzierung beigemischt werden. Die in Frage kommenden Zuschlagstoffe werden ab Seite 158 näher charakterisiert.

Beispiele für selbsthergestellte Substratmischungen

40% Lehm, 40% Weißtorf, 10% Sand, 10% Kompost
→ ideal für Dauerbepflanzungen in Großgefäßen

30% Kompost, 20% Lehm, 40% Weißtorf, 10% Perlite oder Blähton
→ für viele Arten von Kübelpflanzen, einschließlich Palmen

50% Weißtorf, 25% Kompost, 15% Lehm, 10% Sand
→ für Dauerbepflanzungen in Kombination mit Saisonpflanzen

30% Weißtorf, 20% Kompost, 20% Lehm, 15% Rheinsand, 15% Blähschiefer
→ für Trogbepflanzungen

50% Weißtorf, 30% Rhododendronerde (Fertigmischung) oder Schwarztorf, 10% Rheinsand, 10% Reisspelzen
→ für Rhododendren (Garten-Azaleen), Heidekraut und Moorbeetpflanzen

30% Weißtorf, 30% Kompost, 20% Lehm oder Ton, 10% Rheinsand, 10% Kokosfaser
→ ideal für Staudenpflanzungen in Gefäßen

40% Weißtorf, 20% Nadelerde (aus dem Wald), 10% Kompost, 10% Rheinsand, 20% Blähschiefer
→ für Dauerbepflanzungen vorwiegend mit Koniferen

40% Weißtorf, 20% Lehm, 10% Kompost, 10% Rheinsand, 10% Kokosfaser, 10% Perlite
→ für Pflanzungen vorwiegend mit Laubgehölzen

30% Weißtorf, 10% Kompost, 40% Rheinsand, 20% Lavagrus
→ für Kakteen und andere Sukkulenten

40% Weißtorf, 50% Nadelerde, 10% Perlite
→ für Bromelien, Farne und Kamelien

Urgesteinsmehl steuert wertvolle Mineralien und vor allem Spurenelemente bei. Es weist einen hohen Anteil an Eisen und Magnesium auf. Durch seinen stark basischen Aufbau wirkt es einer Bodenversauerung entgegen. Schließlich verbessert Urgesteinmehl die Lebensbedingungen für Mikroorganismen.

Tonminerale wie Kaolinit, Montmorillonit oder Illit können die Wasserhaltekraft eines Substrates ganz wesentlich verbessern. Vor allem bei sandigen Substraten empfiehlt sich ihre Verwendung sehr. Eine Tonbeimischung in Substraten verhindert die zu rasche Nährstoffauswaschung durch Regen oder Gießwasser. Ton wirkt als Puffer und sorgt für eine bessere Standfestigkeit von Pflanze und Gefäß.

Durch die Beimischung von Zuschlagstoffen läßt sich die Struktur und das Verhalten der in der Tabelle genannten Substratmischungen nachhaltig verändern. Nicht berücksichtigt wurden Langzeit- und andere Dünger, die man diesen Substraten beimischen kann. Außerdem kommt es noch auf die richtige Einstellung des pH-Wertes an. Näheres zu beiden Themen findet sich in den entsprechenden Kapiteln.

Zum **Mischen größerer Substratmengen** benötigt man einen sauberen, befestigten Platz, am besten eine Betonfläche. Die einzelnen Bestandteile werden lagenweise und möglichst flach auf dem Mischplatz ausgebreitet und übereinander gelagert. Schwerere Anteile oder solche, die im Volumen dominieren, kommen ganz unten zu liegen, leichte Teile immer zuletzt oben auf. Der so vorbereitete Haufen wird nun umgeschaufelt. Je mehr Einzelbestandteile das Substrat hat, um so öfter muß umgeschaufelt werden. Im allgemeinen reichen aber zwei Mischdurchgänge. Hat man es mit sehr trockenen Bestandteilen zu tun, so empfiehlt es sich, mit einer feinen Brause Wasser einzumischen. Soll Dünger gleich mit eingearbeitet werden, kommt es auf ein besonders sorgfältiges Mischen an. Eine Flachschaufel eignet sich dafür besser als eine Rundschaufel, weil sich mit ihr das Mischgut besser vom Mischplatz aufnehmen läßt. Bei größeren Mengen sollten zwei Personen, die sich gegenüber stehen, den Substrathaufen durchmischen. Die Mischung wird dadurch gleichmäßiger.

Einfacher und sorgfältiger durchmischt ein Erdwolf die Substrate. Dabei handelt es sich um ein motorgetriebenes Gerät, das zur professionellen Herstellung von Erden und Substraten verwendet wird. Ein Erdwolf gewährleistet eine gute Durchmischung, und gleichzeitig werden gröbere Bestandteile zerkleinert. Der Kauf eines solchen Gerätes lohnt sich für einen Hobbygärtner mit Sicherheit nicht, doch kann man den Gärtner in der Nachbarschaft fragen, ob er sein Gerät für kurze Zeit ausleiht. Diese Geräte werden entweder von einem Benzinmotor oder mit Starkstrom angetrieben. Die weitverbreiteten Schredder, die zum Vorbereiten von Kompostmaterial verwendet werden, eignen sich nicht für die Mischung von Substraten.

Fertigerden

Fertigmischungen von Pflanzsubstraten bietet der Fachhandel in reicher Auswahl an. Man kann hierbei zwischen Blumenerden, die nur für eine Saisonbepflanzung verwendet werden, unterscheiden und zwischen Substraten, die sich für eine Dauerbepflanzung eignen. Blumenerden weisen sehr unterschiedliche Qualitäten auf. Daher sollte man beim Kauf von Blumenerden kritisch sein. Fachgeschäfte bürgen für eine gute Qualität, die man von Sonderangeboten im Supermarkt in Form von 2,99 DM für den 50-Liter-Beutel nicht mehr erwarten kann.

Nach wie vor bildet Torf die Basis fast aller im Handel befindlichen Blumenerden und Substraten. Dabei ist zwischen dem hauptsächlich verwendeten Weißtorf und dem Schwarztorf zu unterscheiden – Schwarztorf ist im Vergleich zu Weißtorf wesentlich stärker zersetzt und wird in erster Linie für Spezialerden wie Rhododendron- und Erikasubstrate verwendet.

Als Alternative zum Torf sind Substrate auf der Basis von Rindenmaterial auf dem Markt. In einem mehr oder weniger komplizierten Kompostierungsvorgang wird hierfür Rinde innerhalb von 18 bis 20 Monaten zu sehr brauchbaren Substraten verarbeitet. Die ausreichende Kompostierung spielt eine wichtige Rolle;

sie sorgt für den Abbau pflanzenschädlicher (phytotoxischer) Substanzen, die sich ansonsten wachstumshemmend auswirken würden. **Rindensubstrate** tragen dazu bei, den Rohstoff Torf zu schonen, andererseits fällt das Ausgangsmaterial, die Rinde, in großen Mengen regelmäßig an. Mikroorganismen, die den allmählichen Abbau der Rinde besorgen, binden allerdings große Mengen Stickstoff, der den Pflanzen dann nicht zur Verfügung steht. Die Kultur in Rindensubstraten hängt daher von regelmäßiger Stickstoffnachlieferung ab. Sehr gute Substrate lassen sich aus Mischungen von Rindenhumus und Torf herstellen. Der Torfzusatz verbessert die Luftführung und das Makroporenvolumen.

Rindensubstrat darf aber nicht mit **Rindenmulch** verwechselt werden: **Rindenmulch** kommt weder als Substrat noch als Beimischung in Betracht, denn Rindenmulch ist nicht oder zumindest unzureichend kompostiert und enthält deshalb noch große Mengen pflanzenschädigender Substanzen. Aus diesem Grund ergibt Rindenmulch eine gute Abdeckung von Wegen oder nicht bewachsenen Flächen unter Gehölzen, wo das Aufkommen von Unkraut unterdrückt werden soll.

Blumenerden erhält man in unterschiedlichen Spezialmischungen für bestimmte Pflanzengruppen. Die wohl bekanntesten Erden sind die sogenannten Einheitserden nach den Rezepturen von Dr. Fruhsdorf. Weitere zuverlässig gute Blumenerdemischungen gibt es von den Herstellern Frux, Compo, Klassmann oder Euflor. Daneben wird eine ganze Reihe von **Spezialerden** angeboten: Orchideenerde, Bonsaierde, Kakteenerde, Palmenerde oder Rhododendronerde, um nur die wichtigsten zu nennen.

Eigenschaften einer guten Blumenerde

- Weißtorf oder Rindenhumus als Basis
- ausgewogener Anteil (bis zu 20 Prozent) an Mineralstoffen (Sand und Ton)
- Zuschlagstoffe (zum Beispiel Lavagranulat)
- Langzeitdünger für 6 bis 8 Wochen
- pH-Wert 6 bis 6,5

Seit geraumer Zeit bieten Fachmärkte im Frühjahr Spezialerden pünktlich zur Beet- und Balkonpflanzensaison an. Diese Substrate mit Bezeichnungen wie Geranienerde oder Balkonpflanzenerde sind auf die Bedürfnisse der Sommerblumen abgestimmt und daher durchaus zu befürworten. Achtsam sollte man aber bei der Nachdüngung dieser Substrate vorgehen, denn diese Erden enthalten hohe Konzentrationen an Dünger. Flüssiges Nachdüngen, unmittelbar nach dem Einpflanzen, kann rasch Verbrennungen an den Pflanzen hervorrufen. Auskunft zu den erhaltenen Düngerformen und -konzentrationen erteilen die Hersteller recht detailliert auf dem Packungsaufdruck. (Leider wird diese Information selten gelesen.) Ein Nachdüngen ist also bei handelsüblichen Erden erst nach einigen Wochen nötig.

Bei einer Dauerbepflanzung spielt die Qualität des Substrates eine noch größere Rolle, denn die Pflanzen sollen darin für einen längeren Zeitraum gedeihen können. Damit sich das Substrat nicht zu schnell zersetzt oder verdichtet, wird es mit den unterschiedlichsten Zuschlagstoffen zur Verbesserung der Haltbarkeit versetzt. Bei billigen Substraten, die keinen ausgewogenen Anteil an Zuschlagstoffen enthalten, schrumpft dagegen das Po-

Die wichtigsten Zuschlagstoffe für Substrate

Ton erhöht die Wasseraufnahme- und Pufferfähigkeit. Er hält ein Substrat eher pH-stabil.
Perlite erhöht die Luftkapazität.
Styromull erhöht die Luftkapazität und bewirkt eine Gewichtsreduktion.
Kokosfaser erhält die Luftkapazität. Salzkontrolle ist wichtig.
Holzhäcksel erhöht die Durchlüftung und verbessert die Dränage.
Blähschiefer, Blähton, Bims und **Lavagrus** sorgen für Strukturstabilität über einen langen Zeitraum.
Quarzsand wird Spezialerden wie Kakteenerde beigemischt.
Vermiculite verbessert die Luft- und Wasserführung.
Steinwolle erhöht die Luftkapazität und verbessert die Wasserführung.
Hygropor speichert Wasser.
Reisspelzen sorgen für Strukturstabilität und Belüftung.

renvolumen sehr rasch, sie sacken zusammen und verdichten sich. In der Folge wird das Wurzelwachstum beeinträchtigt, die Pflanzen kümmern.

Stabilisatoren

Zuschlagstoffe, die die Qualität eines Substrates wesentlich beeinflussen, werden als Stabilisatoren bezeichnet. Es stehen die unterschiedlichsten Stoffe zur Verfügung: organische, mineralische sowie synthetische Materialien. Jedes Substrat mit einem einheitlichen Basisstoff wird sich durch Zugabe von unterschiedlichen Zuschlagstoffen anders verhalten. Art und Menge der Beimischungen hängen deshalb von den Anforderungen an das Substrat, dem Hersteller und nicht zuletzt von den Wünschen derer ab, die diese Substrate verwenden. In der Tat geben vor allem Spezialgärtnereien bestimmte Substratrezepturen bei den Erdenherstellern in Auftrag – die die Mischungen genau nach Angabe und mit der gewünschten Nährstoffversorgung liefern.

Wasserspeicherung und Wasserabgabe von Substraten

Enthält ein Substrat hohe Anteile an Zuschlagstoffen, die für ein großes Porenvolumen sorgen, neigt es weniger stark zu einer Übernässung. Das heißt, die Pflanzen werden weniger schnell vergossen. Außerdem kommt es weniger schnell zum Überdüngen der Pflanzen, weil die Nährstoffe aufgrund des raschen Wasserdurchflusses schnell durchgespült werden. Derartige Substrate müssen dafür aber häufiger gegossen und gedüngt werden. Das gleiche gilt nun auch im gegenteiligen Sinne für Substrate ohne diese Zuschlagstoffe und mit geringerem Porenvolumen.

Die Wasserspeicherung eines Substrates hat ebenso große Bedeutung, wie das Verhalten eines Substrates beim allmählichen Austrocknen. Eine gute Erde ist in der Lage, bei abnehmendem Wassergehalt die Restmenge an Wasser zunehmend fester zu halten. Eine Pflanze vermag sich diesem Zustand anzupassen. (Es gelingt ihr weniger leicht in einem Pflanzcontainer.) Die eigentliche Wasserhaltekraft eines Substrates hängt ab von der Körnung, dem Gefüge und dem Salzgehalt. Der pF-Wert steht für die Bindungskräfte (Saugspannung), mit denen das vorhandene Wasser vom Substrat festgehalten wird. Tonminerale und

Physikalische und chemische Eigenschaften von Substratbestandteilen

Material	**Luftkapazität**	**Kapillarität**	**Pufferung**	**Wasserspeicherung**	**pH-Wert**
Weißtorf, grob	+++	+	–	+	2,5 - 3,5
Weißtorf, fein	+	+ –	–	++	2,5 - 3,5
Schwarztorf	– –	–	+	++	2,0 - 3,0
Rindenhumus	+	+ –	+	–	< 5,5
Holzfaser	+++	-	+ -	-	3,5 - 7,0
Kokosfaser	+++	+	+ –	–	5,5 - 6,2
Perlite	++	+ –	—	+	7,0
Ton	—	+	+++	+++	6,5 - 7,0
Kompost	–	+	++	+	4,5 - 6,5
Sand	++	–	–	–	5,5 - 6,0

Luftkapazität = Möglichkeit der Luftspeicherung in einem Substrat
Kapillarität = verantwortlich für die Wasserverteilung innerhalb eines Substrates
Pufferung = drückt die pH-Wert-Stabilität eines Substratbestandteils aus
Wasserspeicherung = das Vermögen, Wasser zu speichern und an die Pflanzenwurzel abzugeben

humusreiche Erden binden einen Teil des gespeicherten Wassers sehr fest und geben es nicht mehr an die Pflanzen weiter. So ist bei einem pF-Wert von über 4,2 der Welkepunkt einer Pflanze erreicht. Spätestens wenn der pF-Wert Werte von 2,0 bis 2,5 erreicht, muß eine Pflanze gegossen werden.

Ein aus frischer Nadelerde bestehendes Substrat, wie es beispielsweise für Topfazaleen verwendet wird, weist einen sehr hohen Makroporenraum auf. Dadurch ist die Möglichkeit der Wasserspeicherung sehr gering. Dies bedeutet: hier muß häufig gegossen werden. In sehr torfhaltigen Substraten nimmt der Luftgehalt deutlich ab, dadurch steigt die nicht pflanzenverfügbare Wassermenge allerdings an. Noch wesentlich ungünstiger verhält es sich mit dem Schwarztorf, der aufgrund seiner enormen Speicherkapazität große Mengen Wasser speichert, welches aber für die Pflanzenwurzeln nicht zur Verfügung steht.

Die allermeisten Blumenerden, Spezialsubstrate und Pflanzenerden bestehen nach wie vor überwiegend aus Torf oder dessen Produkten. Seine enorme Wasserspeicherfähigkeit und die Tatsache, daß er nicht das gesamte Wasser an die Pflanzenwurzeln weiterleitet, erklärt unmißverständlich, warum torfhaltige Substrate niemals in trockenem Zustand verarbeitet werden dürfen. Topft man eine Pflanze in trockenes Torfsubstrat um, so würde zunächst einmal das Wasser aus dem Wurzelballen gesogen. Erst nach einem gewissen Sättigungsgrad wird Wasser wieder an die Pflanze abgegeben. Bis dahin wird die Pflanze jedoch welken. Trocken gewordenes Torfsubstrat kann allein schon deshalb Probleme bereiten, weil es sich äußerst schlecht wiederbefeuchten läßt.

Die Tabelle gibt einen Überblick über die chemischen und physikalischen Eigenschaften von Substratbestandteilen.

Wieviel Substrat wird gebraucht?

Aus ökonomischen Gründen ist es wichtig zu wissen, wieviel Substrat man konkret für die Befüllung von Pflanzgefäßen benötigt. Bei quadratischen oder rechteckigen Gefäßen läßt sich die Menge relativ einfach berechnen, indem man Länge x Breite x Höhe multipliziert. Da Substrate die Eigenschaft haben, sehr locker zu fallen, und ohnehin beim Befüllen angedrückt werden müssen, bleibt das Volumen der einzusetzenden Pflanzballen am besten unberücksichtigt.
Etwas komplizierter erweist sich die Berechnung der Substratmenge bei konischen oder leicht bauchigen Gefäßen. Hier bleibt nur übrig zu schätzen oder den Größenvergleich mit einem Wassereimer anzustellen. Will man es ganz genau wissen, so hilft hier eine mathematische Formel weiter:

$$V = 1/3 \cdot \pi \cdot h \cdot (r_1^2 + r_1 \cdot r_2 + r_2^2)$$

Zur Erklärung:
π = Konstante 3,14
r_1 = Innendurchmesser Boden
r_2 = Innendurchmesser obere Öffnung
h = Höhe des Gefäßes vom Boden aus

Blumenkästen besitzen Standardmaße, dennoch weiß kaum jemand genau zu sagen, wieviel Erde er für seine Kästen benötigt. Meistens bleibt es beim groben Schätzen. Die Tabelle gibt die benötigte Substratmenge für die gängigsten Kastengrößen an. Wieder blieb das Volumen der einzusetzenden Pflanzen unberücksichtigt, da die Pflanzerde und die Wurzelballen noch angedrückt werden.

Die ermittelte Menge wird mit der vorhandenen Kastenanzahl multipliziert, um den Gesamtbedarf für eine Saison zu

Benötigte Substratmengen für die gängigsten Kastengrößen

Kasten	Größe in cm (Länge × Breite × Höhe)	Substratmenge in l
normaler Kunststoffkasten	40 × 14 × 15	8,5
	50 × 14 × 15	10,5
	60 × 14 × 15	12,5
	80 × 14 × 15	17,0
	100 × 14 × 15	21,0
Bewässerungskasten	60 × 19 × 12	13,5
	80 × 19 × 12	18,0
	100 × 19 × 12	23,0
Eternitkasten	60 × 15 × 15	13,5
	80 × 15 × 15	18,0
	100 × 15 × 15	22,5
Eternitkasten	60 × 20 × 20	21,5
	80 × 20 × 20	29,0
	100 × 20 × 20	36,0

erhalten. Der Fachhandel bietet Substrate in Kunststoffsäcken und in den unterschiedlichsten Verpackungsgrößen (von 10 bis 80 l Inhalt) an.

Fachgerechtes Pflanzen

Wie man eine Pflanze vorbehandelt und wie man sie fachgerecht einpflanzt, wurde bereits auf Seite 147ff. beschrieben. Der Erfolg einer Kultur hängt jedoch im wesentlichen von der Wahl der geeigneten Pflanzen, passend zum jeweiligen Standort, ab. Pflanzen unterscheiden sich in ihrem Lichtbedarf. Manche Art braucht viel Licht, manche kommt mit wenig Licht aus und verträgt unter Umständen die direkte Sonneneinstrahlung gar nicht. (Das ist zum Beispiel bei Waldstauden der Fall oder bei den Arten des tropischen Regenwaldes.) In einem Blumenkasten kann man also eine Knollenbegonie, die Schatten bevorzugt, nicht zusammen mit einer Gazanie, die volle Sonne benötigt, zusammen pflanzen. Ähnlich verhält es sich im Innenbereich: *Maranta*-Arten benötigen weniger Licht, Hibiskus braucht sehr viel Licht. Schon beim Kauf der Pflanzen sollte man sich daher entsprechend beraten lassen. Hilfreich sind außerdem Pflanzenlisten, die Auskunft über den Lichtbedarf geben. Derartige Listen findet man in der Fachliteratur.

Soll ein Pflanzgefäß mehrere verschiedene Pflanzen aufnehmen, so mag das Grundschema für die Anordnung recht hilfreich sein. Es läßt sich sowohl im Innen- als auch im Außenbereich anwenden.

Die Gewichtung nach Haupt- und Nebenpflanzen gilt für alle erdenklichen Gefäßtypen, unabhängig von ihrem Standort und ihrer Größe. Ein Gefäß wird zunächst besser nicht zu üppig bepflanzt. Sicherlich sieht ein dicht bepflanztes Gefäß von vornherein gut aus, aber schon nach wenigen Wochen, wenn die Pflanzen weiterwachsen, kann es eng werden. Bei der Bestückung von Gefäßen ist – genau wie im Garten – darauf zu achten, daß die Gewächse auch nach dem Einpflanzen Platz genug haben, um sich noch weiter entwickeln zu können. Ein richtig bepflanzter Balkonkasten von 1 m Länge sollte nicht mehr als fünf Hauptpflanzen und drei Nebenpflanzen enthalten. In den ersten drei Wochen wirkt das Ganze eher kümmerlich, nach fünf bis sechs Wochen ist der Kasten zugewachsen.

Pflanzen mit extrem unterschiedlichen Bodenansprüchen können nicht im gleichen Gefäß wachsen. Hierzu ein Beispiel: In einer Dauerbepflanzung darf das Edel-

Rangordnung für die Anordnung von Pflanzen in einem Gefäß

Hauptpflanze	–	hebt sich deutlich in Größe und Form ab (schlanker Wuchs)
Nebenpflanze 1	–	breitere Pflanze, jedoch niedriger als die Hauptpflanze
Nebenpflanze 2	–	deutlich kleiner, je nach Gefäßgröße können zwei bis drei Exemplare gesetzt werden
Bodendecker	–	flache, überhängende Pflanze

weiß, eine kalkliebende Staude, nicht zusammen mit einem *Rhododendron* gepflanzt werden, weil dieser keinen Kalk verträgt. Das gleiche gilt für die Bodenfeuchtigkeit: Viele Pflanzen benötigen wenig Wasser, und manche Arten mögen es lieber etwas feuchter. Auch in dieser Hinsicht ist Rücksicht angesagt.

Farbkombinationen stellen sicherlich eine Frage des persönlichen Geschmacks dar. Selbst bei Beet- und Balkonpflanzen lassen sich Modetrends ausmachen. Viele mögen es so bunt wie nur möglich, andere schätzen Ton-in-Ton-Kombinationen. Bei Dauerbepflanzungen für den Innen- und Außenbereich bewährt sich eine Kombination aus nur grünen Pflanzen mit sparsam plazierten buntlaubigen Pflanzen. (Zu viele Buntlaubige lassen die Bepflanzungen recht unruhig wirken.)

Schließlich spielt der Blühtermin eine Rolle. Das trifft weniger bei den Beet- und Balkonpflanzen zu, von denen man erwartet, daß sie die Sommermonate über unermüdlich blühen. Gerade bei Dauerbepflanzungen lassen sich durch geschickte Staffelung der Blühtermine beeindruckende Effekte erzielen. Wurden mehrere Gefäße miteinander kombiniert, so entstehen sehr aparte wechselnde Eindrücke, wenn die Pflanzen zu verschiedenen Zeitpunkten blühen. Zum Beispiel gibt es Ziersträucher, die im Spätsommer, Herbst oder Winter blühen. Im Idealfall blüht das ganze Jahr über etwas.

Allgemein gültige Regeln, wie man etwas zu bepflanzen hat, gibt es nicht. Hier ist Phantasie und Fingerspitzengefühl gefragt, während das Gesagte nur einige Denkanstöße zu geben vermag.

Wer sich bei der Auswahl von Pflanzen unsicher fühlt, sollte sich nicht davor scheuen, die Beratung des Verkaufspersonals in Gärtnereien, Gartencentern und Gartenfachmärkten in Anspruch zu nehmen. Im Fachgeschäft können Sie mit gut geschulten, kompetenten Ansprechpartnern rechnen. Ferner erhält man im Frühjahr und im Herbst, also zu den Hauptpflanzzeiten, in guten Fachgeschäften kleine Informationsschriften, die bebilderte Vorschläge, sehr nützliche Pflanzanleitungen und so manchen guten Tip enthalten.

Die Pflege von Pflanzen in Gefäßen

Pflanzen in Gefäßen bedürfen einer wesentlich intensiveren Pflege als im Freiland ausgepflanzte Pflanzen. Die Gründe dafür sind recht naheliegend: Dem Wurzelwerk steht ein nur begrenztes Substratvolumen zur Verfügung, und in einem vollständig durchwurzelten Gefäß ist die Wasser- und Nährstoffaufnahme stark eingeschränkt. Wie es mit der Durchwurzelung einer Topfpflanze steht, erkennt man beim Gießen. Eine vermeintlich frisch und gut gegossene Pflanze ist schon bald wieder trocken, wenn ihr Wurzelraum sehr stark durchwurzelt ist. Durch den verminderten Substratgehalt in einem Container unterbleibt zwangsläufig die natürliche Nährstoffnachlieferung, die im gewachsenen Boden durch Verwitterung und Humusabbau selbsttätig zustande kommt.

Negativ wirken sich auch die teilweise sehr krassen Temperaturunterschiede aus, denen Containerpflanzen ausgesetzt sind. Temperaturmessungen in Baumschulquartieren mit Containerpflanzen erbrachten im Sommer teilweise alarmierende Werte: Die Temperatur an der Außenwand eines schwarzen Pflanzcontainers kann auf mehr als 40°C ansteigen. Zudem bedingen häufige Temperaturwechsel für die Pflanze einen ungeheueren Streß. Große Partien empfindlicher Wurzeln können dadurch absterben. Vor allem aber im Winter sind die Wurzeln im Gefäß stark gefährdet, denn gerade die empfindlichsten Teile des Wurzelsystems befinden sich an der

Tips für die Containerkultur

- Die geringste Arbeit und die wenigsten Sorgen hat man mit Pflanzen, die über einen langen Zeitraum immer im gleichen Gefäß stehen können.
- Für ein Gefäß sollte man immer Pflanzen auswählen, die ähnliche oder gleiche Ansprüche an das Substrat, die Bodenfeuchtigkeit, den pH-Wert, die Nährstoffversorgung, an Temperatur und Licht stellen.
- Wurzelballen bleiben in Kunststoffcontainern länger feucht. Wen die Optik dieser Gefäße stört, kann die Töpfe verkleiden oder Übertöpfe bzw. innenglasierte Terrakotta-Töpfe verwenden.
- Große Pflanzcontainer müssen allgemein weniger gegossen werden. Der Pflanzcontainer darf nicht überdimensioniert werden. In zu großen Gefäßen würde das Substrat versauern, bevor die Pflanzen eingewurzelt sind.
- Pflanzcontainer mit Wasserreservoir vereinfachen das Gießen wesentlich. Daneben kommt der Einbau von Bewässerungsanlagen in Betracht.
- Depotdünger ersetzen die in regelmäßigen Abständen erforderlichen Düngergaben. Je nach Produkt, Feuchtigkeitsgehalt und Temperatur hält die Düngewirkung unterschiedlich lange vor.
- Pflanzen mit einer übermäßig starken Wurzelbildung sollten für die Haltung in Pflanzgefäßen von vornherein ausgeklammert werden.

Innenseite des Topfes, auf den die Kälte einwirkt.

Außerdem gilt es zu beachten, daß Pflanzen in Gefäßen von den natürlichen Niederschlägen sehr wenig profitieren. Regen erreicht nur selten die Substratoberfläche, weil aufkommende Regentropfen von den Blättern abgeleitet werden.

Trotz aller Widrigkeiten wachsen Pflanzen in Containern sehr wohl – nur geht das Wachstum langsamer und auch schwächer vor sich. Allein schon durch diese Tatsachen sind Topf- oder Kübelpflanzen pflegeintensiver. Sicher gibt es auch Pflanzen, die sich auf Dauer in einem Pflanzgefäß nicht wohl fühlen oder eine Containerkultur nur vorübergehend überstehen. Dazu gehören zum Beispiel alle mehrjährigen Kletterpflanzen und Rosen, mit Ausnahme der Zwerg-Bengalrosen und der schwachwüchsigen Bodendeckerrosen.

Bei der Pflanzenhaltung im Container oder Pflanzgefäß unterscheiden wir drei verschiedene Bereiche, die mit unterschiedlichen Problemen behaftet sind:

- Pflanzungen mit Beet- und Balkonpflanzen
- Dauerbepflanzungen
- Kübelpflanzen, die frostfrei überwintern müssen.

Rückschnitt

Bei Dauerbepflanzungen stellt der Rückschnitt eine sehr wichtige Maßnahme dar, um die Lebensdauer von Pflanzen wesentlich zu verlängern. Zurückhaltung mit dem Schneiden ist allgemein bei fast allen Arten von Nadelgehölzen angesagt. Selbst wenn sie einen Rückschnitt vertragen, verlieren sie ihre ursprüngliche Form. Im Gegensatz dazu läßt sich die Wuchsform von Laubgehölzen durch geeignete Schnittmaßnahmen steuern. Ist beispielsweise bei einem Laubgehölz eine mehr buschige Form gewünscht, so schneidet man nur die Spitzen.

Ein im Herbst ausgeführter Rückschnitt ins alte Holz bewirkt eine starke Verjüngung. Nicht alle Pflanzen tolerieren einen so schweren Eingriff. Pflanzen, deren Triebe weniger stark verholzen, sondern mit einem Mark gefüllt sind, schneidet man besser erst im Frühjahr zurück. Frost könnte solche Pflanzen gefährden.

Ein Erhaltungsschnitt wird bei geschnittenen Formen notwendig. Formschnittgehölze werden typischerweise aus Liguster, Buchs und Lorbeer angezogen. Mit dem Schnitt wartet man bis zum Frühjahr. Sobald die Neutriebe halbwegs ausgereift sind, kürzt man sie auf ein Drittel ein.

Immer wieder einmal muß innerhalb einer Gefäßbepflanzung eine Einzelpflanze ausgetauscht werden. Das hört sich zunächst recht einfach an. Will man aber zum Beispiel einen abgestorbenen Zierstrauch aus einem Großgefäß entfernen, nachdem er schon fünf bis sechs Jahre in demselben Gefäß gestanden hat, so ist der Arbeitsaufwand nicht zu unterschätzen. Am besten befreit man die Pflanze von loser Erde und sägt mit einer bügellosen Astsäge, so wie sie im Obstbau verwendet wird, den Wurzelballen aus. Im Grunde bleibt gar keine andere Wahl, es sei denn, man tauscht den gesamten Gefäßinhalt aus, was sicherlich nicht immer sinnvoll ist. Bei einem tieferen Gefäß, so ab 50 cm Tiefe, muß dabei

Die handbemalten, blauen Gefäße passen zu der schon patinierten Terrakotta sehr gut, die farblich abgestimmte Bepflanzung rundet das Bild ab.

Richtlinien für das Überwintern von Hochstämmchen

- Im Herbst erfolgt ein Rückschnitt ins zweijährige Holz.
- Die Pflanzen stellt man in einem hellen, kühlen Raum (mit 8 bis 12 °C) auf.
- Die Wassergaben werden stark eingeschränkt.
- Sobald der Neuaustrieb einsetzt, erhalten die Pflanzen wieder regelmäßige Düngergaben.
- Von da an müssen die Pflanzen heller und wärmer stehen.
- Das Frühjahr ist dann auch der richtige Zeitpunkt für ein Umtopfen in einen nächstgrößeren Topf.

immer wieder quer zum Stamm gesägt werden, weil man den Wurzelballen bis untenhin entnehmen will. Die anderen Pflanzen im Gefäß nehmen dadurch selten Schaden, im Gegenteil – meist wird ihr Wurzelwachstum sogar angeregt. Das durch Aussägen entstandene Pflanzloch wird mit frischem Substrat aufgefüllt, und eine neue Pflanze kann gesetzt werden.

Hochstämmchen ergeben eine hervorragende Mittelpunktpflanze für viele Gefäßtypen. Auf Seite 44 wurden die bekanntesten und dankbarsten Arten bereits aufgelistet. Um die Schönheit eines solchen Stämmchens über einen langen Zeitraum zu erhalten, ist es sehr wichtig, alle abgeblühten Teile regelmäßig auszuschneiden. Wird dies versäumt, setzen viele Pflanzen Samen an und stellen die Blütenneubildung ein.

Die Hochstämmchen kommen selbst im privaten Bereich gut über den Winter, sofern man bestimmte Grundsätze beherzigt, unabhängig davon, daß jede Art ihre eigenen Ansprüche an die Pflege stellt.

Die Wasserversorgung

Das Gießen stellt den sensibelsten Teil der Pflanzenpflege dar. Von hundert abgestorbenen Pflanzen sind vielleicht 99 durch zuviel Wasser eingegangen, und nur eine mußte vertrocknen. Gleich vorneweg: Eine Faustregel für das richtige Gießen läßt sich nicht aufstellen. Die Gießhäufigkeit richtet sich danach, um welche Pflanze es sich handelt, in welchem Zustand sie sich befindet, wie das Substrat beschaffen ist und wo sie letztlich aufgestellt wird. Hinzu kommen noch weitere Faktoren, wie sie auf den Seiten 149 und 150 beschrieben wurden.

In Bezug auf die Wasserversorgung sind Pflanzen in Gefäßen enormen Streßsituationen ausgesetzt. Bei den schwächeren Lichtverhältnissen im Innenbereich mag dies noch recht gut funktionieren. Extremsituationen erleiden Pflanzen, deren Gefäße in der brütend heißen Sonne stehen. Dunkle oder schwarze Gefäße, wie sie in Baumschulen verwendet werden, können sich beträchtlich erhitzen. Trotz dieser widrigen Umstände ertragen viele Pflanzen diese Situation recht gut. Wichtig ist aber, daß sie rechtzeitig Wassernachschub erhalten – noch bevor sie zu welken beginnen.

Zum richtigen Gießen gehört sicher auch eine Menge Erfahrung. Gerade aber bei Pflanzen in Containern hat es leicht den Anschein, die Wassermenge würde ausreichen. Topft man die Pflanze dann aus, zeigt sich häufig, daß nur ein Teil des Wurzelballens durchfeuchtet ist. Für das Pflanzsubstrat mit seinen Hohlräumen und wasserabsorbierenden Stoffen reicht nämlich der kurze Moment eines Gießvorganges nicht aus, soviel

Tips für richtiges Gießen

- Man sollte täglich kontrollieren, ob die Pflanzen Wasser benötigen.
- Ein gelegentliches „Antrocknen" der Erde schadet den wenigsten Pflanzen, vielmehr wird hierdurch das Wurzelwachstum angeregt.
- Am besten gießt man morgens oder abends. Läßt es sich nicht vermeiden, so kann man selbstverständlich auch tagsüber gießen. Jedoch sollten bei sonnigem Wetter die Blätter nicht naß werden. Restwasser bzw. Wassertropfen auf den Blättern rufen Verbrennungen hervor.
- Besonders für Zimmerpflanzen verwendet man möglichst abgestandenes Gießwasser. Frisches Leitungswasser enthält je nach Wohnort größere Mengen Chlor, das aber nach und nach entweicht. Außerdem ist Leitungswasser oft sehr kalt. Im Winter sollte die Temperatur des Gießwassers der Zimmertemperatur entsprechen.
- Überschüssiges Gießwasser muß immer aus den Untersetzern oder Übertöpfen entfernt werden.
- Ist ein Wurzelballen einmal richtig ausgetrocknet, befeuchtet sich das Substrat durch normales Gießen nicht mehr. Hier hilft nur noch Tauchen. Der Tauchvorgang ist beendet, wenn keine Luftblasen mehr aufsteigen.
- Ob eine Pflanze Wasser braucht, stellt man am sichersten fest, indem man einen Finger in die Erde steckt und so die Restfeuchtigkeit überprüft.

Wasser aufzunehmen, daß der Ballen insgesamt durchnäßt wird. Tückisch ist es zudem, wenn große Mengen Wasser aus dem Boden des Pflanzgefäßes austreten, auch wenn das Substrat längst noch nicht wassergesättigt ist. Dies hängt wieder damit zusammen, daß der Wurzelballen nicht in der Lage ist, überhaupt große Mengen an Wasser auf einmal aufzunehmen. Hat man mehrere Pflanzgefäße auf einmal zu gießen, so empfiehlt sich durchaus eine Überprüfung durch Austopfen.

Auf dem Markt werden zahlreiche Hilfsstoffe und Geräte angeboten, die die schwierige Aufgabe des Gießens etwas erleichtern oder zumindest die Gießintervalle etwas verlängern. Eine Lösung, das Zugrundegießen einer Pflanze zu verhindern, stellt der Gießanzeiger dar. Er zeigt genau an, wann ein Pflanzgefäß Wassernachschub braucht. Legt man solch ein Gefäß selber an, so sollte man vor dem Einbau aller Pflanzen den Wasserstandsanzeiger auf seine Funktionstüchtigkeit hin überprüfen.

Käuflich erwerben kann man natürlich auch die Pflanzgranulate, die aus gebranntem Ton bestehen. Diese Tonkügelchen füllt man in Übertöpfe und setzt die Pflanzen mit ihrem Erdballen, der zuvor geringfügig verkleinert wurde, direkt in das Granulat.

Überprüfung durch Austopfen

Die richtige Menge an Gießwasser hängt von sehr unterschiedlichen Faktoren ab:

- von der Pflanze (liebt sie mehr Trockenheit oder Feuchtigkeit)
- dem Substrat und seiner Wasseraufnahmefähigkeit
- dem Grad der Durchwurzelung
- dem Standort (hell – dunkel, warm – kühl)

Der beigefügte Wasserstandsanzeiger wird durch das Granulat bis in den Pflanzenballen gesteckt. Durch Farbveränderungen wird angezeigt, ob die Pflanze Wasser benötigt oder nicht. Das Granulat hat eine hohe Speicherkapazität und gibt das Wasser gezielt an die Pflanzen ab. Das Volumen-Verhältnis zwischen Ballen und Granulat sollte 1:2 betragen.

Doch gilt es zu beachten, daß Pflanzenkultur in Granulat eine Methode darstellt, die sich in erster Linie für die Zimmerpflanzenkultur eignet; für den Außenbereich spielt sie eine sehr untergeordnete Rolle. Zu dieser Methode gibt es ausführliche Literatur.

Für Großgefäße – und auch für Spezialbehälter aus Draht bzw. Baustahlmatten, wie sie auf Seite 137 beschrieben wurden –, kann man dem Substrat besondere wasserspeichernde Granulate beimischen, die ein ganz enormes Quellvermögen haben. Diese Granulate wurden schon vor vielen Jahren für die Kultivierung von Wüstengebieten eingesetzt. Der Wasserspeicher besteht aus quervernetztem Polymergranulat und hat die Eigenschaft, das Hundertfache seines Eigengewichtes an Wasser aufzunehmen. Bei Bedarf gibt es das Wasser fast vollständig an die Pflanzen weiter. Die Haltbarkeit beträgt fünf bis sieben Jahre.

Die Anwendung des pH-Wert-neutralen Granulats ist denkbar einfach: Man kann es in Wasser geben, woraufhin es innerhalb weniger Minuten aufquillt, und danach dem Substrat beimischen. Oder man mischt es trocken unter das Substrat. Man benötigt etwa 50 g für 50 l

Ein Topfgarten mit vielen unterschiedlichen Gefäßen und Pflanzen, trotzdem wirkt er harmonisch.

Blumat-Tropfkegel, so wie sie richtig eingesetzt werden sollten.

Substrat. Durch den Einsatz dieses Wasserspeichers wird die Bewässerung von Pflanzen in Spezialbehältern oder in Großgefäßen, wie sie häufig im kommunalen Bereich eingesetzt werden, ganz entscheidend erleichtert.

Die Pflanzenpflege während der Urlaubswochen bereitet Probleme, vor allem wenn sich keiner findet, der die Pflanzen zuverlässig gießt. (Oder man erinnert sich noch mit Schaudern an die Rückkehr aus dem Vorjahresurlaub, als alle Pflanzen vergossen waren.) Eine ganz gute Unterstützung bieten Bewässerungssysteme, die es in den unterschiedlichsten Ausführungen gibt. Ganz ohne Kontrolle funktionieren sie allerdings nicht, jedoch entfällt das tägliche Gießen.

Folgendes recht interessante Bewässerungssystem läßt sich für Schalen, Tröge, Balkonkästen und andere Gefäße sehr gut einsetzen: Es besteht aus kegelförmigen Keramiksensoren, über denen ein Feuchtigkeitsfühler in Form einer federnden Membrane sitzt. Bei trockener Erde wird diese durch die Saugkraft der Wurzeln nach unten gezogen, wodurch sich ein Ventil öffnet. Hierauf wird tröpfchenweise das Wasser an die Pflanze abgegeben, gerade soviel, wie sie benötigt. Ist die Erde feucht, schließt das Ventil. Die einzelnen kegelförmigen Sensoren sind über einen dünnen Schlauch miteinander verbunden.

Für ein gutes Funktionieren benötigt man im Abstand von 25 bis 30 cm solch einen »Sensor«. Das System kann direkt an die Wasserleitung angeschlossen werden. Hierzu wird dann allerdings ein Druckminderer eingebaut, der den Wasserleitungsdruck auf maximal 1 atü senkt. Das System kann aber auch mit einem Hochtank betrieben werden, der möglichst hoch über den zu bewässernden Gefäßen angebracht sein sollte. Über den Hochtank kann gleichzeitig Flüssigdünger zugemischt werden. Wichtig ist, daß man vor dem ersten Einsatz die Keramikkegel öffnet (indem man die Sensoren abschraubt) und die Kegel mit Wasser füllt. Nur so ist gewährleistet, daß sie hinterher auch funktionieren. Das ganze System ist erst voll einsatzfähig, wenn die zu bewässernden Gefäße halbwegs gut durchwurzelt sind. Bei der Tankmethode darf man nicht vergessen, den Tank regelmäßig auf seinen Wasserstand zu überprüfen.

Wer ganz kurzfristig, ohne fremde Hilfe und Kostenaufwand, eine Pflanze bewässern möchte, kann nachfolgenden Trick versuchen: Man stellt ein mit Wasser gefülltes Gefäß etwas erhöht neben die zu bewässernde Pflanze und hängt dort einen dicken Wollfaden ein, der auf die Erdoberfläche der Pflanze gelegt wird. Der Wollfaden nimmt sofort das Wasser auf und leitet es weiter. Dieser Vorgang wird aber erst dann unterbrochen, wenn der Wasserbehälter leer ist oder der Wollfaden entfernt wird. Es besteht also die Gefahr, daß das Substrat völlig vernäßt.

Die Blumat-Tröpfchenbewässerung ist eine preiswerte und sehr funktionelle Bewässerungsmethode.

Recht gute Dienste leistet eine Tröpfchenbewässerung. Diese im Gartenbau seit langem bewährte Methode findet allmählich Einzug in den privaten Bereich. Auf dem Markt gibt es mehrere verschiedene Fabrikate, die aber alle nach dem gleichen Prinzip funktionieren.

Als Kernstück wird ein Druckminderer direkt an den Wasserhahn angeschlossen. Dahinter ist das Verteilerrohr angeschlossen, das zu den zu bewässernden Pflanzen oder den Containern führt. In dem Verteilerrohr verlaufen sogenannte Verteilerschläuche, in denen wiederum die Tropfschläuche eingepaßt sind. Das Ganze besteht aus einem System von Schläuchen, die immer dünner werden. Der eigentliche Tropfschlauch endet mit einer kleinen Tropfdüse in einer kleinen Plastikgabel, die eine mühelose Befestigung auf dem Container erlaubt.

Auf einen Meter Blumenkastenlänge

rechnet man mit fünf Tropfstellen mit 2-Liter-Tropfköpfchen (entsprechend einer Durchflußmenge von 2 l pro Stunde). Für die Installation gibt es vielfältiges Zubehör; Zuleitungen, Verzweigungen, unterschiedliche Tropfköpfchen. Der Einbau erfordert ein gewisses Geschick, jedoch bieten die Firmen, die derartige Bewässerungssysteme vertreiben, eine gute Unterstützung bei der Planung an. Man muß sich vor der Installation nur rechtzeitig beraten lassen. Ferner werden komplette Sets angeboten, deren Einbau einfach ist und die sich dann nach Belieben erweitern lassen – soweit es die physikalischen Gesetzmäßigkeiten zulassen.

Für den Anschluß muß unter allen Umständen ein Druckminderer zwischengeschaltet werden, wie er grundsätzlich zum Lieferprogramm einer Tröpfchenbewässerung gehört. Wer möchte, kann diese Tröpfchenbewässerung voll automatisieren, indem er sie über einen Bewässerungscomputer steuert. Mit diesem direkt am Wasserhahn angeschlossenen Gerät können täglich bis zu sechs Bewässerungsintervalle in unterschiedlichen Tropfphasen eingestellt werden. Die Dauer einer Tropfphase läßt sich von einer Minute bis zu neun Stunden regulieren. Das Tropfsystem gewährleistet eine absolut sichere Bewässerung, die auch bei längerer Abwesenheit funktioniert. Weil ein Computer nicht selbst entscheiden kann, ob eine Pflanze Wasser benötigt oder nicht, kann zwischen Wasserhahn und Tropfstelle ein Feuchtigkeitsfühler gesetzt werden. Wenn dieses sensible Gerät, das an einer Leitpflanze befestigt sein muß, Wasserbedarf meldet, werden die Tropfstellen über ein Magnetventil geöffnet. Wem dies zu kompliziert ist, der schließt seine Tröpfchenbewässerung einfach am Wasserhahn an. Natürlich gibt es auch halbautomatische Hilfen, die ähnlich wie eine Eieruhr funktionieren. Bei ihnen lassen sich aber nur Start und Dauer der Wassergabe einstellen. Gleichgültig, ob voll- oder halbautomatisch gesteuert, die Vorteile der Tröpfchenbewässerung liegen auf der Hand.

Vorteile einer Tröpfchenbewässerung

- Man spart große Mengen Wasser, ohne daß die Pflanzen darunter leiden.
- Ein Vergießen ist praktisch nicht möglich.
- Bei größeren Anlagen ergibt sich eine enorme Zeitersparnis.

Nachteilig wirkt sich das Gewirr von Schläuchen und Verbindungen aus. Es trägt nicht gerade dazu bei, eine Terrasse oder einen Balkon zu verschönern.

Bei Pflanzgefäßen aus Kunststoff und Faserbeton haben sich seit Jahren Gefäßtypen durchgesetzt, die mit einem Wasservorratssystem ausgestattet sind. Einen Wasserspeicher besitzen in erster Linie Balkonkästen, Töpfe und Schalen sowie Großcontainer. Es gibt unterschiedliche Systeme, die aber alle gleich gut sind. Voraussetzung ist, daß die Pflanzen halbwegs gut in ihrem Pflanzgefäß eingewurzelt sind, zuvor funktionieren diese Systeme nicht richtig. Bei Balkonkästen mit Wasserspeicher ist zu beachten, daß sie im Vergleich zum normalen Blumenkasten breiter sind und – bedingt durch das Wasserreservoir – sehr viel schwerer werden. Aus diesem Grund müssen für solche Kästen besonders stabile Blumenkastenhalter verwendet werden.

Pflanzgefäße mit einem Wasservorratssystem bestehen immer aus mehreren Teilen. Beim Kauf sollte man sich daher gleich davon überzeugen, ob alles kom-

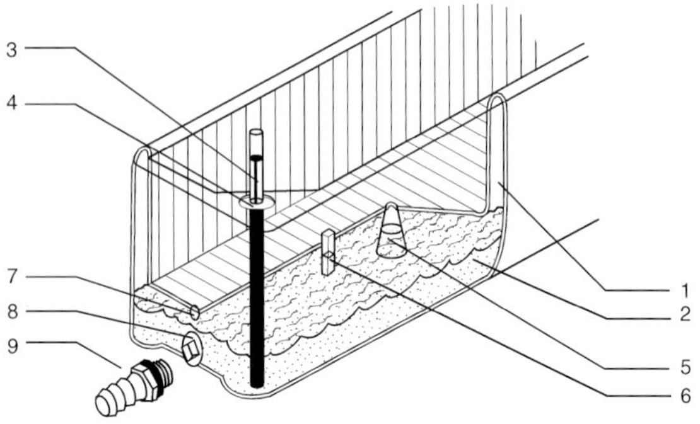

Balkonkasten mit Wasserreservoir für eine langfristige Wasserversorgung.
1 Doppelwandiger Aufbau mit Luftspalt zwischen Außenwand und Pflanzbereich
2 Wasserspeicher 3 Wasserstandsanzeiger
4 Einfüllöffnung mit Deckel 5 Regenüberlauf aus dem Pflanzbereich
6 Versorgungsdochte 7 Überlauf des Wasserspeichers
8 Gewindeöffnung für den Schlauchverbindungsstutzen
9 Verbindungsstutzen zur Verbindung mit weiteren Kästen mit einem 1/2"-Schlauch

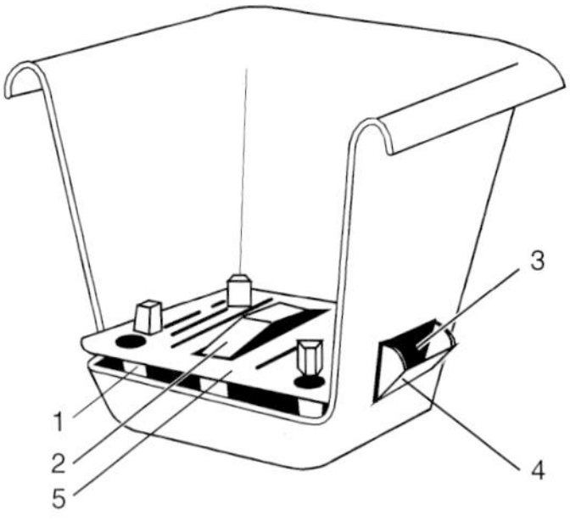

Balkonkastensystem für eine Dauerbewässerung.
1 Gitter zur Belüftung und Sauerstoffversorgung der Wurzeln
2 fäulnishemmendes Band, in dem Flüssigdünger aufsteigen kann
3 Fülltrichter für den Wasserspeicher mit Füllstandsanzeige
4 Verschlußvorrichtung für das Füllfenster
5 Wasserspeicher für die ständige Bewässerung der Pflanze

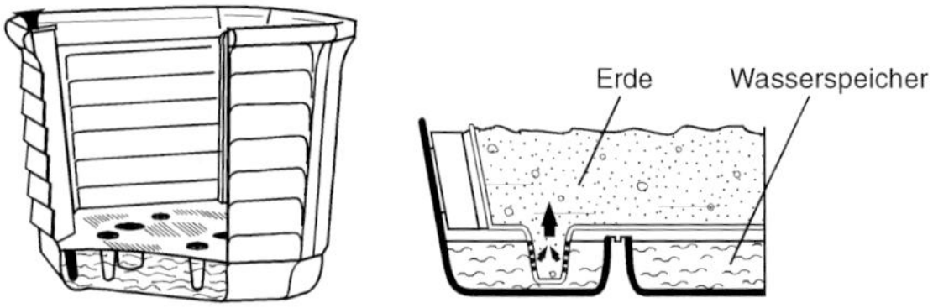

Bewässerungssystem für Balkonkästen, das auf dem kapillaren Wasseraufstieg vom Wasserspeicher in den Wurzelbereich basiert.

plett ist. Je nach System gehören dazu: das Gefäß, eine Trennwand zwischen Substrat und Wasserspeicher, Wassereinfüllstutzen, Wasserstandsanzeiger, Überlauf sowie Dochte oder Kegel. Letztere sorgen für den Wassertransport zwischen Wasserspeicher und Pflanzbehälter, indem Wasser vom Speicher in das trockenere Substrat aufsteigt. Und genau dieses Prinzips wegen erweisen sich alle Pflanzgefäße mit diesem System als problematisch, wenn es stark regnet und das Substrat stark durchfeuchtet wird. In diesem Fall muß der Speicher entleert werden, um eine Überversorgung mit Wasser zu verhindern. Unter normalen Umständen stellen diese Systeme jedoch eine wirkliche Arbeitserleichterung dar, denn die Häufigkeit des Gießens reduziert sich auf zwei- bis dreimal pro Woche. (Dies hängt allerdings von den Pflanzen und der Außentemperatur ab.)

Unterschiedliche Systeme besorgen bei den Vorratssystemen den Wassertransport. Am bekanntesten sind Dochte, die durch die Trennwand zwischen Wasserspeicher und Pflanzfläche reichen und so das Wasser weiterleiten. Bei einem anderen System sind in die Trennwand mit Schlitzen versehene Kunststoffkegel eingebaut. Dieses System funktioniert sehr gut, nur müssen die Kegel unbedingt mit Wasser gefüllt und leicht angedrückt werden, bevor das eigentliche Gefäß mit Substrat befüllt wird. Bei manchen Gefäßen mit diesen Kegeln wird zusätzlich eine Vliesmatte über die Trennwand gelegt, was die Kapillarwirkung wesentlich erhöht und eine gleichmäßigere Bewässerung gewährleistet. Die Zeichnung verdeutlicht das Funktionsprinzip dieser Bewässerungssysteme.

Für Großgefäße im Innen- und Außenbereich, wie man sie häufig im Eingangsbereich von Messen, öffentlichen Gebäuden, Einkaufszentren oder auch Hotelfoyers einsetzt, steht ein weiteres, sehr interessantes Bewässerungssystem zur Verfügung. Das Großgefäß kann aus unterschiedlichen Materialien bestehen mit einem Durchmesser von mindestens 45 cm. Häufig wird dabei eine speziell behandelte Terrakotta eingesetzt, aber daneben auch große Kunststoffcontainer. Das wichtigste Element dieser Großgefäße ist ein Einsatz, der aus einem Drahtkorb besteht und innen mit Grodan ausgekleidet ist. Bei Grodan handelt es sich um ein saugfähiges Steinwollprodukt mit hoher Wasserspeicherkapazität und Kapillarwirkung. Unter dem Drahtkorb befindet sich eine Kunststoffwanne, die zum Auffangen und Speichern von Wasser dient. Seitlich im Innenteil ist ein Einfüllstutzen mit Verschluß und Schwimmer angebracht. Hier wird bei Bedarf Wasser nachgegossen, und der Schwimmer zeigt an, ob Wasser benötigt wird.

Der Drahtkorb wird mit Substrat gefüllt und bepflanzt. Die Bewässerung erfolgt ausschließlich über den Einfüllstutzen. Gerade bei Großpflanzen hat sich diese Art der Bewässerung sehr bewährt. Aufgrund der eingebauten Kunststoffwanne im Boden ist dieses Speichersystem zugleich ein zuverlässiges Bewässerungssystem. Das Gießen großer Container ist nämlich gar nicht so einfach, weil man schlecht abschätzen kann, wieviel Wasser die Pflanze benötigt. Wird zuviel gegossen, läuft überschüssiges Wasser unkontrolliert ab.

Ein ähnliches System wie das beschriebene, jedoch mit anderen Einsätzen, gibt es für Hydrokulturen. In Baumschulen werden die Containerpflanzen auf wasserdichten Folienbeeten aufgestellt, auf denen eine Lage Kies aufgebracht wurde, um eine übermäßige Erwärmung der Stellflächen zu verhindern. In regelmäßigen Abständen werden diese Beete 8 bis 10 cm hoch geflutet. Das Wasser bleibt für etwa eine Stunde stehen und fließt anschließend wieder langsam in ein Staubecken zurück. Während dieser Zeit sind die Pflanzen bzw. das Substrat in der Lage, ausreichend Wasser aufzunehmen. Diese Methode nennt man Anstauverfahren. Auf den privaten Bereich läßt sie sich nur selten übertragen.

Eine ganz bestimmte Gießmethode hat dafür gerade im Privatbereich große Bedeutung: Gemeint ist der Gartenschlauch mit Brause. Der Fachhandel bietet eine Vielzahl von Produkten an, die hierfür geeignet sind. Besonders hervorzuheben sind Brausen, die aus einer Vielzahl von Brauselöchern das Wasser ganz weich abgeben. Die Brause sollte man abstellen und gegebenenfalls auch noch ihren Druck verändern können. Ein Gießstab bietet gewisse Vorteile, denn mit seiner Hilfe kann man besser in Ecken und Winkeln gießen und erreicht Ampeln leichter. Manche Geräte bieten die Möglichkeit, Düngetabletten in das Gerät einzuschrauben, so laufen Düngen und Gießen in einem Arbeitsgang ab.

Das Düngen

Pflanzen in Gefäßen sind ganz besonders auf eine regelmäßige Nährstoffversorgung angewiesen. Leider werden gerade bei der Düngung aus Nachlässigkeit oder aus Unkenntnis sehr viele Fehler gemacht. In der Regel sind die Pflanzen sogar eher mit Dünger unterversorgt. Dennoch sei zunächst ein wichtiger Hinweis erlaubt, um eine mögliche Überdüngung auszuschließen. Gute Blumenerden, wie sie für Beet- und Balkonpflanzen verwendet werden, enthalten fast immer Langzeitdünger. Diese Dünger reichen in der Regel für die folgenden vier bis sechs Wochen. In diesem Zeitraum ist eine weitere Düngung unnötig, wenn nicht sogar schädlich. Bei zu hohen Salzkonzentrationen (und bei den Düngemitteln handelt es sich um Salze), entstehen an den Pflanzen sehr schnell Schädigungen. Oft ist es so, daß die Pflanzen aufgrund der guten Versorgung üppig wachsen, dunkelgrünes Laub haben, die Blumenknospen aber verdorren. Dies ist fast immer eine Reaktion auf einen zu hohen Stickstoffgehalt im Substrat. Das einzige, was hier hilft, ist ein rasches Durchspülen mit sehr viel Wasser. Stickstoff beispielsweise läßt sich mit Wasser aus dem Substrat schwemmen, bei anderen Düngerbestandteilen, insbesondere Phosphor, gelingt dies schon nicht mehr. Es empfiehlt sich daher sehr, die Beschreibung auf den Substratpackungen genau durchzulesen, denn hier sind Form und Menge der beigefügten Nährstoffe ganz genau vermerkt. Leider machen sich die wenigsten Pflanzenfreunde die Mühe, sich über Art und Zusammensetzung der gekauften Substrate zu informieren. Gefährlich für die Pflanzen kann es bei der Verwendung von Billigerden werden (siehe Seite 157): Diese "Erden" sind häufig mit Stickstoff überdüngt. Gerade Pelargonien ("Geranien") reagieren darauf besonders empfindlich. Die Pflanzen werden dunkelgrün, und die Blütenknospen öffnen sich erst gar nicht, sondern verbräunen und sterben ab.

Allerdings sieht sich der noch so gut informierte Pflanzenfreund vor dem Angebot an Düngerprodukten, wie man es im Düngerregal eines Fachmarktes vorfindet, hoffnungslos überfordert. Er ist auf eine sachkundige Beratung angewiesen. Denn Düngemittel erhält man für jede Pflanzengruppe (siehe Kasten) und dann auch noch in den unterschiedlichsten Anwendungsformen.

Ganz vereinfacht dargestellt lassen sich zwei unterschiedliche Typen von Düngern unterscheiden:

- Dünger, die das vegetative (Blatt-) Wachstum einer Pflanze unterstützen
- Dünger, die die Blütenbildung unterstützen.

Dünger, die die Hauptnährstoffe Stickstoff (NO_3), Phosphor (P_2O_5) und Kali (K_2O) enthalten, werden kurz NPK-Dünger genannt. Die Zusammensetzung der einzelnen Nährstoffe zeichnet den Dünger dann aus. Dünger mit einem höheren Anteil an Stickstoff fördern mehr das Wachstum, Dünger mit höheren Phosphoranteilen sind Blühdünger. Gute Dünger enthalten zusätzlich Spurenelemente und gelegentlich auch noch Wuchsstoffe.

Sogenannte Spezialdünger werden für einzelne Pflanzengruppen angeboten. Über deren Sinn und Zweck kann man sich streiten, doch sind sie zumindest immer auf die Bedürfnisse der jeweiligen Pflanzengruppe abgestimmt.

Weiter ist zwischen organischen und mineralischen (synthetischen) Düngern zu unterscheiden. Beide erzielen eine gleich gute, wenn auch unterschiedliche Wirkung. Organische Düngemittel enthalten jedoch meist etwas niedrigere Nährstoffgehalte und sie kommen langsamer zur Wirkung. Bei synthetischen oder besser mineralischen Düngern ist die Nährstoffzusammensetzung genau bekannt, so daß man exakt dosieren kann. So gibt es sogar Einzelnährstoff-Dünger zu kaufen, die einen ganz gezielten Einsatz, zum Beispiel bei Mangelerscheinungen ermöglichen. Ihr Einsatz erfordert jedoch eine gewisse Sachkenntnis, denn sie sind sehr hoch konzentriert und enthalten im Vergleich zu einem gewöhnlichen Düngemittel ein Mehrfaches an Inhaltsstoffen. Die auf der Gebrauchsanleitung angegebenen Anweisungen sind also unbedingt einzuhalten.

Spezialdünger für bestimmte Pflanzengruppen

Man unterscheidet zwischen Dünger

- für Blütenpflanzen
- für Grünpflanzen
- für Balkonpflanzen
- für die Hydrokultur
- für Kakteen
- für Orchideen
- für Palmen
- für Terrassen- und Kübelpflanzen

Und daneben gibt es unterschiedliche Dünger für die verschiedenen Gartenpflanzen.

Fast alle der nachfolgend genannten Düngemittel sind in unterschiedlichen Anwendungsformen erhältlich:

Flüssigdünger sind in ihrer Anwendung am einfachsten. Man gibt sie in den angegebenen Konzentrationen dem Gießwasser einfach bei. Häufig ist die Verschlußkappe als Maßeinheit für eine bestimmte Litermenge Gießwasser genormt. Man erhält Flüssigdünger als Wachstums- oder als Blühdünger, sowohl in organischer als auch in mineralischer Form.

Düngersalze zum Auflösen sind in der Anwendung ganz ähnlich, und auch die Angebotspalette reicht an jene von Flüssigdüngern heran. Vor der Anwendung sollte sichergestellt sein, daß sich die Salze im Gießwasser vollkommen gelöst haben. Notfalls hilft hier die Verwendung von lauwarmem Gießwasser, da sich hierin die Salze besser lösen.

Düngerkonzentrate sind häufig in Form

Dosierung von Langzeitdüngern

Pflanzgefäß	Menge	Pflanzgefäß	Menge
Blumenkasten, 100 cm	6 Eßlöffel	Blumenkasten, 80 cm	5 Eßlöffel
Blumenkasten, 60 cm	4 Eßlöffel	Blumenschale, 50 cm	4 Eßlöffel
beim Umtopfen von Pflanzen	3 Eßlöffel pro 10 l Blumenerde		

Dosierung von Düngekegeln für die Langzeitversorgung von Pflanzen in Gefäßen

Topfdurchmesser	Düngekegel pro Kopf
15 bis 18 cm	1
19 bis 22 cm	2
23 bis 25 cm	3
26 bis 30 cm	5
30 bis 40 cm	8

von Granulaten erhältlich, die man in Wasser lösen muß. Oft kann man sie in Nachfüllpackungen kaufen, deren Inhalt man in die alte Flasche umfüllt. Das entlastet den Müllberg.

Organische Dünger in Form von Hornmehl, Hornspänen, Blut- und Knochenmehl werden gerne in den Anpflanzungen von Beet- und Balkonpflanzen verwendet. Im Vergleich zu mineralischen Düngern setzt ihre Wirkung langsamer ein, sie wirken dafür länger. Im Innenbereich sollten sie wegen ihres Geruches nicht eingesetzt werden.

Düngestäbchen für Grün- und Blütenpflanzen sind sehr beliebt. Gelegentlich erhält man sie auch in Kombination mit einem systemisch wirkenden Pflanzenschutzmittel zum Schutz vor tierischen Schädlingen. Der Einsatz von Düngestäbchen und Düngekegeln ist allerdings nur sinnvoll bei Pflanzen im Innenbereich und einer Topfgröße von bis zu 20 cm, ansonsten wäre die Düngergabe zu ungenau. Wer wahllos mehrere Düngestäbchen in ein Gefäß steckt, riskiert Verbrennung an den Pflanzen. Düngestäbchen sollten immer am Gefäßrand eingesteckt werden, niemals am Wurzelhals der Pflanze. Besonders bei Düngestäbchen, die zusätzlich ein systemisches Pflanzenschutzmittel enthalten, ist Vorsicht bei Kindern angebracht: Die Mittel sind gefährlich.

Langzeitdünger werden im Erwerbsgartenbau schon seit sehr langer Zeit eingesetzt. Im privaten Bereich setzen sie sich nur allmählich durch. Langzeitdünger gibt es in unterschiedlichen Formen und Wirkungsweisen. Für den Hobbybereich sind die kunstharzummantelten Langzeitdünger am einfachsten anzuwenden. Ihr Vorteil liegt in der einmaligen Ausbringung und der genauen Dosierung ohne nennenswerte Auswaschungen. Der Langzeitdünger sollte immer in das Substrat eingemischt werden; nur auf der Oberfläche ausgestreut, nützt er wenig. Die

Hüllen des Düngers, häufig als Frosch- oder Schneckeneier verkannt von denen, die diese Düngerart noch nicht kennen, werden langsam von Mikroorganismen im Boden zersetzt. Der Preis ist gegenüber einem herkömmlichen Dünger hoch – zumindest scheint es auf den ersten Blick so. Dafür aber erspart man sich die sonst notwendigen Nachdüngungen.

Langzeitdünger sind für Grün- und Blütenpflanzen erhältlich. Je nach Produkt hält ihre Wirkungsdauer unterschiedlich lange an. Im allgemeinen wirken sie für einen Zeitraum von drei bis neun Monaten.

Noch einfacher in der Anwendung sind Düngekegel. Ihr Vorteil besteht darin, daß man sie auch nachträglich noch in ein Pflanzgefäß einsetzen kann: Man drückt einfach den Kegel in das Substrat. Ihre Wirkungsweise entspricht jener der beigemischten Langzeitdünger. Beim Düngemittel handelt es sich um dasselbe Material, nur sind die einzelnen "Kügelchen" zu einem Kegel zusammengeklebt. Besonders eignet sich dieser Dünger, den es für Blüten- oder Grünpflanzen gibt, für alle Pflanzen, die schon länger in Gefäßen wachsen. Die Dosierung richtet sich nach dem Topfdurchmesser.

Überwinterungshilfen

Pflanzen in Gefäßen sind im Winter wesentlich stärker gefährdet als Pflanzen, die im gewachsenen Boden stehen. Dies liegt in erster Linie daran, daß besonders empfindliche Wurzelpartien immer an der Wandung eines Gefäßes sitzen und dadurch der Kälte voll ausgesetzt sind. Zudem ist bei Pflanzen in Gefäßen im Winter die Wasserversorgung unzureichend, denn die Wurzeln können aus

Oben: Diese nicht witterungsbeständige Lasur ist durch Umwelteinflüsse (Regen, Sonne, Hitze) weitgehend zerstört.
Mitte: Die meisten Menschen mögen die mineralischen Ausblühungen an ihren Terrakottagefäßen nicht.
Unten: Holzgefeuerte Brennöfen überhitzen gelegentlich, die Tonwaren können dann regelrecht verbrennen.

dem gefrorenen Wurzelballen kein Wasser nachliefern. Dies erklärt, warum die wenigsten Pflanzen im Winter erfrieren, sondern vielmehr vertrocknen.
Winterschäden an Pflanzen beruhen auf unterschiedlichen Ursachen:

1. Pflanzen erfrieren regelrecht, wenn ihr Gewebe nur bis zu einem gewissen Kältegrad standhalten kann.
2. Übermäßig lange anhaltender Forst, der jegliche Wasseraufnahme verhindert, führt zum Vertrocknen der Pflanze.
3. Folgt nach einer längeren milden Periode ein plötzlicher Frosteinbruch, der dann auf eine sehr aktive Wurzel trifft, kommt es besonders an Orten, die sich durch die Wintersonnen aufheizen, zum Vertrocknen der Pflanzen.
4. Spätfröste bedrohen Pflanzen, die sich schon in Austrieb befinden. Diese Fröste sind oft so stark, daß sie gerade aufgehende Blatt- oder Blütenknospen zerstören und somit die Pflanzen sehr stark schädigen.

Weniger gefährdet sind alle laubabwerfenden Pflanzen, weil sich wegen des fehlenden Laubes ihre Verdunstung im Winter nur noch auf ein Minimum beschränkt. Immergrüne Laubgehölze, die gerade bei der Kübelkultur eine wesentliche Rolle spielen, verfügen teilweise über natürliche Schutzvorrichtungen. *Rhododendron* rollt bei starkem Frost seine Blätter ein und läßt sie nach unten hängen, so als ob sie welkten. Dies bildet einen natürlichen Schutz gegen allzu hohe Verdunstung.

Der Pflanzenliebhaber kann einiges tun, um Winterschäden zu vermeiden oder zumindest abzumildern. Eine nicht frostharte Pflanze läßt sich nicht vor dem Erfrieren retten. Hier ist also Sachkenntnis über die Winterfestigkeit einer Pflanze gefragt. Als einfachstes Hilfsmittel sollte man das Herkunftsland der Pflanze wissen, woraus sich Rückschlüsse auf die klimatischen gewohnten Verhältnisse ziehen lassen. Grob gesagt reagiert eine ganze Reihe von Pflanzen schon bei –15 °C mit Schädigungen, viele Pflanzen aus Hochgebirgs- oder Steppenregionen vertragen aber –25 °C und darunter, ohne Schaden zu nehmen.

Um die exponierten Wurzeln von Pflanzen in Gefäßen zu schützen, kann man auf eine Reihe von einfachsten Hilfsmitteln zurückgreifen:

- Man kann Pflanzgefäße mit einer etwa 10 cm dicken Isolierschicht aus Wellpappe, Stroh, Schaumstoff, Jute, Kokosfaser ummanteln. Auch Isomaterial, wie es im Baugewerbe verwendet wird, eignet sich. Diese Möglichkeit kommt vor allem für Pflanzgefäße in Betracht, die man nicht bewegen oder mit keinem anderen Winterschutz versehen kann.
- Bei sehr großen Gefäßen empfiehlt sich der Einbau solch einer Isoschicht an der Innenwand des Gefäßes noch vor dem Einfüllen und Bepflanzen. Besonders bei gradlinigen Gefäßtypen dürfte dies kein Problem darstellen. Oftmals hilft aber auch schon eine starke Isolierschicht als Gefäßunterlage.
- Zum Schutz vor direkter Frosteinwirkung kann man das Pflanzgefäß in einen größeren Bottich stellen und den Zwischenraum mit Laub oder Stroh ausstopfen. Wichtig ist, daß der Boden des "Übertopfes" Löcher hat, so daß Wasser, das sich eventuell ansammelt, ablaufen kann. Diese Methode eignet sich nur für weniger wertvolle Gefäße, weil die Lagerung in Laub oder Stroh unweigerlich Spuren an den Töpfen hinterläßt.
- Der beste Winterschutz ist gewährleistet, wenn der gesamte Pflanzkübel im Garten eingegraben wird. Dadurch sind die Wurzeln nicht mehr oder kaum der

Frosteinwirkung ausgesetzt, der Wurzelballen kann so gut wie nicht austrocknen, und zudem ist die Pflanze vor groben Herbst- und Winterstürmen geschützt. Sie kann nicht umfallen.
- Eine übermäßige Verdunstung läßt sich bei immergrünen Laubgehölzen, Stauden oder Gräsern durch leichtes Zusammenbinden der Pflanze verringern. Diese Maßnahme erfordert allerdings viel Fingerspitzengefühl. Man darf nicht zu früh aufbinden, andererseits brechen bei Frost die Zweige und Triebe vieler Pflanzen extrem leicht.
- Um Schäden durch Spätfröste zu vermeiden, sollte man im Frühjahr die Wetterlage jeden Abend prüfen. Stark ausgetriebene Pflanzen deckt man die Nacht über mit Acrylfolien ab. Aber sobald die ersten Sonnenstrahlen erscheinen, entfernt man morgens die Folien. Eine Doppellage des dünnen Acrylmaterials reicht für viele Pflanzen als Schutz vor Frösten bis –5 oder –7 °C aus.
- Nicht winterharte Pflanzen wie Oleander und zahlreiche andere Kübelpflanzen kann man bei drohendem Nachtfrost abends in die Garage stellen. Als Überwinterungsplatz eignet sich eine Garage allerdings nicht; ideal ist ein frostfreier, nicht geheizter, heller Raum. Wärmere Standorte im ständigen Wechsel mit kühlen Außentemperaturen nehmen aber die meisten Pflanzen übel.
- Pflanzen, die im Winter normalerweise immer draußen überdauern, sollte man grundsätzlich nicht in wärmeren Räumen überwintern. Die fehlende Winterruhe, Lichtmangel und vor allem die viel zu trockene Luft würden zum raschen Absterben der Pflanzen führen.

Große Gartencenter und Gartenbaubetriebe, die Mittelmeerpflanzen in ihrem Sortiment führen, bieten einen ganz besonderen Service an. Kunden des Hauses können gegen Entrichtung einer Pauschale ihre zu überwinternden Pflanzen vom Spätherbst bis zum Frühjahr in der Gärtnerei unterstellen. Diese Dienstleistung stellt für beide Partner eine sehr interessante Variante der Pflanzenüberwinterung dar: Der Pflanzenbesitzer braucht sich keine Gedanken über eine womögliche "falsche Überwinterung" zu machen (vielen bietet sich keine andere Möglichkeit als dunkle, warme Kellerräume), und der Betrieb nutzt seine im Winter weitgehend leerstehenden Gewächshäuser.

Unbedingt sollten beide Partner in einem Vertrag die Bedingungen der Überwinterung regeln. Daraus sollten Dauer der Überwinterung sowie die Kosten klar hervorgehen. Ebenso sind die Gebühren für das Holen und Bringen der Pflanzen festzulegen. Gute Betriebe veranlassen gleichzeitig noch eine Kontrolle auf einen möglichen Befall durch Schädlinge und Krankheiten und führen – falls erforderlich – geeignete Bekämpfungsmaßnahmen durch. Die Betriebe übernehmen sogar das Umtopfen der Pflanzen im Frühjahr, bevor die Pflanzen zurückgebracht werden. Aber dieser Service kostet natürlich extra. Grundlage für die Berechnung der Überwinterungskosten ist der benötigte Platz. Der Preis pro Quadratmeter ist mit der jeweiligen Firma auszuhandeln. Eine Garantie für das Überleben der Pflanzen wird praktisch nie gegeben. Doch gibt es für frostfrei zu überwinternde Pflanzen kein besseres Winterquartier als ein kühles, helles Gewächshaus.

Wer sich für diese relativ neue Variante der Pflanzenüberwinterung interessiert, der sollte sich rechtzeitig vor dem ersten Frosteinbruch mit einem nahegelegenen Gartencenter oder Gartenbaubetrieb in Verbindung setzen.

Die Pflege der Gefäße

Je nachdem, mit welchem Aufwand ein Gefäß hergestellt und gestaltet wird, stellt es einen gewissen Wert dar. Damit es über einen längeren Zeitraum seinen Verwendungszweck als Pflanzenbehälter erfüllt, sollte es pfleglich behandelt werden. Welche Art von Pflege das eigentliche Gefäß erfordert, hängt davon ab, aus welchem Material es besteht. Ein hohes Maß an chemischen und physikalischen Einflüssen aus der Umwelt wirkt innerhalb eines Jahres auf ein Pflanzgefäß ein. Hinzu kommt die mechanische Beanspruchung. Man denke nur an den häufigen Wechsel zwischen Trockenheit und Nässe, Kälte und Wärme. Dazu kommen Belastungen durch die im Gießwasser enthaltenen Salze sowie die ausgewaschenen Düngerlösungen. Zusätzlich wirken UV-Strahlung und Ozon ein. Wie gut das einzelne Gefäß standhält, hängt einzig und allein vom Material ab. Die Tabelle gibt die Haltbarkeit von Gefäßtypen aus unterschiedlichen Materialien an. Dabei blieben etwaige Pflegemaßnahmen wie Streichen oder Imprägnieren unberücksichtigt.

Größte Sorgfalt erfordern die **nicht winterfesten Materialien**. Die ohnehin nur mit Saisonpflanzen besetzten Gefäße räumt man im Herbst leer, befreit sie von Erdresten und lagert sie in einem kühlen Keller. Ein Gefäß, das nicht absolut "frostfest" ist, kann durchaus im Winter im Freien stehen bleiben. Doch sollte es an einen geschützten, möglichst überdachten Platz kommen, wo es den Einflüssen der Winterwitterung weniger stark ausgesetzt ist.

An **Terrakotta** bilden sich häufig Beläge aus Algen und Moosen, die sich leicht mit Hilfe von Seifenlauge und einer Wurzelbürste entfernen lassen. Schwieriger gestaltet sich das Entfernen von Salpeterausblühungen oder Ablagerungen anderer Salze auf der Außenfläche von Terrakotta, Sandstein und anderen porösen Oberflächen. Derartige unschöne Ausblühungen kommen durch das Eindringen von Wasser zustande. Das Wasser transportiert Säuren und Salze, die dann mit den im Material vorhandenen Mineralien kristallisieren oder ätzen. Dadurch wird die Oberfläche porös bis brüchig; an diesen Stellen breiten sich Algen oder Pilze aus, oder es entstehen Flecken durch Salzausblühungen.

Seit geraumer Zeit bietet der Fachhandel ein Produkt an, das ein nachträgliches Imprägnieren von Terrakotta und anderen empfindlichen Oberflächen ermöglicht. Das farblose Produkt mit dem Namen Drawin Perl wird einfach mit einem Pinsel bis zur Sättigung aufgetragen. Die behandelten Oberflächen weisen Feuchtigkeit ab und verhindern somit die "Fleckenbildung". Das umweltgerechte Produkt enthält keine organischen Lösungsmittel. Es zeigt eine hohe Wirksamkeit auch auf feuchtem Untergrund ohne Glanzbildung. Es zeichnet sich durch eine sehr hohe Eindringtiefe aus und ist sauerstoff- und wasserdampfdurchlässig. Der Wirkstoff beein-

Haltbarkeit von Pflanzgefäßen

Gefäßtyp	Material	Haltbarkeit
Blumenkästen, Schalen, Spindeln, Kübel	Polyvinylchlorid (PVC)	2 - 3 Jahre
	Polyethylen (PE)	4 - 6 Jahre
Blumenkästen, Töpfe, Kübel, Schalen	normale Terrakotta	3 - 5 Jahre
	hochwertige Terrakotta	unbegrenzt
	Steinzeug	unbegrenzt
	glasierter Ton	15 - 20 Jahre
Blumenkästen, Kübel, Großgefäße	Holz	3 - 5 Jahre
Kästen, Schalen, Großgefäße	Beton	15 - 20 Jahre
Kübel, Urnen, Spindeln, Schalen	Metall	unbegrenzt
Schalen, Töpfe, Kübel	Torf bzw. Zellulose	1 - 2 Jahre

trächtigt das Pflanzenwachstum in keiner Weise. Drawin Perl wird anwendungsfertig in 1-l-Gebinden angeboten. Soll die Terrakotta möglichst lange schön bleiben, empfiehlt sich ein Anstrich mit einer Mischung aus Terpentin und Leinöl im Verhältnis 1:1. Dadurch dunkelt die Oberfläche zwar stark nach, aber es bilden sich für lange Zeit keine lästigen Flecken. Recht gute Wirkung zeigt es aber auch schon, wenn ein durch Ausblühungen verunstaltetes Terrakottagefäß für zwei bis drei Tage in einen Gartenteich gestellt wird: Hinterher ist das Gefäß nicht mehr wieder zu erkennen. Andererseits können Ausblühungen, die einen gewissen Alterungsprozeß dokumentieren, recht reizvoll wirken. Wer aber ganz und gar eine Abneigung dagegen verspürt, kann, wie im einschlägigen Abschnitt zu Terrakotta bereits beschrieben, Ware kaufen, die nicht mehr zum Ausblühen neigt.

Großgefäße mit senkrechten und geradlinigen Wänden können sehr einfach zwischen große Styroporplatten eingepackt werden. Dies schont zwar weniger das Gefäß, vielmehr stellt dies einen gewissen Winterschutz für die Pflanzen dar.

Gefäße aus **Kunststoff**, die in erster Linie Balkonpflanzen aufnehmen, entleert man im Herbst und wäscht sie mit einer Spülmittellösung sauber aus. Hat man Balkonkästen schon mehrere Jahre in Gebrauch, empfiehlt es sich, sie nach dem Entleeren mit einem Desinfektionsmittel zu behandeln. Hiermit werden eventuell vorhandene Keime von Pilzen oder Bakterien abgetötet. Ein normales Haushaltsdesinfektionsmittel reicht vollkommen aus. Die gesäuberten und desinfizierten Kunststoffgefäße sollten möglichst nicht im Heizungsraum gelagert werden. Das Material altert in der Wärme sehr rasch. Kommt der Kunststoff direkt mit der Heizung oder dem Kamin in Berührung, kann das Gefäß kaputtgehen.

Die Haltbarkeit von Kunststoffen hängt stark von den Umwelteinflüssen ab. Viele Kunststoffarten werden unter dem Einfluß von UV-Strahlen brüchig und verblassen leicht. Dies stellt bei dieser Art von Material einen natürlichen Alterungsprozeß dar, der sich nicht verhindern läßt. Nach geraumer Zeit müssen daher Kunststoffgefäße ausgetauscht werden. Besonders wichtig ist dies beispielsweise bei Balkonkästen, die nach längerem Gebrauch einfach zerbrechen können und damit sogar eine Gefahrenquelle bedeuten.

Im Innenraum treten derartige Probleme mit Kunststoffen nicht auf, sie sind dort nicht unmittelbar der UV-Strahlung ausgesetzt, außerdem kommen hier meist hochwertigere Kunststoffe in dickwandigeren Gefäßen zum Einsatz. So beschränkt sich die Pflege von Hydrogefäßen aus Kunststoff auf ein gelegentliches Abreiben mit einem feuchten Tuch. Um den stumpfen Glanz der Oberflächen zu erhalten, sprüht man sie ein- bis zweimal pro Jahr mit Blattglanz ein und reibt mit einem trockenen Tuch nach. Sollte einmal ein Kratzer auf der Oberfläche entstanden sein, so kann man sich Lackstifte zum Nachbessern besorgen.

Gefäße aus **Faserbeton** bereiten über einen langen Zeitraum gesehen keinerlei Probleme. Nach mehreren Jahren des Gebrauchs beginnt schon einmal die Farbe abzublättern. Man kann einfach mit Originalfarbe nachbessern. Sollte die Originalfarbe – die es in Braun und Grün gibt – nicht mehr gefallen, so kann man jede beliebige andere Binderfarbe verwenden, sofern sie wetterfest ist.

Am meisten Probleme bereiten **Holzgefäße**. Durch die ständig wechselnden Feuchtigkeitsverhältnisse beginnt Holz sehr schnell zu faulen. Besonders augenfällig wird dies bei Pflanzgefäßen mit Dauerbepflanzungen. Während von außen eine Behandlung mit Holzschutzmitteln möglich ist, sind die Innenflächen den widrigen Umständen ohne weiteren Schutz ausgesetzt. Hier helfen nur vorbeugende Schutzmaßnahmen und eine Dränage. Die Holzlasur auf Öl- oder Acrylbasis sollte alle zwei Jahre erneuert werden.

Holzgefäße für den Innenbereich, häufig aus sehr edlen Hölzern gefertigt, behandelt man wie ein Möbelstück und reibt sie gelegentlich mit einer Möbelpolitur ein. Besonderes sorgfältig muß man beim Gießen vorgehen, damit möglichst keine Wasserspritzer an das Holz gelangen. Besondere Aufmerksamkeit ist angebracht, wenn das Holzgefäß zusätzlich einen Zimmerbrunnen birgt. Feine Spritzwasserflecken auf der Holzoberfläche sollten regelmäßig entfernt werden, ansonsten bilden sich je nach Wasserqualität mineralische Ablagerungen auf der Holzoberfläche.

Pflanzgefäße aus **Beton** bedürfen keiner weiteren Pflege. Die Oberflächen unterliegen einem automatischen Alterungsprozeß, der ausschließlich von der Betongüte bestimmt wird.

Problematisch wird es nur, wenn an den Wandungen Risse auftreten. Gefrierendes Wasser bringt das Gefäß dann unweigerlich zum Platzen. Zerbricht ein Betonteil einmal aus Unachtsamkeit, so kann es mit einem Betonklebstoff repariert werden. Ebenso lassen sich abgebrochene Verzierungen aus Beton wieder ankleben. Den Kleber, der unter dem Namen Acemie gehandelt wird, erhält man in Baumärkten.

Sind bei weißen Betonteilen (Marmorsplitt und weißer Zement) Ecken, Kanten oder Verzierungen abgeplatzt, muß man das Gefäß noch lange nicht ausrangieren. Man kann die schadhaften Stellen mit etwas Geschick mit Hilfe von Moltofil (einem Spezialgips) nachmodellieren. Die zunächst etwas hellere Farbe gleicht sich rasch wieder an. Diese Art von Gefäßen wird sehr gerne von Moosen und Algen besiedelt. Manche stört das, wieder andere sind der Meinung, daß ein Gefäß durch diese

"Patina" erst natürlich wirkt. Wer sich daran stört, kann den Belag aus Algen und Moosen mit einem Dampfstrahler entfernen. Allerdings müssen die Pflanzen zuvor herausgenommen werden. Das gleiche gilt bei einer chemischen Behandlungsmethode, da die Präparate für die Pflanzen äußerst giftig sind. Ansonsten hilft nur ein Schrubben mit Wurzelbürste und Wasser ein- bis zweimal im Jahr.

Metallgefäße haben eine sehr lange Lebensdauer. Ihre Pflege beschränkt sich auf den Schutz vor Korrosion. Bei Buntmetallen ist dies weniger im Zusammenhang mit der Erhaltung des Gefäßes zu sehen, es handelt sich statt dessen um eine Präventivmaßnahme zum Schutz der Pflanzen, weil praktisch alle Metalloxide giftig für die Pflanzen sind.

Alle Pflege- und Erhaltungsmaßnahmen bei Pflanzgefäßen müssen letztlich so abgestimmt sein, daß sie zum Erhalt des Gefäßes beitragen, ohne dabei die Bepflanzung zu beeinträchtigen oder gar zu schädigen.

Literaturverzeichnis

Brinkforth, Bernhard: Mobiles Grün in der Stadt. Verlag Eugen Ulmer, Stuttgart 1990.

Böhmig, Franz: 300 Ratschläge für den Gewürzgarten. Neumann Verlag, Radebeul 1962.

Fischer, Ellen: Das Topfgartenbuch. Verlag Eugen Ulmer, Stuttgart 1993.

Frenz, Lechl, Sturm: Balkon und Terrassengärten. BLV Verlagsgesellschaft, München 1990.

Graeber, Traut, und Betz-Schiel,Witta: Schöne Terrassen und Sitzplätze. Verlag Eugen Ulmer, Stuttgart 1989.

Heissner Pflanzkeramik: Pflanzkeramik Kennen – Beraten – Verkaufen. Heissner GmbH, Lauterbach 1995.

Kawollek, Wolfgang: Kübelpflanzen. Verlag Eugen Ulmer, Stuttgart 1995.

Kawollek, Wolfgang und Mierswa, Dietrich: Wintergärten. Naturbuchverlag, Augsburg 1992.

Köhlein, Fritz: Troggärten und bepflanzte Steine. Verlag Eugen Ulmer, Stuttgart 1990.

Müller, Renate: Hydrokultur. Verlag Eugen Ulmer, Stuttgart 1995.

Nengelken, Peter H.: Wintergärten und Überdachungen. BLV Verlagsgesellschaft, München 1986.

Nengelken, Peter H.: Der Garten auf dem Balkon. Verlag Eugen Ulmer, Stuttgart 1987.

Ruhr-Stickstoff AG: Faustzahlen für den Gartenbau. Ruhrstickstoff AG, Bochum 1963.

Timm, Ulrich: Wohnräume unter Glas – Der Wintergarten. Callway Verlag, München 1986.

Vogel, F.: Leitfaden der Bodenkunde für Gärtner. Verlag Eugen Ulmer, Stuttgart 1950.

Weidemann, Fritz: Küchen-, Würz- und Heilkräuter. Verlag Fehling GmbH, Hannover o. J.

Weiss, Gustav: Keramik Lexikon. Ullstein Verlag, Frankfurt 1984.

Zahlhaas, Gisela: Keramiken der Prähistorischen Staatssammlung. Keramikmuseum, Weiden 1990.

Zander: Handwörterbuch der Pflanzennamen. Herausgegeben und bearbeitet von Fritz Encke, Günther Buchheim, Siegmund Seybold. Verlag Eugen Ulmer, Stuttgart 1993, 14. Auflage.

Broschüren und Sonderdrucke

AID: Erden und Substrate. 1988.

Baumschulen zu Jeddeloh: Katalog für Koniferenfreunde.

CMA: Kübelfibel. 1995.

Kommunikation Pfullendorf: Blühendes Daheim. Meisterstücke Mobiler Gartenkultur Bischoff.

Sonderdrucke: Torfnutzung im Gartenbau. Zierpflanzenbau, Heft 2, 1993, Seite 96–100.

Taspo Gartenmagazin: Sommer-Topfkultur bringt Sortimentsbreite. Heft 5, Seite 23.

Zentralstelle Torf und Humus: Der Rohstoff Torf. Hannover 1990.

Bezugsquellen

Die nachfolgend aufgeführten Firmen liefern ihre Produkte ausschließlich an den Fachhandel. Man erhält sie in allen guten Fachgeschäften oder Gartencentern.

Pflanzgefäße aus Keramik

Heissner KG
Schlitzerstraße 24
36341 Lauterbach
Asiatische Keramik, dekorative Gartenelemente

Romberg
Werner-von-Siemens-Straße13
25479 Ellerau
Pflanzgefäße, Anzuchtshilfen für Pflanzen

Südkeramik GmbH
Postfach 1140
93139 Maxhütte
Frostfeste Gartenkeramik

Hentschke Keramik
Hofstetten 1
84326 Falkenberg
Frostfeste Gartenkeramik

Eternit AG
An der Bundesstraße 3
69181 Leimen
Pflanzgefäße aus Faserbeton, asiatische Gartenkeramik

Eschbach
Reisertstraße 6
53773 Hennef/Sieg
Pflanzgefäße aus aller Welt

Deroma Vertriebs GmbH
Postfach 1221
93302 Kehlheim
Terracotta Maschinenware aus Italien und Impruneta Ware
Generale de Poteries
D`Alsace
67430 Diemeringen (F)
Terracotta Pflanzgefäße

Pflanzgefäße aus Kunststoff

Ebert GmbH & Co
Oststraße 23
32051 Herford
Kunststoffgefäße aller Arten

Valberter Kunststoff Verarbeitung GmbH
Postfach 2120
58534 Meinerzhagen
Töpfe, Schalen, Kästen aus Kunststoff

Schumm GmbH
Postfach 1351
71536 Murrhardt
Kunststoffgefäße in Terrakotta-Design

Pöppelmann GmbH
Postfach 1160
49379 Lohne
Pflanzgefäße aus Kunststoff

Emsa Werke
Grevener Damm 215-225
48282 Emsdetten
Pflanzgefäße aus Kunststoff

Pflanzgefäße aus Holz

Kurz Hessental GmbH
Postfach 400129
74510 Schwäbisch Hall
Holzkübel aus Eiche und Lärche, Gefäße für innen und außen

Promex GmbH
Grapengießerstraße 20
23556 Lübeck
Großgefäße aus Holz für Terrasse, Garten und Balkon

Illi GmbH Postfach 1146
73277 Owen / Teck
Pflanzgefäße aus edlen Hölzern, auch für Hydrokultur

Werth-Holz GmbH
Therecker Weg 11
57413 Finnentrop-Rönkh
Holzgefäße für außen und Holzgartenelemente

Pflanzgefäße aus Betonwerkstoff

WS Gartenelemente GmbH
Untere Trift 1
34346 Hann. Münden
Pflanzgefäße, Brunnen, Figuren aus Beton

Trax GmbH
Kapsdorf 21
91183 Abenberg
Pflanzgefäße, Brunnen, Figuren aus Beton

Substrate und Erden

Klasmann-Deilmann
Mühlweg 1
82054 Sauerlach
Blumenerden und Substrate

Forestina GmbH
Postfach 1224
76689 Karlsdorf-Neuhard
Erden auf Rindenbasis

Floragard
Blohfelderstraße 39
26129 Oldenburg
Spezialerden und Substrate

Euflor GmbH
Postfach 120129
80030 München
Spezialerden, Substrate, Dünger

Gebr. Patzer KG
Waldsiedlung 4
36391 Sinntal
Einheitserde und Spezialmischungen

Compo
Postfach 2107
48008 Münster
Blumenerden und Pflanzenpflegemittel, Dünger

Effem GmbH
Eitzer Landstraße 215
27283 Verden/Aller
Seramis

Leca GmbH
Postfach 1755
25407 Pinneberg
Blähton und Granulate

Pflanzen-Pflegemittel, Imprägnierung

Spiess & Sohn GmbH
Hauptstraße 4
67271 Kleinkarlbach
Dünger und Pflanzenschutz

California Rinderdung
Langlohe 65
25337 Elmshorn
Algoflash Flüssigdünger

Gabi Biochemie
Liemerstraße 26
32108 Bad Salzuflen 1
Spezialdünger, Einzelnährstoffdünger

Celaflor GmbH
Konrad Adenauerstraße 30
55218 Ingelheim/Rhein
Pflanzenschutz und Pflegemittel

Bayer AG
Bayerwerk
51368 Leverkusen
Pflanzenschutzmittel

Neudorff GmbH
An der Mühle 3
31860 Emmerthal 1
Pflanzenschutz und Pflegemittel

Drawin Vertriebs GmbH
Postfach 110
85509 Ottobrunn
Imprägnierung für Terrakotta

Bewässerungstechnik

Weninger & Co KG
A 6410 Telfs (Tirol)
Blumat Tropfkegel

Gardena
Hans Lorenser Straße 40
89079 Ulm
Microdrip und Tröpfchenbewässerung

Register

Bildquellen

E. Fischer, Weisenheim: Titelbild, Umschlagrückseite.
P. Hagen, Homburg: Abb. Seite 1, 2, 12, 14, 29, 40, 53, 66, 82, 83, 89, 90, 93 (2), 97 (2), 98, 103, 107, 108, 110, 115 (3), 118, 119, 130, 131, 135, 136, 141, 143 (3), 146, 169, 170, 177 (3).
H. Reinhard, Heiligkreuzsteinach: Abb. Seite 46 (3), 49, 58, 65, 106, 127, 132, 165, 168.
W. Seethaler, Überlingen: Abb. Seite 11, 71, 95, 121.
A. Weiler, Aichtal: Abb. Seite 67.

Die Zeichnungen fertigte Artur Piestricow, Stuttgart, nach Angaben des Verfassers.

Die Deutsche Bibliothek – CIP-Einheitsaufnahme

Hagen, Peter:
Töpfe, Schalen, Terrakotten : Tabbeln / Peter Hagen. -
Stuttgart (Hohenheim) : Ulmer, 1998
(Ulmer-Taschenbuch ; 74)
ISBN 3-8001-6878-2

Wollgrasweg 41, 70599 Stuttgart (Hohenheim)
Printed in Germany
Lektorat: Agnes Pahler
Herstellung & DTP: Steffen Meier